五井昌久の思想と生涯

「世界人類が平和でありますように」の創始者

吉田 尚文
Naofumi Yoshida

興山舎
KOHZANSHA

〈目次〉

装丁　長谷川葉月
扉写真「五井昌久」（提供：鈴木知明氏）

凡例

・本書の表記において、記号の／は改行、〔　〕は筆者による補足、短い注記をあらわす。引用文中のほかでも〔　〕で、補足の文を筆者が記した。
・引用文中の「……」記号は、引用文の前略・中略・後略をあらわす。
・人名の敬称は、ほとんどの場合、省略したが、一部、敬称を付している箇所もある。
・引用文に用いた文献の詳細情報は、巻末の「参考文献」の中に記載した。
・引用文のルビのうち、もとの文には総ルビが付されている場合でも、読みやすさの観点から、一部のみルビを残したところもある。また、読みづらい漢字にたいして、筆者の判断でルビを付けた箇所もある。
・引用文において、読みやすさの観点から、漢字・かなにおいて、旧字を新字に置き換えた箇所もある。また、引用文において、原文のまま旧字で表記したケースもあり、旧字・新字の統一は施していない。
・引用文中、明らかに誤字・脱字・単純な表記ミスとわかるところは、筆者のほうで訂正した箇所もある。
・［　］内は、参照した文献を示している。本書では、書籍・論文等からの引用および参照の場合、［　］内には、基本的に、著者名（姓）と書籍（論文）の主タイトル、頁数、を記した。例えば、［○○『○○○○』、○頁］のように表記した。月刊誌からの場合は、基本的には、［『○○○○』○○○○年○月号、○頁］あるいは［『○○○○』第○号、○頁］のように表記した。
・本文中、基本的には、西暦で表記したが、一部、和暦でも記した。
・本文中、「現在」と記した時点は、基本的に、二〇一九年八月末日現在をあらわす。
・記載したURLは、二〇一九年九月中に、すべてアクセスを確認した。この場合、URLのみの表記とした。なお、記載のURLに現在は該当のコンテンツが存在しないなどの場合に限って、筆者が参照した最終閲覧日を記した。
・本書では、五井昌久の自叙伝『天と地をつなぐ者』の引用頁は、おもに初版本（一九五五年、非売品）をもとに示している。現在、入手しやすい改版増補本は、後年刊行されたものであり、初版本とは頁数がずれて異なるので注意されたい。改版本から引用した場合は書名のあとに「(改版本)」あるいは「(改版増補本)」と付記した。基本的に、『天と地をつなぐ者』の初版本から引用した場合は、書名のみ記したが、一部、書名のあとに「(初版本)」と付記した箇所もある。
・同様に、五井昌久の主著『神と人間』も、その引用頁は、おもに初版本（一九五三年、非売品）をもとに示している。後年刊行され入手しやすいものに、改版本および改版文庫本があるが、初版本とは頁数がずれて異なるので注意されたい。

序章　問題の所在

一　研究目的と研究方法

本書の目的は、白光真宏会《びゃっこうしんこうかい》(1)の教祖・五井昌久《ごいまさひさ》（一九一六―一九八〇）が、みずからの宗教理念を打ち立てるにあたり、どのような存在から「影響」を受けたか、について分析をおこなうことにある。

本書では、五井が受けた様々な「影響」のうち、とくに思想的影響を中心に分析する。とはいえ、親族や宗教教団（団体）の人たちと五井昌久との交流、五井が読んだ書籍からなど、「影響」をあたえた存在の対象範囲は広く、また「影響」をあたえた存在からのインパクトにおいても、おのおのごとに、強・弱があるわけである。

そこで、主な研究方法としては、五井昌久が出会った人物、とくに戦後に五井が入信した宗教教団（思想グループ）の中心人物の教説が記された書物（テキスト）と、五井の思想の比較分析をおこなう方法をとった。教団（グループ）および中心人物の具体名を挙げると、例えば、世界救世教《せかいきゅうせいきょう》(2)・岡田茂吉《おかだもきち》(3)、生長の家《せいちょういえ》(4)・谷口雅春《たにぐちまさはる》(5)、心《しん》霊《れい》科学研究会(6)あるいは日本心霊科学協会(7)・浅野和三郎《あさのわさぶろう》(8)／脇長生《わきたけお》(9)、千鳥会《ちどりかい》(10)・萩原真《はぎわらまこと》(11)／塩谷信男《しおやのぶお》(12)、などがいる。

筆者は、彼ら教団（グループ）の中心人物の書籍・機関誌等での著述、教典のたぐい、講話テープ（あるいはC

D）、映像資料（DVD）、教団（グループ）関係者からの聞き取り、を主な情報源とした。

そして、白光真宏会・五井昌久の思想（宗教理念）については、機関誌『白光《びゃっこう》』(13)創刊号（一九五五年頃）から五井昌久没後五年程度（一九八五年頃）までの記事、近年（二〇一三年～二〇一九年）の『白光』誌の記事、五井昌久の全著作、入手できる五井昌久の講話テープ（CD）のすべて・映像資料（ビデオ、DVD）、五井昌久の弟子にあたる人たちの記録（本や小冊子）、白光真宏会関係者（五井昌久と面識のある古くからの信奉者たち）からの聞き取り、などを参照した。

二　先行研究について

筆者の書いた学術論文をのぞいて、これまでに五井昌久あるいは白光真宏会を扱った主な学術論文には、次のものが挙げられる。

・ロバート　キサラ「新宗教の平和思想――一般信徒の意識と行動」（博士論文：東京大学）、一九九四年

・熊田一雄「宗教心理複合運動における医療化の問題――白光真宏会の場合――」『愛知学院大学文学部紀要』第二九号、愛知学院大学、一九九九年

・熊田一雄「白光真宏会とジェンダー――規範からの自由について――」愛知学院大学人間文化研究所編『人間文化：愛知学院大学人間文化研究所紀要』第一五号、愛知学院大学、二〇〇〇年九月

・岡本圭史「出来事を生み出す教団機関誌：一九七〇年代の白光真宏会の事例から」日本宗教学会編『宗教研究』第八四巻第四輯、日本宗教学会、二〇一一年三月

・岡本圭史「信仰を支えるもの：白光真宏会における信者達の実践と語り」日本宗教学会編『宗教研究』第八六巻第一輯、日本宗教学会、二〇一二年六月
・Michael Pye, "National and International Identity in a Japanese Religion," in Peter B. Clarke and Jeffrey Somers (eds.), *Japanese New Religions in the West*, Folkestone, Kent: Japan Library, 1994
・Michael Pye, "Shinto, primal religion and international identity," *Marburg Journal of Religion*, Volume 1, No. 1, April 1996
・Michael Pye, "Recent trends in the white light association(Byakkō Shinkōkai)," *Journal of the Irish Society for the Academic Study of Religion*, Volume 3, No. 1, 2016

個別に見ていくとき、邦文のなかでもっとも参照すべきは、キサラの論文だろう。キサラ［一九九四］は、いくつかの教団（日本山《にっぽんざん》妙法寺《みょうほうじ》・創価学会《そうかがっかい》・立正佼成会《りっしょうこうせいかい》・松緑神道大和山《しょうろくしんとうやまとやま》・修養団捧誠会《しゅうようだんほうせいかい》・白光真宏会・真如苑《しんにょえん》）の平和思想と平和活動を考察する中で、それらのうちの一つの教団として白光真宏会を取り上げている。「第八章　白光真宏会：心霊世界と祈りによる平和運動」と題し、五井昌久と白光真宏会についての説明がある。しかし、その内容は、大半が五井昌久の自叙伝『天と地をつなぐ者』（改版増補本）(14)からの引用に依《よ》っている。五井の著書では『天と地をつなぐ者』を除くと『霊性の開発』［一九六二］、『宗教と平和』［一九六八］、『人類の未来』［一九七四］がキサラの参考文献である。引用主体で、キサラの分析が少なく思われる。白光真宏会あるいは五井昌久について述べたキサラの論文・講演は、白光真宏会の平和思想や五井の半生《はんせい》を概観したけれども、五井と他の宗教教団との間の「影響関係」の分析に踏み込むにはいたらなかった。

熊田［一九九九］は、生長の家の教義の中の「心の法則論」(15)を五井が批判したことを評価する立場である。「現代宗教における医療化や「専門家の優越」批判の先駆けとしての側面がある」［熊田　一九九九：一頁］という。谷

口雅春の「心の法則論」は宗教家がやることではなく医学者のするべきことであり、「疑似《ぎじ》精神医学」〔熊田　一九九九：五頁〕の危険性を五井は指摘したとする。しかし、熊田自身の主張「精神医学の専門家が結果的に患者や信者に過剰な権力を行使する危険性がある」〔熊田　一九九九：五頁〕のために五井の論が援用《えんよう》されているようにも見える。熊田〔一九九九、二〇〇〇〕には、「ジェンダー論」が述べられ、当時高学歴で経済的に自立していた教祖夫人が教祖に影響力を与えたとする。たしかに、実際、五井の妻となった美登里《みどり》(16)の存在は五井にとって大切だったが、妻の美登里は教団の表に出ることはなく、「五井先生のやりたいように」と、生涯、内助《ないじょ》の功《こう》に徹していた。だから、熊田の言うようなキャリアウーマン的側面からの「影響」に注目することには、筆者はあまり納得できない。熊田の場合、「手元に充分な資料がなく」〔熊田　一九九九：四頁〕という中での推測があり、「リベラルな方向に〔五井昌久の〕考えを改めさせた可能性が高い」〔熊田　一九九九：四頁〕との説は、あまり的《まと》を射《い》ていないだろう。熊田は、「経済力を獲得した女性が男性に働きかけて考えを改めさせた」〔熊田　二〇〇〇：八頁〕というが、筆者が機関誌『白光』を通覧する範囲で五井夫妻の実像に照らし合わせたなら、女性（美登里）の経済的自立を根拠に男性（五井昌久）の考えを改めさせた、とのジェンダー的な見方は、あやまりといえよう。

五井昌久・美登里夫妻。昱修庵の前で。
（写真提供：五井昌久研究会）

　五井昌久が五五歳、妻の美登里が五〇歳のとき、機関誌『白光』に五井が記した次の歌に、五井夫妻の関係性がうかがえるだろう。「細き眼のさらに細まり笑みこぼる歯ぬけの妻のお人好し顔」、「妻もはや五十路《いそじ》となりぬ開きこし道《みち》には立たず家守《やも》り楽しむ」〔『白光』一九七一年一一月号、三頁〕。五井の側近によれば、美登里は率直に自分の考えを述べたという。そして、五井昌久は、美登里の声を「世論」と受けとめていたようである。むろん、美登里は、恋人時代から夫婦だった期間をふくめて、五井昌久にとって最も近しい人のひとりだったから、五井の思想形成において彼女との会話が一定の「影響」をあたえていたことは、確かといえる。ただし、それは、熊田の言う「ジェンダー」のレベルとは異なる、と筆者はみている。

　岡本〔二〇一二〕は、教団の機関誌の重要性を指摘した。それには、筆者も同意する。ただし、岡本が閲覧した機関誌は一九七〇年代の後期、一九七六（昭和五一）年から五井が没した一九八〇（昭和五五）年までである。この時期に「教祖による後継者の事実上の指名という過程も進行していた」〔岡本　二〇一一：四二四頁〕と見ている。実際、のちに五井昌久の後継者となった西園寺昌美《さいおんじまさみ》[17]が、当時、教団の中で重く位置づけられていたのは間違いない。しかし、さらに前の号の機関誌を閲覧するなら、五井の養女になったのが一九六五（昭和四〇）年であり、機関誌『白光』一九六六年二月号には、特別インタビュー（二二—二六頁）で「宇宙子波動生命物理学《うちゅうしはどうせいめいぶつりがく》[18]（「宇宙子《うちゅうし》科学」とも）五井研究所々長　五井昌久先生」「同研究所主任研究員　尚《しょう》昌美さん」と二人が取り上げられている。このように、昌美は、会の活動の重要な位置にもっと早い時期から立たされていたことが分かるのである。五井昌久が存命中に正式に後継者指名はしていないが、白光真宏会の活動の内実《ないじつ》をみるとき、昌美は同会の右記「宇宙子科学」というプロジェクトの中心人物となっていた。昌美抜きでは実行できないプロジェクトとされていたので、事実上の後継者の内定は、岡本が指摘したよりももっと早かったと言うことができるだろう。

　岡本〔二〇一二〕には、五井逝去後、後継者となった昌美会長の時代における「新たな実践の提示や教えの更新」〔岡本　二〇一二：一〇三頁〕をめぐる信者たちの反応について記述されている。一九九四（平成六）年に「我即《われそく》神也《かみなり》の印《いん》」、一九九六（平成八）年に「人類即神也《じんるいそくかみなり》の印《いん》」が西園寺昌美によって新たに提唱《ていしょう》された[19]。それ以外にも所作《しょさ》の異なる数種類の印が示され、時に困惑を示す信者がいるという。岡本〔二〇一二〕では、白光真宏会の集会での信者の声を通して、近年（二〇一〇年前後）の会の活動と会員の様子を知ることができよう。

　英文による白光真宏会にかんする主な論文では、〔パイ　一九九四（一九八六）〕、〔パイ　一九九六〕、〔パイ　二〇一六〕

が挙げられる。パイ［一九九四（一九八六）］では、五井の提唱した「世界平和の祈り」が、彼の没後、世界各国の国名を挙げて祈るかたちの「世界平和の祈り」として白光真宏会によって行われていることを紹介した。そして、同会が愛国的アイデンティティと同時に国際的アイデンティティをもって世界の平和を祈りつづけていることを、パイは肯定的に評価している。パイ［一九九六］でも若干だが、国際主義の時代にあって白光真宏会の関心事は、世界各国のための平和の祈りを通して平和をもとめることだ、と記している［パイ　一九九六：一一頁］。パイ［二〇一六］では、五井昌久の後継者である西園寺昌美会長が提唱した「我即神也」「人類即神也」の文《ぶん》や「印」、マンダラといった同会の実践行《じっせんぎょう》について言及した。また、パイは記事の中で、近年における白光真宏会の動向として、二〇一五年に発足した「富士宣言」などを紹介している。そして、結論的に、平和の観念をひろげている同会の活動に賛同しているのがうかがえる［パイ　二〇一六：一九七頁］。

他に、雑誌記事には、

- 上之郷利昭「新興教団に参入した広告界のプリンスの活躍　五井昌久　瀬木庸介」『歴史読本』増刊、新人物往来社、一九八八年一一月五日
- 黒羽文明「検証　異色集団を斬る③　宗教法人白光真宏会——祈りによる世界平和実現を希求する風変わりな教団」月刊『政界』政界出版社、一九九七年一月
- 田中健介「シリーズ「新宗教」の時代　〈第一四回〉白光真宏会㊤」『週刊実話』日本ジャーナル出版、二〇〇五年四月二一日a
- 田中健介「シリーズ「新宗教」の時代　〈第一五回〉白光真宏会㊥」『週刊実話』日本ジャーナル出版、二〇〇五年四月二八日b
- 田中健介「シリーズ「新宗教」の時代　〈第一六回〉白光真宏会㊦」『週刊実話』日本ジャーナル出版、二〇〇五年五月五日c

などがある。
これらはジャーナリストによる署名記事である。上之郷〔一九八八〕は、第二代理事長・瀬木庸介《せきようすけ》(20)を取り上げ、元広告マン・瀬木の才覚が教団の布教《ふきょう》を進展させた、とする。広告マンの側面を強調した記事である。黒羽〔一九九七〕は、白光真宏会の活動（昌美会長以降）・教義・五井の半生など、概要をまとめたものである。田中〔二〇〇五a・b・c〕も、黒羽同様だが、五井の半生の中で出会った世界救世教・岡田、生長の家・谷口、千鳥会・萩原らとの交流について、自叙伝〔五井　一九五五〕をベースにまとめている。他、田中〔二〇〇五a・b・c〕では、白光真宏会の簡単な歴史、昌美・西園寺裕夫《さいおんじひろお》(21)・瀬木のプロフィール、分派《ぶんぱ》団体などにつき、三回にわたり連載した。

また、五井昌久および白光真宏会について言及した主な著書に、

・津城寛文『鎮魂行法論――近代神道世界の霊魂論と身体論』春秋社、一九九〇年
・沼田健哉『宗教と科学のネオパラダイム―新新宗教を中心として―』創元社、一九九五年

がある。

右記の津城〔一九九〇〕では、「大本系《おおもとけい》の鎮魂行法家《ちんこんぎょうほうか》」の一人として、五井昌久の名も挙げている。五井昌久について述べた節では、五井昌久の半生のダイジェストや白光真宏会の活動をわかりやすく紹介している。津城の場合は、五井の自伝本〔五井　一九五五〕を基礎情報としながら、さらに五井の講話・講演カセットテープや古い信者からの聞き取りなども資料にしており、前掲の他の論文群に比べて、情報・内容の信憑性が比較的高いと筆者にはおもわれる。しかしながら、五井昌久と関係のあった他教団の教祖からの思想的影響関係について、詳しく考察されることはなかった。どちらかというと、五井の思想よりは五井の「行法《ぎょうほう》〔白光真宏会では、「統一《とういつ》」という〕」に焦点をあて、その「統一」の内容を詳しく解説した。

また、沼田〔一九九五〕では、「白光真宏会の研究」と題した一つの章を設けて、同会を紹介している。内容

は、五井の自伝〔五井　一九五五〕からの要約を中心に、五井昌久や西園寺昌美のこと、白光真宏会の主な活動を記している。そして、白光真宏会の「教義」や「統一」という行法について紹介した。また、五井の基本書『神と人間』〔五井　一九五三〕などをもとに、五井が説いている「守護神《じん》、守護霊」や柏手《かしわで》をつかった「お浄《きよ》め」の説明を、沼田〔一九九五〕のなかで記した。その他、「宇宙子科学」という同会の活動に関する主な展開を記述している。そして、むすびの節で沼田は、白光真宏会においては組織の拘束《こうそく》がきわめて弱いとの特色や、昌美の宗教指導者としての資質に十分でないところがある、と述べている〔沼田　一九九五：一一〇頁、参照〕。ただし、学者である沼田が、宗教指導者の資質の上下を批評するのは行き過ぎ（不適当）と思えるし、「昌美は供丸姫《ともまるひめ》〔大山祇命神示《おおやまねずのみことしんじ》教会《きょうかい》の女性指導者〕ほどのやさしさと包容力を有していず、五井のもっていたほどの庶民性も有していない。」〔沼田　一九九五：一一〇頁〕と言い切ってしまえるだろうか、と筆者には疑問である。沼田〔一九九五〕は、基本書〔五井　一九五三、五井　一九五五〕にそった説明と「宇宙子科学」の活動などについて述べており、五井の弟子・村田正《まさ》雄《お》の資料のほかには、新しい情報が少なかった。とりわけ、沼田〔一九九五〕の文中に「世界救世教や生長の家の影響」〔沼田　一九九五：一〇九頁〕との文字はあるが、それが具体的にどのような影響であるかについては、まったく考察や分析が書かれていない。

以上のように、「五井昌久」「白光真宏会」に関する先行研究は少なく、数少ない論文等においても、総《そう》じて説明や分析が不足している。先行研究では、同会機関誌の初期の号はまったく読まれていない。閲覧しても昭和四〇年代以降の機関誌に限られている〔岡本〕。五井の思想や生涯は、自叙伝〔五井　一九五五〕ほか、少数の書籍参照にとどまっている〔キサラ〕。全体に、少ない史料（資料）をもとに、憶測をまじえた考察が目立ち、正確性に欠けている〔熊田、他〕。

ゆえに、本書では、最初期からの機関誌『白光』他、数多くの資料に基づいて、より正確で厳密な記述を心がけたい。とくに、〝五井の思想形成に影響をあたえたもの〟に焦点をしぼり、これまでになかった影響関係についての分析を提示していく。そこに、本書のオリジナリティ、意義、重要性を見いだすことができるとおもっている。

三　本書の内容構成

では、本書の構成について、前もって述べておこう。

まず、第一章は、白光真宏会の教祖である五井昌久の生涯と活動について、そのライフストーリーを時間順に、詳細にとりあげる。これまでの白光真宏会にかんする研究では、五井の半生を記した自叙伝〔五井　一九五五〕に情報が限られる傾向にあった。しかし、本章では、五井の弟子にあたる人たち[22]の著述（文章）や彼らからの聞き取りなどもふまえて、五井の出生から逝去にいたるまでの全生涯をカバーしている。五井の人間像もわかるよう、さまざまなエピソードもまじえた。

とくに、五井の人生のステージを、転機ごとに筆者が区切り、①「戦前期」（〜一九四五年頃）、②「遍歴期」（一九四五年頃〜一九四九年頃）、③「草創期」（一九五一年頃〜）、④「成立期」（一九五五年頃〜）、⑤「展開期」（一九六二年頃〜）、⑥「闘病期」（一九七三年頃〜一九八〇年）、として、五井昌久に関係する種々《しゅじゅ》の出来事を記している。

第二章では、五井を教祖として設立した白光真宏会が、新宗教研究における「教団系統」の分類のなかで、どこに位置づけられているかをみる。そして、その「分類」（＝「大本系《おおもとけい》」）の教団群のなかでの思想的類似性、思想的影響関係を検討する。とくに、白光真宏会・五井昌久の宗教理念の形成に影響を与えたとみられる他の教団（グループ）をおおむね時間軸にそって個別にとりあげ、それらの教祖ら中心的人物の教えから、どのような影響関係があったか、考察したい。

また同章では、五井の宗教理念における一大特徴である「霊界《れいかい》」思想について、他教団（グループ、等）の教理との比較のなかで、それらからの影響関係を検討する。具体的には、「霊界」の構造論および「守護霊、守護神《じん》」についての教理を、他教団などと個別に比較し、考察する。ここでは、とくに、近代スピリチュアリズムという思想からの影響関係について論じたい。

さらに第二章では、白光真宏会・五井昌久にとっての重要な教え＝「苦しみは、業《ごう》の〝消えてゆく姿〟」という教理を、五井が関係した新宗教教団（世界救世教、生長の家）における「苦難の解釈」と比較し、考察する。各教団の「苦難の解釈」説と五井の説く教理とのあいだにおける影響関係についても、かんがえたい。

第三章は、五井が生きた時代や「社会」が、彼の平和思想や平和運動において、どのような影響を与えたのか、あるいは影響はなかったのか、について検討する。とくに戦後、機関誌の創刊時（一九五五年頃）から五井が亡くなる一九八〇年あたりまでの社会事象との関連を、機関誌『白光』に毎月掲載されていた五井の「法話」などをもとに、ていねいに分析したい。

第四章は、五井が推進した「祈りによる世界平和運動」において、五井がもっとも強調した「世界平和の祈り」をとなえること（の重要性）、と「世界平和」（という未来）が、教理上、どのような〝ロジック〟で架橋《かきょう》されているのかを分析する。本章では、近代スピリチュアリズムの理念＝波動《はどう》説と、「大本系」で説かれる理念＝「移写《いしゃ》」をもとに、それらの理念および思想から五井が受けた影響関係をふくめて論じる。

終章では、それまでの各章で論じた内容の要約をおこない、各章で何を明らかにしたかを述べる。そのうえで、最後に、本書全体をとおしての結論を述べる。終章において、筆者が本書を執筆したことで、これまでの研究にはなかった何を新たに明らかにできたのかを示したい。

註

（1）白光真宏会の情報については、井上ほか編『新宗教教団・人物事典』、二五八—二五九頁、参照。現在の白光真宏会の前身は、「五井先生讃仰会」。一九五一年に「五井先生讃仰会」として結成され、一九五五年に宗教法人化。一九五六年に「宗教法人白光真宏会」と名称変更した。本部は千葉県市川市にあったが、一九九八年に静岡県富士宮《ふじのみや》市へ移った。筆者が同会関係者から聞いたところでは、国内の会員数は、二万人程度という。海外の正確な会員数は不明。同会が推進している「祈りによる世界平和運動」の共鳴者を入れると、白光真宏会会員に限らないため、もっと人数は多くなるだろう。

（2）世界救世教／世界救世教いづのめ教団の情報については、井上ほか編『新宗教教団・人物事典』、一五七—一五九頁、参照。信者数は、六〇万三五九六人［文化庁編『宗教年鑑　平成三〇年版』、八六—八七頁、参照］という。

（3）岡田茂吉（一八八二—一九五五）は、世界救世教の教祖。東京・浅草生まれ。一八九七年、東京美術学校予備ノ課程に入学するも眼病におかされて退学。一九二〇年、「大本《おおもと》」に入信。「大本」教典を読み、「心霊《しんれい》」の研究に没頭する。一九三一年、「霊界の夜昼転換」の啓示を受けたという。一九三四年、「大本」を脱退［井上ほか編『新宗教教団・人物事典』、三八一—三八三頁、参照］。「浄霊《じょうれい》」という掌《て》かざし、自然農法、芸術活動を推進した。

（4）生長の家の情報については、井上ほか編『新宗教教団・人物事典』、一五二—一五四頁、参照。生長の家は、一九三〇年三月一日、立教。総本山の所在地は長崎県西海市に、「生長の家」国際本部生長の家〝森の中のオフィス〟は、山梨県北杜市にある［https://www.jp.seicho-no-ie.org/about/center/　参照］。信者数は、四三万二八五〇人［文化庁編『宗教年鑑　平成三〇年版』、八六—八七頁］。生長の家サイトに掲示されている二〇一四年一二月三一日現在の信徒数は、一五一万一八五九人（日本国内：五二万一一〇〇人／日本以外：九九万七五九人）［https://www.jp.seicho-no-ie.org/about/outline/　参照］。

（5）谷口雅春（一八九三—一九八五）は、宗教法人生長の家の創始者で初代総裁。兵庫県生まれ。早稲田大学英文科中退。元「大本」信者。「大本」を離れた後、浅野和三郎《わさぶろう》の心霊科学研究会を手伝った。バキュームオイル会社の翻訳係を経て、一九二九年「今起《た》て」との声に執筆を開始。一九三〇年に『生長の家』誌を創刊した。『聖経《せいきょう》　甘露《かんろ》の法雨《ほうう》』『生命《せいめい》の実相《じっそう》』などの刊行物を出している［井上ほか編『新宗教教団・人物事典』、四九四—四九六頁、参照］。

（6）心霊科学研究会は、一九二三年に浅野和三郎（一八七四—一九三七）によって発会した。同会の機関誌は『心霊研究』、『心霊界』、『心霊と人生』と名称を変遷。谷口雅春は浅野生存時、大正末から昭和初期にかけて右記誌上に幾度も寄稿。なお、浅野没後の後継団体に、一九四六年設立の日本心霊科学協会と戦後一九四九年に再始動した心霊科学研究会がある。心霊科学研究会の機関誌・月刊『心霊と人生』は、現在は刊行されていない。

（7）日本心霊科学協会は、一九四六年一二月に発足し、翌一九四七年二月に機関誌『心霊研究』を刊行。以後、毎月、現在まで同誌は発行され続けている。たとえば、日本心霊科学協会設立の初期である一九四七年八月には、「霊媒《れいばい》」の萩原真《まこと》や津田江山《つだこうざん》による「物理的心霊実験」が行われていた。なお、「物理的心霊現象」とは、「叩音」、「物品浮揚」、「物質化現象」、「直接談話」などを指すという［日本心霊科学協会『創立五十周年記念特集』、八—一二頁、参照］。

（8）浅野和三郎（一八七四—一九三七）。茨城県生まれ。一八九九年、東京帝国大学英文学科卒。浅野は、海軍機関学校の英語教官、大本

の幹部を経て、一九二三年に「心霊科学研究会」を発会。心霊科学研究会では、機関誌『心霊研究』（のちに『心霊界』、『心霊と人生』と改称）を刊行した。

（9）脇長生（一八九〇―一九七八）。兵庫県生まれ。本名：脇長男。浅野和三郎に師事《しじ》し、心霊科学研究会にて「心霊研究」を深めたとされる。一九三七年に浅野が逝去した後は、脇が心霊科学研究会の機関誌『心霊と人生』を編集した。戦後は、一九四六年に日本心霊科学協会の理事となり、機関誌『心霊研究』の編集に携わった。一九四九年、浅野和三郎の兄で海軍軍人だった浅野正恭《まさやす》（一八六八―一九五四）とともに心霊科学研究会を再興《さいこう》し、休刊状態だった機関誌『心霊と人生』を復刊した。

（10）千鳥会あるいは真《まこと》の道《みち》の情報については、井上ほか編『新宗教教団・人物事典』、二八五―二八六頁、参照。千鳥会は、一九四八年六月に結成された。そして、一九四九年八月に千鳥会は宗教法人となった。一九五二年二月、千鳥会から真の道と名称を変更した［真の道出版部編『真を求めて　萩原真自伝』、巻末「略年譜」、等、参照］。真の道の信者数は、八五四〇人［文化庁編『宗教年鑑　平成三〇年版』、八六―八七頁］という。

（11）萩原真（一九一〇―一九八一）は、宗教法人真の道の初代教え主《ぬし》。真の道の前身は、千鳥会。萩原の別名・義暢。戸籍どおりの名は「斎藤義暢《よしまさ》」であった。千葉県生まれ。岩倉鉄道学校卒業後、中国に渡り、一九二九年帰国。翌一九三〇年、「霊能」が出現したという。以後、数度大陸（中国）に行き、一九四六年、日本に復員。一九四七年、東京で心霊研究グループに入り、例えば、日本心霊科学協会にて、「物理霊媒」として「心霊実験」を重ねた。一九四八年、医学博士・塩谷信男らと千鳥会を結成。自らを「霊媒」とし、「交霊《こうれい》会」を盛んに開催した［井上ほか編『新宗教教団・人物事典』、五四六―五四七頁、真の道出版部編『真を求めて　萩原真自伝』、一一六―一一七頁・巻末「略年譜」、等、参照］。なお、萩原真は日本心霊科学協会の発起人の中に「萩原義暢」として名を連ねている［日本心霊科学協会『創立五十周年記念特集』、四一四頁、参照］。

（12）塩谷信男（一九〇二―二〇〇八）。山形県生まれ。東京大学医学部卒。医学博士。一九二八年から一九三〇年まで、京城帝大医学部助教授。一九三一年五月、東京・渋谷に内科医院を開設。一九八六年三月、塩谷八四歳の時、同医院を閉院。塩谷は医院を開業した一九三一年から、手掌《しゅしょう》よりの「放射線」を研究し、治療に応用した、という。また、一九三一年より、「霊魂及び霊界の研究」を行った。そして、一九四七年から「物理心霊現象」の研究をはじめ、一九五五年に同研究を終止した、という［塩谷『地球の破滅を救う』、奥付頁、参照］。塩谷の「掌《てのひら》による治療」について、彼の著書『宇宙無限力の活用』には、「……［塩谷は、］内科医院を開設した。表の看板に専門科名の表示に続けて、生命線研究所というエラそうな名を記入した。手掌《しゅしょう》から放射される力を生命線と名づけていたのである。西洋医学に基づく治療のほかに、この生命線を患者に、あるいは患部に当てる治療法を行っていた。」［塩谷『宇宙無限力の活用』、一五四頁］とある。塩谷は、一九四八年に萩原真とともに千鳥会を立ち上げる前から、「掌による治療」を行っていたことが分かる。のち、塩谷らは戦後の一九四八年に千鳥会を結成すると、同会において「真手《まなて》」という「掌当て」が行われるようになった。千鳥会におけるこの「真手」の講習会で、塩谷は講師をつとめていた［『千鳥』一九四九年六月号、表二頁、参照］。

（13）月刊『白光』は、宗教法人白光真宏会の機関誌。創刊号は、一九五四年一〇月一五日発行。創刊号は、がり版刷、文字は手書きである。内容は、詩・短歌・俳句・随想で、「文芸誌」の体裁だった。白光真宏会では、『白光』の一九五五年一月号が「実質上の創刊号」とも言う。それは、五井が一九五五年一月号の巻頭言で、「白光もこれが三号目である。然《しか》し実質的には宗教的雑誌としての創刊号でもある。」〔『白光』一九五五年一月号、一頁〕と書いているからである。そして、一九五五年一月号から活版印刷となり、この号から五井の自叙伝の連載が始まった。『白光』誌の最初期の発行所は「白光会《びゃっこうかい》」と記されてある。以降、『白光』誌は、判型の変更はあったが、現在まで毎月継続して発行されつづけている。

(14) 筆者は、本稿執筆において、五井昌久『天と地をつなぐ者』宗教法人五井先生讃仰会、一九五五年（初版本、非売品）を主に参照した。『天と地をつなぐ者』では、五井の出生から一九四九年に「神我一体」という神秘体験を得るあたりまでが記述されている。

(15) 熊田は、生長の家の「心の法則論」を、「特定の病気の原因を特定の心ぐせに求めた」もので、例えば「痔で苦しむのはこの家に尻を落ち着けたくないから」というように「この病気は何の心の影として病気の原因が説明され、病気を治すためには心なおし（性格の改善）が要求される」〔熊田　一九九九：四頁〕と説明した。

(16) 五井美登里《みどり》（一九二一―二〇一一）。五井昌久の妻。広島の或るミッションスクールの英文科を卒業し、戦前は広島の中心地に住んでいて、広島における原爆被害をよく知っていた〔五井『天と地をつなぐ者』、六五頁、『白光』一九七九年一〇月号、七頁、参照〕。美登里は、戦後まもない一九四六年頃、労働問題を研究するという中央労働学園に、五井昌久と数日違いで入社した。この職場の渉外部で、美登里は、翻訳や通訳の仕事をしていたという。彼女は、ミッションスクールを卒業していたが「自分はクリスチャンではない」と言っていたそうである〔『白光』一九七九年一〇月号、七頁、五井『天と地をつなぐ者』、六五―六六頁、参照〕。一九四九年頃は、フランス語を習っていた。そして一九四九年頃には、中央労働学園から東京・三の橋にあるC大学に転職していたという〔五井『天と地をつなぐ者』、一二五頁・一二八頁、参照〕。五井昌久研究会のT氏の話によれば、時期は定かでないが、美登里は英語の教師をし、フランス語も話せたそうである。五井の『神と人間』（初版本）の中で、同会の初代理事長となった横関実は、美登里が高等学校で英語の教鞭をとっていた、と記している〔五井『神と人間』、一四八頁〕。五井昌久の側近・高橋英雄の個人誌等をみると、美登里は大学の英文科を卒業後、一時、広島女子商業学校の英語の教師をつとめたようである〔『神人』第三四号、六頁、等、参照〕。美登里は、広島への原爆で多くの生徒をなくしたという。当時の広島女子商業学校は八月六日の原爆により校舎が壊滅、同学校校長以下、多くの職員・生徒が亡くなった〔https://www.h-shoyo.ed.jp/overview/details.php#history　参照〕。のちに美登里は、「先生〔五井のこと〕のやりたいように」と、結婚しても五井を家庭に縛ることはしなかった、という〔高橋『師に倣う』、一七三頁、参照〕。そして、『廣島女學院報』第一六四号、二〇一一年一〇月一日発行、「召天」の人名一覧に「五井美登里（岡村）　専英一八　（二〇一〇年九月から二〇一一年八月までに届出のあった方、敬称略）　慎んで哀悼の意を表します。」との記載が見られる。〔http://www.hju.ac.jp/~gakuhou/164/PDF/no164-p10.pdf　二〇一五年一月一七日最終閲覧、参照〕。娘の昌美は『白光』誌上にて、「母は平成二十三年四月三日、九十歳の天命を完うし」〔『白光』二〇一一年五月号、三一頁〕と記している。また、「贅沢《ぜいたく》や美食や華美《かび》を好まず　質実剛健《しつじつごうけん》　自然体の生き方をこよなく愛されました」「大の文学好き」「母は英語の先生をされておられたので　語学が堪能でいらしたから　特に英文学　仏文学を原語で読むのがお好きでありました」〔『白光』二〇一一年五月号、三二頁〕と回顧している。美登里の亡くなる数日前に昌美が会った時は元気で、二時間ほど二人でゆっくり話をした。そして美登里はいつものように「五井先生は私のことを忘れてしまったのかしらね早く迎えにきてくださいといつもお願いしていたのに」と茶目っ気たっぷりに語っていたそうである［『白光』二〇一一年五月号、三三頁、参照］。高橋の近刊書（二〇一六年）によれば、「衣食住」については実に質素だった美登里は読書を好み、英米文学・日本文学（特に、万葉集、古今集、新古今集）が好きだったそうである。夫の五井昌久は、妻・美登里のことを、父母に次いで〝第二の恩人〟と語っていた［髙橋『五井せんせい』、六五―六七頁、参照］。

（17）西園寺昌美（一九四一―）は、二〇一八年八月現在、宗教法人白光真宏会第二代会長、ワールド・ピース・プレヤー・ソサエティ（World Peace Prayer Society）代表。なお、「ワールド・ピース・プレヤー・ソサエティ」は、二〇一九年一月から「May Peace Prevail On Earth International」に団体名称を変更した。現在、同団体代表は西園寺昌美、同団体理事長は昌美の夫である西園寺裕夫《ひろお》がつとめている［http://worldpeace-jp.org/about/ 参照］。加えて、現在、一九九九年に設立した公益財団法人五井平和財団・会長［https://byakko.or.jp/founder/masami/ 参照］。彼女は、琉球《りゅうきゅう》王朝の末裔・尚誠の長女として生まれた。尚《しょう》家の「本家」ではなく「分家」だという。彼女には、兄と妹がいる。学習院女子中等科・高等科を経て学習院短大卒業。高校一年、一五、一六歳の頃、五井昌久に出会った。白光真宏会の青年部に入り、リーフレット配りなどに励んだ。また、白光真宏会だけでなく、キリスト教の教会にも三年ばかり通っていた。高校二年の時、毎週日曜、プロテスタントの教会にでかけた。白光真宏会に通い始めたばかりの当時は、神さまは信じているけれども霊的な話に対しては五井の話でも彼女なりに反発を感じていた、という。二〇歳になる前に、重い病気であまり食べられなくなり、目が見えない、耳が聞こえないというような状態におちいった時もあった。痩せ細って、体重が三〇キロ台まで減った。当時、彼女は発作がつづき、母親（実母で五井の信奉者）の看病に限界がきていた。実家ではこれ以上養生できないから、と五井が彼女を引きとった。五井は多忙の中、夜中の二時、三時まで祈り、「お浄《きよ》め」してくれたという。そして、周りの人たちの手あつい看病などもあって、その後、彼女の体の状態はよくなっていったようである。一九六五年、五井昌久の養女となる（旧姓名：尚悦子《しょうえつこ》）。ミシガン州立大学にて約一年間学んだ。一九七四年一〇月、西園寺公望《きんもち》（一八四九―一九四〇）の曽孫《そうそん》にあたる西園寺裕夫と結婚、三人の子をもうけた［西園寺『明日はもっと素晴しい』、八―一〇頁・一七―三〇頁・四三―四五頁・「奥付」頁、等、参照］。

（18）白光真宏会では「宇宙子《うちゅうし》科学」と略して言うことが多く、一九六二年六月から始まった同会独自の「研究」。それは、例えば、「肉体の波動《はどう》調節を科学的にやろう」というもので、「波動調節」によって肉体の病気が治る、「波動調節」によって「守護神」などの霊的存在を目に見える形に物質化する、といった目標が語られた。そして、この「宇宙子科学」がすべて完成したら、地球世界の次元《じげん》が変わって争いのない「地上天国」が実現する、といわれた［『白光』一九六六年二月号、二二―二六頁、等、参照］。しかし、この「宇宙子科学」は、現在まで完成していない。

（19）印《いん》は、『月刊　世界平和の祈り』第六六二号の説明によれば、「一人一人が人生を輝かしく創造し、同時に世界平和をもたらしてゆくため」の実践方法の一つ。「我即神也《われそくかみなり》の印とは、自分を神にまで高め上げるための印」「人類即神也《じんるいそくかみなり》の印とは、人類に真理（我即神也）の目覚めを促すための印」との説明が付されている［『月刊　世界平和の祈り』第六六二号、三頁、参照］。

（20）瀬木庸介（一九三〇―一九九九）は、宗教法人白光真宏会第二代理事長。瀬木が正しい表記。本名は博親《ひろちか》。一九三〇年五月、東京生まれ。一九五二年、成蹊大学政経学部卒業。その後、米国で広告事業を研究（ボストン大学、コロンビア大学経営大学院に留学）。

一九六六年、五井昌久に帰依。祖父の創業になる広告会社博報堂で二〇年間勤務。一九七二年、博報堂社長（一九六六―一九七二）を退任。一九七三年、白光真宏会の理事長に就任した。瀬木が同会会員として五井と接した期間は、一四年間あった。そのうち、帰依《きえ》した一九六六年から七年間は「一信徒」、そのあとの七年間は「弟子（同会職員・理事長）」として五井昌久に仕えた。瀬木の記憶にのこる五井の顔は、はじめの七年は「常に優しくにこやかな顔」であり、後の七年は「権威にあふれ、心の奥の奥まで見通すような厳しい顔」だったという。瀬木は、同会職員として勤務するようになった初日、五井に挨拶をすると、「今日からはもうお客じゃないからね」と五井から言われた。そのとき瀬木は、自分はもう客ではなく五井の弟子にしてもらったのだ、と覚悟したようである。また、瀬木は五井のことを「五井先生は慈愛《じあい》の人でした。」とも記述している。晩年の瀬木は、亡くなる直前まで「五井平和財団」の設立に精魂を傾けた［瀬木『宇宙から届いたマニュアル』、二三九―二四三頁・「奥付」頁、『白光』一九七三年三月号、六九頁、瀬木『人が神に出会う時』、四頁・九七頁、等、参照］。

(21) 西園寺裕夫（一九四九?―）は、宗教法人白光真宏会の昌美会長の夫。西園寺公望の曽孫。学習院大学経済学部卒業、ミシガン州立大学大学院修了（ＭＢＡ：経営学修士）。現在、公益財団法人五井平和財団理事長、「May Peace Prevail On Earth International」理事長。昌美との結婚までに、一九七四年四月二七日、結納の儀が行われ、翌四月二八日、披露。五井昌久の挨拶の中で、西園寺裕夫の略歴が紹介された。なお、結納の当時、西園寺裕夫は、日本精工株式会社に勤務していた［『白光』一九七四年六月号、三一頁、等、参照］。

(22) 五井の直弟子は他にも多数いるが、ここでは、高橋氏、伊藤氏、江見氏、清水氏、佐久間氏について記しておこう。他の直弟子の人たちも、本書の中において、随時、紹介する。

・高橋英雄（一九三一―）。東京生まれ。一九四〇年四月に東京・深川から千葉・市川に引っ越した。高校生の時、肺結核発病。それが縁で五井昌久を師として帰依。一九五四年の『白光』誌創刊時からの編集長（初代編集長）。白光真宏会副理事長を務めた。白光真宏会は一九九九年に退任［高橋『師に倣《なら》う』、カバー袖「著者略歴」、『五井先生研究』第一二八号、一二二頁、五井『想いが世界を創っている』、一〇五頁、参照］。五井の側近中の側近、といえる。高橋は、「私の信仰経歴のはじめは、キリスト教でした。」と記しており、短い期間ながらキリスト教会に通っていた［『五井先生研究』第一二二号、七―八頁、参照］。その後、生長の家に心が向かう。彼は、一八歳になりたての頃、肺結核とわかり、安静にして寝ている間に、父親の本棚にあった『生命の実相』を読んだ。この本が縁で生長の家信者だった横関実を知り、横関の導きで五井に出会うことになった。五井昌久と初めて会ったのは、千葉県・市川駅前通りのＫさん宅で、一九五一年五月頃のこと、という［高橋『五井先生を語る（一）』、一二頁・一〇〇頁、『五井先生研究』第一五一号、一頁、参照］。父・蔵二《くらじ》、母・米《よね》［髙橋『五井先生を語る（一）』、三二頁、『五井先生研究』第一二八号、一二二頁、参照］。髙橋英雄も、白光真宏会のＣＷＬＰ（「宇宙子科学」）シニアメンバーの一員である［『五井先生研究』第一五三号、一八頁、等、参照］。

・伊藤顕（一九二五―）。「宇宙子科学（ＣＷＬＰ）」シニアメンバー、白光真宏会元理事、同会元教育局長。会内では、伊藤顕長老とも呼称されている。伊藤は、白光真宏会入会前、戦前に、航空士官学校を卒業、終戦まで練習機に乗って訓練していた。彼は一九五〇年の秋、千葉県市川市で、五井昌久に初めて会った、という。二〇一七年八月現在、千葉県市川市に住んでいる［『五井先生研究』第一六五号、二七頁、同誌第一六六号、二一―六頁、参照］。

・江見淳《きよし》（?―二〇一一）。白光真宏会の有力な会員の一人。髙橋英雄個人誌の〈白光使徒列伝〉等によると、次のような人である。江見は、東京外語大学（東京外国語大学）を卒業し、NECに勤務、英語が堪能だった。江見は、一九六〇年三月、五井昌久に出会った。一九六二年六月、白光真宏会で「宇宙子科学」研究が始められると彼もそのメンバーの一人となった。江見は、語学の才能を生かし、五井昌久の主著『神と人間』の英訳を完成させたという。NECを定年退職した後は、ヨーロッパやアメリカ大陸にわたり、各国各地に同志をリードして、多くの「ピースポール」を建立した。会社を定年退職後、白光真宏会に職員として奉職。また、日本全国の神社百社に白光真宏会における信仰実践の一つである〝印《いん》の奉納〟を実行した。二〇一一年七月、倒れ、七八歳で逝去。「宇宙子科学」（CWLP）シニアメンバー［『五井先生研究』第九九号、一九―二二頁、同誌第一五三号、二七―二八頁、参照］。

・清水勇（一九三二―二〇一六）。東京生まれ。七男一〇女の一人。都立工芸高校機械科を卒業後、東京大学理工学研究所応用力学部深津研究室等に勤務。勤務のかたわら通学していた中央大学法学部法律学科（夜間）卒業。司法試験の勉強をしている時に五井の教えに出会い、一九六四年、白光真宏会に入会。のちに白光真宏会の職員となる。白光真宏会では、青年部長、総務部長、教宣部長（教育局次長）を歴任し、一九九七年に同会を定年退職した。そして、二〇一六年三月一二日、逝去。同会では、講師、導師、「宇宙子科学」（CWLP）メンバーとしても活躍したという［清水『ある日の五井先生』、一〇一頁・一二〇頁、『五井先生研究』第一五四号、一八頁、同誌第一五六号、三一―三二頁、参照］。

・佐久間筆八（?―二〇〇六）。岩手県出身。白光真宏会・長老、同会元理事、同会「宇宙子科学」シニアメンバー。中央大学法学部卒業。学生時代、禅宗にふれ、坐禅にいそしんだ。戦後は、三浦関造《せきぞう》のヨガや、老子の教えなどにも関心をもち探究したという。一九五四年に、五井の著した『神と人間』が縁《えん》で、新田《しんでん》道場（千葉県市川市）の五井昌久を訪ねた。以来、佐久間は、五井の熱心な信奉者となった。そして、定年退職後、白光真宏会に奉職。同会では、総務局長、理事を歴任した。一九八〇年八月一七日の「統一会」では、同日に五井昌久が亡くなったことをふせて、佐久間が法話をおこなった。法話を依頼された佐久間は、何事もなかったように淡々と説法をしたという。二〇〇六年二月二六日夕方、満九八歳で、自宅にて眠るように静かに亡くなったそうである［『白光』二〇〇六年四月号、三八―四〇頁、参照］。

第一章　白光真宏会教祖・五井昌久の生涯と活動

まず、五井昌久《ごいまさひさ》の生涯につき、概要を見ていこう。(1)五井の生涯を転換期で区切り、六つの時期に区分した。同教団の教祖の生涯については、彼の誕生から死去にいたるまでをまとめた書籍等は少ないものの、五井自らが書いた自叙伝のほか、五井の近しい弟子たちの手による「五井伝」等があるので、それらをもとに、五井の生涯をありようを、以下、記述する。なお、編年体《へんねんたい》のかたちで、順次、彼の生涯におこった主な出来事をしめす。前半《ぜんはん》生《せい》は、主に自叙伝〔五井　一九五五〕をもとにし、別資料による情報は、適宜、その出典を記す。

一　五井昌久の生涯と活動

一―一　「一愛国青年」の時代＝「戦前期」(〜一九四五年頃)

五井昌久は、一九一六年一一月二二日午後五時から六時の間に、(2)東京・浅草で、九人〔七男二女。五井の兄弟のうち、一人の兄は夭死《ようし》。一人の兄はのちの第二次世界大戦中、フィリピンで戦死。五井の弟・五郎《ごろう》もニューギニア方面で戦死〔高橋『師に倣う』、一六七頁、参照〕きょうだいの四男として誕生〔育ったのは六男二女〕。両親は、父・五井満二郎《まんじろう》〔越後《えちご》長岡藩の武士の息子。生まれながらの病弱だったという〕、母・きく〔東京生まれの商人の娘。男勝りの豪気《ごうき》をもっていたという(3)〕〔五井『天と地をつなぐ者』、一頁〕。五井昌久は、浅草という下町の気さくさ、飾り気のなさ、貧しい中でも互いに助け合う温かい人の心と心の交流から、様々なものを学びとったそうである〔高橋『五井先生の辞書』、五三頁、『白光』一九七七年七月号、四頁、参照〕。彼は、家が貧しかったせいか、三歳の頃から生活というものを考え、どういう生き方をするのが一番自分に適しているのか、などと考えていたという〔五井『天と地をつなぐ者』（改版本）、一二頁〕。

五井が子供の頃、母親は家で髪結《かみゆ》いをやったり駄菓子屋をやったりしていた〔五井『天と地をつなぐ者』、七頁〕。きくは「針仕事」もしていた〔高橋『五井先生の辞書』、五三頁〕。

五井は、「幼少から父ゆづりの病身」で、「果《はた》して成人する事が出来るか」と医師に首をひねられながら育って来た少年であった、という。五井自身、少年の頃から、自分は「大人になるかならぬうちに肺病か胃腸病になって死ぬに違いない」と自分の体に諦めを抱きはじめていた。

そして、彼の少年時代からの興味は、小説を読むことと、歌をうたうことで、学校でも作文と唱歌は得意な科目だったそうである〔五井『天と地をつなぐ者』、二頁〕。

一九二三年九月一日、六歳の時に関東大震災に遭う。一物も残さず焼け出され、着たっきりの姿で急造のバラックに住んでいた〔五井『天と地をつなぐ者』、三頁〕。五井少年は大震災で焼け出されたために越後（新潟）から見舞《みまい》に来た伯父《おじ》（父親の姉の夫）に連れられて、この時、はじめて故郷入りした。新潟での小学校は、当時の学校名「上組第三小学校」というところで、そこに一年間通ったという〔高橋『五井せんせい』、三七頁〕。その後、毎年のように夏休みには父親の故郷の越後に行き、自然に親しむ。お寺が好きで、「寶林山《ほうりんざん》　定正院《じょうしょういん》〔新潟県長岡市にある曹洞宗寺院〕〔『白光』一九六七年六月号、五六頁、等、参照〕」という裏山の寺へ行っては、お経を聴いたり、木魚の音を快くきいたりしていた、という。後には、この寺の庭で一人で坐禅を組んでいたそうである。

五井は、少年の頃は、良寛《りょうかん》（一七五八―一八三一）の柔和で円満な人格が好きで、良寛について書いた本をよく読んでいたという。そして、五井自身も良寛のような純真《じゅんしん》でとらわれのない人間になりたいと考えていたそうである(4)〔『白光』一九五七年九月号、二頁、参照〕。

さらに、五井は少年の頃から、ヴィクトル・ユゴー（一八〇二―一八八五）の小説を何度も読んだり、映画を観たりして、その度に心を洗い浄められていたものだ、と語っている。ここでいう小説とは、『レ・ミゼラブル』を指している〔『白光』一九五八年三月号、八―九頁、参照〕。

また、小学校の頃から俳句や短歌を詠み、作文や唱歌が得意だった。しかし、五井は「子供の時、実に字は下手だった」〔高橋編著『続々如是我聞』、一五二頁〕と言っていたそうである。(5)そのため、作家か音楽家か、学校の教師になろうと思っていた、という。小学校の頃は、善き少年、立派な人間になる生き方の手本のような佐藤紅緑《こうろく》(6)の少年小説に魅せられ、その主人公のように勇気をもって社会戦線に飛び出し、苦学力行《くがくりっこう》の士《し》になることを決意した。

なお、五井は小学生から一〇代後半の頃を振り返り、「私は小学生の時には、俳句に親しみ、自分でも句作していたのですが、十七、八歳の時、芭蕉《ばしょう》の句の深さにひどく打たれて、かえって句作する気が失《う》せてしまい、その頃並行《へいこう》して詠《よ》んでいた短歌の道に重点をうつしてしまったのです。」〔『白光』一九七二年三月号、四頁〕と記している。

そして一三歳の頃、高等小学校一年を終ると、東京・日本橋（室町）の小さな織物問屋（呉服店）・T商店（田島商店）の住み込みの少年店員になった。大いに働いて健康になり、勉学をつづけて立派な人間になろう、との決意があった。朝四時起き、日のあるうち荷車引き、夜は学校、読書などで、夜一二時頃就寝というのが、だいたいの日課だった。一三歳ぐらいから、ヨガ式呼吸法を加味したような静座法《せいざほう》を就寝時にずっとつづけてやっていた。やがて、自転車で一人で商売に行けるようになると、自由に時間が使えるようになり、柔道の朝稽古などもできた。時間のやりくりがつくようになってからは、文学書、哲学書、聖書、仏典など、古本屋をあさって読んだ〔五井『天と地をつなぐ者』（改版増補本）、一三―一八頁、高橋『五井せんせい』、三九頁・一九六頁・二五四頁、参照〕。なお、「柔道は初段の腕前」〔高橋『新・師に倣う』、一五〇頁〕とのことである。

五井は幼少の頃から病弱だったが、一六歳くらいから医者を捨て切った。[7] 病身《びょうしん》を脱却しようという心から、暑中休暇には越後（長岡）の山腹にある寺の堂で一日何時間か静座を組んだ〔五井『天と地をつなぐ者』、一一―一二頁、高橋『五井せんせい』、三九頁、参照〕。

呉服店では、丁稚《でっち》奉公の後、手代《てだい》となり、その後一人前として認められて、自分の店をもった〔高橋『五井先生を語る（二）』、一頁〕。一八、一九歳の頃、T商店（田島商店）を退《や》めて、独立し、主人兼小僧で「五井商店」をかまえた。ただし、それは一軒の店をかまえたのではなく、自転車を使っての行商《ぎょうしょう》・外交を主にしての商売だったという。五井商店では呉服を売り歩いたそうである〔高橋『新・師に倣う』、八六頁、高橋『五井せんせい』、一九六頁・二五四頁、参照〕。この頃から正式に声楽の勉強をはじめた。また、この頃から、歌人の仲間入りをし、詩人の人たちと交際がはじまり、小説を書こうとしたりしていた、という〔五井『天と地をつなぐ者』（改版本）、一八―一九頁、参照〕。

しかし五井は、意気には燃えていたが、老いた主人と語るうちに掛金《かけきん》はあきらめて請求もせず帰るなど、「商売人」にはなりきれなかったようである。その間に、五井は、今でいう通信教育の早稲田講義録（中学課程の勉強）を修了した〔高橋『五井先生の辞書』、八四頁、高橋『新・師に倣う』、八七頁、参照〕。田島商店の店員時代であろう、向学心にもえていた当時の五井は、通信教育を受け、主人の目をぬすんでは勉強に励んだ。夜、みなが寝静まってから、布団の中で懐中電灯を照らして勉強していたという〔高橋『五井せんせい』、三九―四〇頁、参照〕。五井商店をたちあげたこの頃、誘われて、菊池知勇《きくちちゆう》（一八八九―一九七二）が主宰する短歌会「ぬはり社」に入門。本格的に短歌の勉強をしたようである。なお、野榛《ぬはり》には、一九三六年二月、水上赤鳥《みずかみせきちょう》〔（一八九五―?）〕の紹介で入社。五井は、菊池知勇に師事し、一九四八年まで『ぬはり』誌同人として作歌に精励した。「ぬはり社」には当時、いろいろなクラブがあり、五井はそこで柔道も修行《しゅぎょう》して、初段黒帯をとったという。

彼は独立後、「ぬはり社」に通い、仕事をしながらも声楽を専門学校で学んだ。五井の声は、テノールに近いハイ・バリトンだった〔髙橋『五井せんせい』、四〇頁・二五四頁、五井『冬の海』、二二四—二二五頁、等、参照〕。

そして、一〇歳代終わり頃から二〇歳代の初期に、五井は、「霊媒《れいばい》」の女性に二、三人出会っていたが、「霊能」や「死後の霊魂」はあり得ないと決めてかかっていた〔五井『天と地をつなぐ者』、一五頁〕。また、二〇歳がらみの坐禅観法は彼の病弱を一変する大効果があった〔五井『天と地をつなぐ者』、一二頁、参照〕。彼は、聖書、大蔵経《だいぞうきょう》、武者《むしゃの》小路《こうじ》実篤《さねあつ》、トルストイなどを読んで宗教的になり、五井が自分なりの宗教観[8]を持ったのは、二三、二四歳になってからという。しかしこの頃の宗教観も戦後にはすっかり変貌《へんぼう》することになる〔五井『天と地をつなぐ者』、一二頁〕。後年の五井の「講演会法話」における武者小路実篤評によれば、「武者小路実篤氏の文学は、表現がとても幼稚なやうですが、内には素晴《すば》らしい美があり、真があります。本当のものを得た人、生命を立派に生かす人、美しい人、愛のある人になりたい、と言ふ思想が底に流れてゐて、この人の人格があふれてゐます。」〔『白光』一九五五年四月号、二七頁〕と述べている。また、同じ「講演会法話」で、五井は日本文学と比してトルストイを高く評価し、「文学にしても、残念ながら日本文学は、トルストイやドストエフスキーや、ユーゴーなどのやうな、高いひびきを感じさせるものがないのです。」〔『白光』一九五五年四月号、二五頁〕などと話している。

五井は、兵隊には全く適さない体格、病身とみられていたため、徴兵《ちょうへい》されることはなかったそうである〔『白光』一九七八年一〇月号、五頁、参照〕。

彼は音楽の知識があったので、しばらくは後進の指導をしていたが、一九四〇年九月、三兄・利男の紹介で日立製作所の亀有工場に入社、労務課（あるいは厚生課）へ勤務した。〔五井『天と地をつなぐ者』、五頁・八頁、『五井先生研究』第一六七号、一五頁〕。五井は、工場での文化活動を推進するうち、詩人、歌人たちとの交際を生じ、高村光太郎《たかむらこうたろう》や竹内てるよ[9]他に種々《しゅじゅ》と教えを受けた〔五井『天と地をつなぐ者』、九頁〕。また、終戦前のことであろう、時期は定かでないが、五井は「苞竹《ほうちく》流」という流儀の書を習っていたそうである〔髙橋『五井せんせい』、二一八頁〕。

のちに五井の直弟子となる髙橋英雄の記述によれば、五井が日立製作所亀有工場に勤務した頃、懸賞論文、小説に入賞したこともあって、五井は書くことに自信を持ち、文学青年の仲間とともに、文章の勉強、詩の勉強にも励んだ、という〔高橋『五井先生を語る（二）』、二頁〕。

また、五井は、日立製作所亀有工場で働いていたときに、いくらか編集にも関わったようである。社内誌『日立かめあり』（タブロイド判・四頁）を編集した〔『五井先生研究』第一六七号、一五頁、参照〕。在社中、彼は、工場発行の新聞に短歌や詩を投稿した。そして、戦争末期、徴用《ちょうよう》で亀有工場に工員として入ってくる少年少女たちに、五井は情操《じょうそう》教育が必要とおもって、文学や詩を教えたり、よい音楽をレコードで聴かせたり、合唱などを指導したりした。ある種の青年学校のようなものが亀有工場内で開かれていて、五井はその頃から「五井先生《ごいせんせい》」といわれて少年少女たちから慕われていた〔高橋『五井先生を語る（二）』、七〇頁、参照〕。

五井が日立製作所亀有工場で働いていた頃、詩の集まりやレコード鑑賞会などで、五井の当時住んでいたアパートに何回も行ったという五井より七歳年下の男性は、倉田百三《くらたひゃくぞう》の『赤い霊魂』を五井から借りて読んだ、という。つまり、当時五井の蔵書には倉田百三の本もあったことがわかる。そして、同男性への五井の手紙の文面には、戦前において「……戦争すること自体がよい事ではなく、その先にある真実の人類の平和が目的だからなのです。日本のこころはそうだと思います。だから私達は最後の目的〔「人類の平和」を指すだろう〕に備えていたずらに踊らぬ人間にならなければいけないと思うのです。……善《よ》きが上にも善き人間である様に、いつの日も人類を思い、国家を思って生きてゆきましょう。……」と書かれている。この手紙の文を見ると、五井は、時局《じきょく》をうけいれながらも戦争の先の目的＝「人類の平和」と考えていた様子である。個人的には「善き人間」をめざし、「人類、国家」のために生きようとする態度がうかがえる。五井は戦前から「平和志向」や「世界人類」をかんがえる視点を、ある程度はもっていたことがわかる〔高橋『五井せんせい』、一八二―一八四頁、参照〕。

とはいえ、一九四一年、二五歳頃の五井は、大東亜《だいとうあ》戦争を聖戦《せいせん》、神のみ戦《いくさ》と信じ切っていた。人一倍国を愛し信じ、日本人全体をいとおしく思っていた。従業員の士気《しき》を鼓舞《こぶ》する事に全力をあげていた。ひたすら国の勝ちを祈り、勝ちを信じていた〔五井『天と地をつなぐ者』、一〇—一一頁〕。日立製作所の軍需工場で厚生文化の仕事をしていた五井は行動的で、愛国的だった。しかし、当時の五井は、戦争の罪悪や平和についての真の宗教精神はまだ芽生えていなかったといい、国家の方針に従って工場の生産性向上に努めていた〔『白光』一九六四年四月号、四—五頁、参照〕。

一九四二年頃、五井は、仲村八鬼《なかむらやき》(一九一二—)主宰の詩誌『若い人』に参加し、「若い人」葛飾支社を設立しB5判六〇頁前後の会報を発行したが、戦時の用紙不足のため第五号で休刊したそうである。詩人の高村光太郎(一八八三—一九五六)や竹内てるよ(一九〇四—二〇〇一)たちとの面識を得たのはこの頃という。

一九四三年九月、日立製作所亀有工場の社内に文芸雑誌発行の要望がおこり、五井は、文芸雑誌創刊のために奔走した。その結果、五井は発行許可をとりつけ、文芸誌『日立かめあり』が発行されたけれども、一九四四年四月、第三号で休刊となった〔『五井先生研究』第一六七号、一六頁〕。

終戦半年ぐらい前に、五井は腎臓をわずらう。日立製作所・工場の事務員〔この事務員は、のちに白光真宏会の講師になった〕から岡田茂吉の『明日の医術』(10)を借りて読み、その事務員の母親から掌《てのひら》をつかった「霊線《れいせん》療法」をやってもらった(11)。五井は、岡田茂吉の説く「病気と浄化」についての〝理論〟に共感した〔五井『天と地をつなぐ者』、一一—一二頁、『白光』一九八〇年四月号、二四頁、参照〕。

日立では、五井は労務で福祉の関係の仕事をしていた。また、茶や華、レコードコンサートやコーラスなどの部門があり、その係を五井が担当していた。日立時代の五井は、従業員の心を上向きにしようと、「胸を張って歩きましょう、空を向いて歩きましょう」といつもスピーカーから語っていた。クラッシックの美しい音楽を流し、心がきれいになるような指導をしていた。いっぽう、日立の上層部の人たちは軍歌を流してもらいたい、ということで意見の相違から衝突することもあったようである。情熱家だった五井は、工場長と自分の主義主張のために喧嘩したり、日立の中に「青年学校」というのがあって、その青年たちのためにとても一生懸命やっていた、という

〔『白光』一九八一年三月号、四一頁、参照〕。ふだんは誠実、実直、優しく柔和な、おとなしい青年だったが、「正義感が強く烈《はげ》しい性格」の一面もあった。工場の上司が不正なことをしているのがハッキリわかると、その人に会見を申し入れ、ものすごい勢いで、その訂正を求めた。五井は、「その時は、ふところに短刀をしのばせ、さし違えるぐらいの気持でいったものだよ」と述懐している〔高橋『新・師に倣う』、一七三―一七四頁、参照〕。

五井は講話などで、「私は少年から青年にかけて、短気で短気でしょうがなかった」と語った。そして、日立製作所亀有工場勤務時代、不正をした上司にたいして、五井は丁寧な言葉づかいだけれども声を大きくして迫り、その非《ひ》を言い立てたという。五井青年は、自らの短気さを自覚し、「短気を直さなくちゃなぁ」と反省していたそうである。なお、この五井の短気も、戦後に「宗教体験」をする頃には、満員電車の中で誰かに痛い足の個所《かしょ》を蹴とばされても、その瞬間〝有難うございます〟という言葉が出て来るほどに、その内面は変貌《へんぼう》を遂げることになった〔高橋『五井先生を語る（二）』、八五―八七頁、参照〕。

一九四五年三月一〇日、東京大空襲で、東京は下町も山の手も炎上し、一面の焼け野原と化してしまったという。五井のいた下町も、この大規模爆撃で多数の死者、罹災者《りさいしゃ》がでた。五井はこのとき、空からのはげしい爆撃を体験している。多くの市民が焼け死んだ。そして、さらに、同年八月六日広島に、八月九日長崎に原子爆弾が投下され、日本は連合国に「無条件降伏」した。同年八月一五日、「終戦」〔高橋『神の満ちる星の話』、七〇頁、等、参照〕。五井にとって祖国日本は絶対なる存在であり、天皇は現人神《あらひとがみ》だった。八月一五日、終戦の大詔《おおみことのり》は五井の心を慟《どう》哭《こく》させ、天皇放送を終わるなり、工場長と抱き合って哭《な》きつづけた〔五井『天と地をつなぐ者』、一六―一七頁〕。

◆「戦前期」の要点

五井は、幼少期から病弱で、苦学して音楽を学んだ。声楽を学んだことは、のちに「お浄め」を行う際、「気合いの一声」や「オーム」と発声するのに役立った、という〔五井『天と地をつなぐ者』、一一三―一一四頁、参照〕。

彼は、一〇代の頃より「静座法」を実践したり、仏典・聖書を読むなど、宗教的であった。また、詩や短歌などの文芸を好んだ。佐藤紅緑《こうろく》、竹内てるよ、高村光太郎ら文人からの「影響」もあった。五井は会の初期から、詩や短歌の形で「教え」を説いているからである。この時期、五井が、岡田茂吉の著書『明日の医術』を読んだことは、彼の思想形成を考察するうえで重要である。詳しくは後述するが、五井は、岡田の「浄化《じょうか》（作用《さよう》）」という考え方の「影響」を受けた。この「戦前期」までの五井は、宗教的な傾向はあったものの、当時世間のどこにでもいたような「一愛国青年」であったとおもわれる。

一―二　新宗教団体への入信、「神我一体」へ＝「遍歴期」（一九四五年頃〜一九四九年頃）

敗戦後まもなく、日立の工場を辞職。戦後、日立製作所亀有工場の残務整理がついたあと、五井は過労から病に倒れたが、一〇日ほどして回復。回復はしたけれども、自分の日立製作所・工場での使命は終わった、と五井はおもって、同製作所を退社した〔五井『天と地をつなぐ者』、二三―二四頁、高橋『神の満ちる星の話』、七〇頁、参照〕。敗戦後の残務整理の仕事のなかに、各地から工場に集っていた少年少女工たちを、それぞれの故郷に帰してやる仕事があった。五井も彼ら少年少女工の帰郷のための汽車の切符の手配に奔走し、五井は自分の希望で、日向《ひゅうが》（宮崎県）の子供達の帰郷に付き添うことにした。日向が〝天孫降臨《てんそんこうりん》の地〟と言われることや、宮崎県には武者小路実篤の「新しき村」〔当時、宮崎県児湯《こゆ》郡木城《きじょう》村に在った生活共同体〕があり、その武者小路の「新しき村」に五井が憧れていたという理由から五井は「宮崎県組」の子供達の付き添いを望んだ。しかし、五井は病のため、宮崎県への同行《どうこう》を断念することになった。五井は、武者小路実篤の「理想主義」「人道《じんどう》主義」〔『広辞苑』には「人間愛を根本におき人類全体の福祉の実現を目ざす立場」とある〕」的なありかたに惹《ひ》かれたのかもしれない。こうした五井の思想的志向から、のちに五井が提唱した「平和主義」の萌芽《ほうが》をみることもできよう〔五井『天と地をつなぐ者』、二〇―二三頁、等、参照〕。五井が日立製作所に勤務したのは、一九四五年秋頃までであった〔『五井先生研究』第一一四号、六頁、参照〕。

それから後、五井は、岡田茂吉の弟子の治療所を訪れ、「霊線《れいせん》療法(12)」の講習を受けた。同じ頃、五井は、ホルムス著谷口雅春訳の『百事如意《ひゃくじにょい》』(13)という本を読み、深い感銘を受けたという。そして、五井は自らも、掌《てのひら》による「霊線療法」を行うようになった。当時の五井は、この掌による「病気治し」で、かなりの治病効果をあげていた、と自叙伝の中で述べている。そして、戦後間もないその頃、五井は、谷口雅春の『生命の実相』全篇二〇巻を読んだ。この頃を機《き》に、五井は、「霊界幽界《れいかいゆうかい》」を研究するようになる〔五井『天と地をつなぐ者』、二五―三〇頁、参照〕。

一九四六年、晩春のある日、五井は、岡田茂吉の弟子のＹ氏〔「山本先生」「山本さん」と呼ばれていた(14)〕とともに熱《あた》海《み》の岡田を訪問する。五井が岡田と面接した感想については、「私の魂を把《とら》へる程《ほど》の宗教的法悦《ほうえつ》はなかつた」が、「岡田氏と云ふ人は……その考へてゐる事柄は実に膨大な構想であり、世界的な大きな理想を確信をもつて、淡々と語つてゐる姿は私〔五井〕の心を非常にひきつけたのであつた。」と五井は自叙伝に記している〔五井『天と地をつなぐ者』、三一頁、参照〕。しかし、五井にとって岡田は一大企業家として見え、五井の求める本筋《ほんすじ》の救世主ではなかった。五井は岡田に面接して以来、岡田を聖者として崇める気が薄らいでいたため、「お光《ひか》り（お守り）(15)」にたいする信仰もあやふやになり、「お光り」なしで五井自身の力でも病気を治せる、と考えるようになっていた〔五井『天と地をつなぐ者』、三三―三四頁、参照〕。

同一九四六年夏、五井は葛飾の中川《なかがわ》土手の辺りで「お前のいのちは神がもらった、覚悟はよいか」との「天《てん》声《せい》」をきき、五井は「はい」と心でこたえた。その「天声」をきく体験をした後、五井は、手をかざして〔掌による「霊線療法」で〕腹膜《ふくまく》をわずらう青年を治癒した。この頃、五井は、月刊『生長の家』を購読し、「霊媒《れいばい》」をたずねたり、心霊問題を取り扱った図書を探し歩いたりしていた。

そして、ある日曜日、五井昌久は、兄弟と赤坂の生長の家本部の講演会へ行き、谷口雅春の講話を聴いた。そこで説かれた「人間神の子、実相《じっそう》円満完全、人間の本来性には悪もなく悩みも病気もないのだ」という谷口の思想に五井は深く打たれたという〔五井『天と地をつなぐ者』、四一—四二頁、参照〕。この日から彼は、生長の家の運動を始める。生長の家誌友《しゆう》に呼びかけ「葛飾《かつしか》信徒会」を結成、五井自身、その副会長になった。五井は、岡田茂吉以来、偉いと噂の人物には面会に行っていた。

戦後まもないこの時期、五井昌久が三〇歳頃、葛飾区の中川土手辺りで「天声」をきいて、その後、五井は〝霊修行時代〟に入っていくが、彼は、ひたすら「神様、有難うございます」と想いつづける日々を送ったという。五井は、のちの一九四九年頃〝想念停止の修行〟というものを行う。そのとき彼は「想いを出してはいけない」とされたが、「神様、有難うございます」という想いは出してもよい、と「守護神《じん》」から許されたのだそうである〔『五井先生研究』第一六七号、一七—一八頁、参照〕。

一九四六年八月のある日、五井は母・きくと話をし、職探しをすることになる。そして同年の翌九月、中央労働学園に出版部員として就職した（以降、約二年半近くその職場に勤務）〔五井『天と地をつなぐ者』、三〇—六〇頁、参照〕。のちに五井の妻となる岡村美登里《みどり》は同学園の渉外部《しょうがい》に入り、翻訳と通訳が彼女の仕事だった。同学園出版部に五井が勤務していたときは、東京・亀有駅から勤務先のある東京・浜松町駅まで電車で通っていた〔『五井先生研究』第一二九号、一二頁、参照〕。その頃の五井は、出版部で月刊『中央労働時報』の編集に携わった、という〔髙橋『五井先生を語る（二）』、七一頁〕。

一九四七年になり、そのうち五井は、生長の家地方講師を任ぜられる〔五井『天と地をつなぐ者』、八六頁〕。また、彼は、日本心霊科学協会の「物理現象実験会」に出席していた〔五井『天と地をつなぐ者』、八九頁、参照〕。

一九四八年頃、東京都江戸川区・小岩の生長の家の会合で、共産党の人たちとの討論会があり、五井も生長の家側の人として参加。その時、共産党の人から「神さまがあるなら見せてみろ」と言われたのに応《こた》えて、五井が〝座布団をくっつけたまま畳の上を跳《と》び上がり、跳《は》ねた〟とされる〔『五井先生研究』第一六〇号、一一頁、参照〕。

一九四九年、(16)一月半ばを過ぎた頃、五井は、〝神霊《しんれい》現象の会〟を行うという「千鳥会《ちどりかい》」のことを聞き、千鳥会の会員となる。五井は、前年のメーデー以来、人を救うために超人的力がほしい、と思い、祈っていた。そして、千鳥会では、「交霊会《こうれいかい》」が始まる前に「フーチ」(17)をもらった。

なお、千鳥会の「交霊会」から帰宅したその夜、「神想観《しんそうかん》」(18)中、閉じた眼の前に「霊魂」が見えたり、合掌した手が大きく「霊動《れいどう》」(19)し出したという。そこで五井は、この「霊動」を利用して、「霊界」との交流してみようと思いたったそうである。この夜をきっかけに、五井は苦しい「霊修行」の道に入ることとなった。その頃までに、五井は「心霊」に関する知識はかなりもっていたという。そうして、五井は、「霊動」を利用した〝個人的な交霊会〟をおこなうと共に、千鳥会の「交霊会」には何処《どこ》へでも出かけていった〔五井『天と地をつなぐ者』、八八―九七頁、参照〕。そのうち、五井の身に「自動書記《じどうしょき》」(20)「霊耳《れいじ》」(21)が起こり、通常勤務が困難になった。たとえば、出版部の校正をやっていても、自然と手が動きだし、校正が出来なくなって来た、という。当時の彼は、「霊」側の言う通り行動していた。一九四九年二月の終わり頃、五井は、ついに事務がとれなくなり中央労働学園出版部を退職、岡田の弟子・Y氏（山本氏）の家に住み込み、本格的に「霊能《れいのう》修行」の道専門に進むことを決意する。

またその頃、五井は、谷口雅春の自宅を訪れ、谷口と短時間面談した。谷口からは、生長の家の講師はつづけなさい、と言われる。五井は、岡田の弟子・Y氏の家に同居し掌《て》かざし治療等を行っていたが、ある日、床《とこ》の間《ま》に置かれてあった観音《かんのん》像をもらい受けて、そのまま母親と同居していた自宅に帰った。以後、岡田の弟子・Y氏宅に戻ることはなかった〔五井『天と地をつなぐ者』、八八―一一五頁、『五井先生研究』第一五八号、一五頁、参照〕。この頃は、東京・亀有《かめあり》（東京都葛飾区）の二階屋《にかいや》に母親といっしょに暮らしていた〔『白光』一九八一年三月号、四〇頁、参照〕。

なお、一九四九年一月二〇日付（消印）の五井が出した葉書には、五井がのちに強調した特徴的な教え＝〝消えてゆく姿の教え〟がすでに記されていたという。生長の家の信仰をもっていた人の手紙にたいする五井の返信葉書の文面には、「……如何《いか》なる状態が現《あら》はれ様《よう》とも、それはすべて前生の因縁《いんねん》が消え去ってゆく姿と拝んでゆくところに、真実の明るい生活が生《う》みなされてくるのです。……」と書かれてあったそうである。この葉書は、受け取った人から直弟子の髙橋英雄に保管を託されたものである。そうすると、〝消えてゆく姿の教え〟の成立は意外に早く、この後の「悟り体験」を得る前にあったことになる〔髙橋『五井せんせい』、一七六―一七八頁、参照〕。

同一九四九年三月か四月頃、五井は東京・亀有の自宅を根城《ねじろ》に、「想念停止」の修行をはじめ、断食《だんじき》をする。断食中だった同年六月時には、「霊団《れいだん》」に肉体行動をすべてゆだねて四ヵ月余りが経《た》っていた、という〔五井『天と地をつなぐ者』、一一八―一二九頁、参照〕。「神さま、神さまのみ心のままになさしめ給え」と〝神さま〟のなかにすべてを投げ出すことを、五井は「全託《ぜんたく》」といい、五井の行動の特徴といえる。同年に五井がおこなった〝霊修行〟においても、五井は「全託」を実行し、「〝霊修行〟当時、食べることも、神さまにまかせた」と五井は直弟子の髙橋英雄に語ったという。通常は、食べなければ死ぬことになるわけだが、「明日の米がなくてもそれでもよい、それで今日、明日死んでもよい」というように、五井は〝神さまにおまかせ〟したのだそうである。結果、五井は、死ななかった。のちに、五井は、「生きていけるよ。神さまがすべてやって下さるから」と、その〝全託〟という彼の信念について髙橋英雄らに話した〔『五井先生研究』第一六〇号、六―九頁、参照〕。この「霊修行」中、五井は水分を摂《と》るだけで、あとは一切口にしなかったという。そして病人を助けるため、あちこちに出かけていた。母・きくが痩《や》せていく息子に「一口《ひとくち》でいいから食べておくれ」と懇願しても「修行中ですから食べません」と答えていたそうである。きくは、「お念仏」を申しつつ見守りつづけた、とのことである〔髙橋『師に倣う』、一六八頁、参照〕。このときの五井の〝断食〟について、五井の直弟子・髙橋英雄の個人誌によれば、「その時は御飯《ごはん》も食べない、水はとったようですが、断食状態が約三ヶ月ぐらいつづいたといいます。」〔『五井先生研究』第一五八号、一五頁〕と記している。後年、五井は「断食」のことについての取材に対して「その間どの位の期間だったか、いつ頃から始まっていつ頃終わったのか、月日のことはわかりません。まだ結婚しない前、家内《かない》〔当時恋人だった美登里〕からおまんじゅうを一つもらって食べたのがきっかけで、ふつうにもどったと記憶しています。」〔髙橋編著『続々如是我聞』、一八六―一八七頁〕と語ったという。また後年、「霊修行」をしている会員がいるとの話を聞くと、「気狂いになるかも知れないのだ。捨身《すてみ》の覚悟がなければすることではない」〔高橋編著『続々如是我聞』、九九頁〕と、そのような「修行」をおこなうことを戒めた。

一九四九年六月の終わり頃、五井は約三ヶ月間にわたる「想念停止」の修行〔五井『神と人間』、七七頁〕を終えて後、「神我一体《しんがいったい》(22)」の体験を得たとされる。「神我一体」を体験した翌日の朝、五井は瞑想時に、釈尊とイエスキリストに出会った、という。「霊覚者《れいかくしゃ》(23)」となる。すべての修行の済んだ直後に、五井は自分の背後には誕生以前より自分を守護指導していた「守護霊、守護神《じん》」が厳然と控えていたことをはっきり識《し》る。以後、表面は昔の五井昌久のような姿に戻る。それからは尋《たず》ねてくる人が多くなり、人事相談や治病に忙しくなる〔五井『天と地をつなぐ者』、一三九―一四四頁、参照〕。この当時は、東京・金町の五井の家には、「現世利益」を受けたくて、近所の人たちが通って来ていた。そして五井の「お浄め《きよ》(24)」を受けて帰っていった。そうした初期の「現世利益」や「当てもの」目当てで来ていた人たちは、五井の逝去頃にはいなくなっていった。後年は、著書を通して五井の教えとつながる人が多くなったという。〔『白光』一九八一年三月号、四四―四五頁〕。のちに五井昌久を信奉する人たちで会がつくられ、自前《じまえ》の機関誌を発行するようになるまでは、五井昌久も一時、〝拝《おが》みやさん〟と見られていた時期があった〔『五井先生研究』第一五七号、八頁、参照〕。同年六月の神秘体験ののちも、生長の家の講師として人生相談・個人相談で五井は忙しかった。五井の弟子・髙橋英雄の個人誌によれば、当時は、生活に困った人たちが、うわさを聞き、助けを求めて五井の家をたずねて来ていた。また、東京の葛飾区、江戸川区、墨田区そして千葉県市川市、船橋市などの生長の家の人たちが、当時、生長の家地方講師であった五井を招いて、個人指導をしてもらっていた、という〔『神人』第三八号、三頁、参照〕。同年の秋、五井はまだ生長の家の講師をしていた。千葉県市川市の生長の家信徒達に請《こ》われて、この頃五井は市川を訪れたようである〔五井『神と人間』、一四五頁、参照〕。この頃の五井は、生長の家の地方講師をしながら、「お浄め」もしていたという〔『白光』一九八一年三月号、四〇頁、参照〕。髙橋英雄の個人誌には、「〔五井〕先生は云《い》われれば、どこへでも気軽に出むかれたらしい。」〔『神人』第三八号、五頁〕とある。

　故・島田重光《しげみつ》（白光真宏会元理事、同会シニアメンバー）の言葉として『五井先生研究』に記されている記録によれば、一九四九年頃、千葉県市川市でも五井が訪れてよく泊《と》まることがあった家が島田家と他に三、四軒あった。五井といろんな話がしたい、という千葉県市川市の人たちと、五井は、くだけた雰囲気で団らんの時間をすごしていたようである。島田重光は五井よりも七歳年下で、島田が初めて出会った当時（島田重光、二五歳の時）の五井の風貌《ふうぼう》は、まだ髭《ひげ》がなく、まん円《まる》い眼鏡をかけていた。ふだんは、気さくで、優しく接してくれたという。

　別の資料とあわせてみると、島田重光が五井の写真を撮ったのは一九五〇年頃のことだったようである〔『白光』一九六七年二月号、四五頁、五井『天と地をつなぐ者』、一五五頁、参照〕。島田重光が家の前で何気なくうつした五井の写真が〝円光《えんこう》〟になった。島田は「これは失敗した」と思って、その〝円光〟の写真を五井に見せたところ、五井は「素晴らしい、いい写真だよ」と島田に言ったそうである。これが、のちに「霊光《れいこう》写真」と呼ばれて、〝お守り〟として会員らに持たれるようになる〔『五井先生研究』第一五九号、一〇頁、同誌第一六一号、一〇―一三頁、参照〕。

　前出の島田重光が五井と再び会ったのが、一九四九年一〇月で、五井は「想念停止」の行《ぎょう》をおえていた。島田の記述によると、この頃の五井は、相談に来た人が何を思っているのか、わかっていたという。病気のこと、仕事のこと、結婚のことなどの相談にたいし、五井はすぐに助言を与えていた。この頃は、そうした相談に回答を与えてもらうことが来訪の動機だった人がほとんどだった。

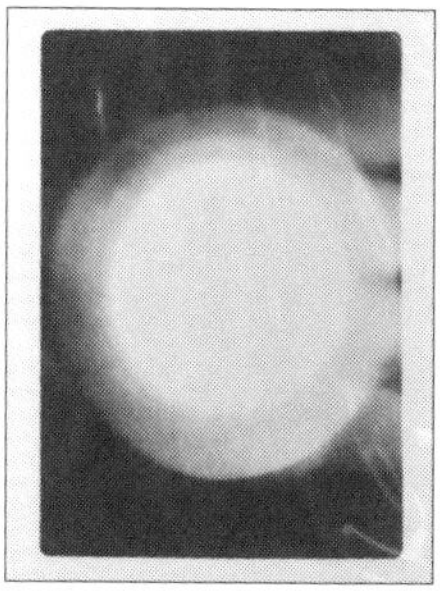
同会会員がお守りのように持つ「霊光写真」
（撮影：著者）

　島田の場合、一九四八年、一九四九年頃は、五井と一対一や二、三人で話をしたりする機会があって、「統一《とういつ》」という祈りのやり方を指導してもらうこともあった。生長の家の信徒だった島田は、五井の「私の前に坐ってお祈りしなさい」との言葉にうながされて、生長の家の祈祷《きとう》法である「神想観《しんそうかん》」を唱えて祈った。その時の五井は、島田の「神想観」について、「それでいいんだ」

と言ったそうである。ただ、当時の島田には、その「統一」のどこが良かったのかがわからなかったそうで、のちに白光真宏会会員として「聖《ひじり》ヶ丘《おか》統一会」で「統一」をするようになってから、「統一」の意味（＝すべて〝消えてゆく姿〟と認識したり、祈り言《ごと》を通して神さまにつながればいい、ということ）がよくわかるようになったという〔『五井先生研究』第一六〇号、一一―一三頁、参照〕。

一九四九年、一九五〇年頃か、島田重光の回想記録によれば、島田が二六歳頃、当時五井は生長の家の講師だったが、あまり生長の家の会合《かいごう》に出ていなかったそうである。その頃の五井は、生長の家の教えに、多少、批判的なことを言っていた時代だった。五井は、生長の家の信徒を前に、生長の家の教えで間違っていると思う所を指摘して、かなり激しい口調も使っていた。島田はその頃、生長の家の市川青年会を運営していたが、五井の教えを受けて生長の家をやっていることで、ほかの信徒のなかで感情的に面白くない、という兆《きざ》しがみえてきたので、島田は生長の家の市川青年会から手を引いたという。当時の島田から見た五井のすがたは、体が小さくて、チョコチョコと歩きながら、まわりから批判をうけても言いわけをしない、超然《ちょうぜん》、悠然《ゆうぜん》としていて、それが頼もしい感じだった、と述べている〔『五井先生研究』第一五九号、一〇―一三頁、参照〕。

一九五〇年頃のことか、当時青年だった市川宣隆《いちかわのぶたか》[25]は、五井から「家が近いから、一緒に帰ろう」と誘われ、「集会（個人宅でおこなわれた集会）」からの帰り道、「松雲閣《しょううんかく》（千葉県市川市）」に間借りしていた五井の住まいまで、小一時間《こいちじかん》、お伴《とも》したという。「集会」からの帰り、ある夜半の路上では、五井は片足を上げ、破れた自分の革靴から親指を出して市川に見せたりするような茶目っ気があった。当時の五井はお金がないままで済ましていたため、ボロボロの背広は、肘《ひじ》部にも膝《ひざ》部にも大きい継《つ》ぎを当て、Yシャツも継ぎだらけだった。しかし、前出の市川宣隆がいうには、それでも五井はまったく屈託がなく、いつも上機嫌で、大手《おおで》を振って堂々と歩いていたそうである〔『五井先生研究』第一五二号、二四―二五頁、参照〕。

一九五〇年七月、家人《かじん》を説き伏せた恋人・（岡村）美登里《みどり》が、千葉県市川市新田《しんでん》にあった「松雲閣（当時、この松雲閣で、〔五井を信奉する人たちが集会をもっていた〕」に身のまわり品だけを手にさげて五井のもとに嫁いで来る。そして、二人は結婚。その頃、杉並に住んでいた美登里が松雲閣での集会に来て、そこで参集者たちに美登里のことが紹介された。美登里は、夜一一時頃、会が終わるまで、しずかに座って五井の話をきいていたそうである。そして、その日の夜、都合よく、貸物件の二階を借りることが出来た。権利金や敷金は、美登里が払えるだけの金額を持っていたため、その日からの五井夫妻の住居が得られることとなった。この二階の貸し間のある住居は、真間《まま》小学校〔千葉県市川市にある小学校〕の東側にあり、五井夫妻はそこにしばらく住んでのち、「松雲閣」の新田《しんでん》道場の離れに引っ越したとのこと。なお、島田重光の記述によれば、五井昌久は、結婚する頃から髭《ひげ》をのばすようになったそうである〔『五井先生研究』第一六一号、一三―一四頁、参照〕。

五井の弟子・清水勇《しみずいさむ》によれば、五井夫妻は一九五〇年七月に、千葉県市川市・須和田《すわだ》の貸間を住まいとしたという。また、高橋英雄によれば、結婚した頃の五井夫妻は、市川眞間外と俗にいわれる地域〔眞間川と眞間の丘との間〕の貸家の二階に一部屋を間借りして住んでいた、という。ここで相談事を受けたり、「お浄め」や「個人面接指導」をしていたそうである〔清水『ある日の五井先生』、一六八頁、高橋『五井先生を語る（一）』、一一頁、高橋『五井せんせい』、一九三頁、『白光』一九六四年五月号、四頁、参照〕。

こうして五井夫妻は、市川の川外といわれた桜土手の貸間に新居をかまえた。五井昌久は三三才、美登里は二九才だった〔『白光』一九八〇年二月号、二七頁、参照〕。なお、五井は結婚する前までに、生長の家を離れていた。そしてその頃には、今でいう「統一」の指導をしていたという〔『白光』一九八〇年一二月号、三二頁〕。

五井の側近・高橋英雄によれば、五井夫妻はこの貸間で約一年間すごした。五井昌久のほうは、午前中に「個人指導」、午後は乞《こ》われるままに東京や市川市内や地方などにも出かけていき、「お浄め」や「個人相談」をおこなっていたという〔『白光』一九八〇年二月号、二七頁、参照〕。

五井が結婚して間もない頃か、側近・高橋英雄によれば、前述した〝霊光写真〟について「これは素晴らしいもので、大事なものだ」と指摘してくれた人がいた。その人は五井昌久の修行仲間だったそうで、写真館も経営していた。その人はのちに一派《いっぱ》をたて、宗教法人をつくり、「信徒から〔御《ご》〕守護神様《しゅごじんさま》と崇《あが》められた方《かた》」とのこと〔高橋『神のみ実在する』、三〇頁〕。筆者が髙橋英雄氏に書簡（二〇一八年三月消印）上で確認したところ、その人とは、千葉県野田市に本部を置く宗教法人霊波之光《れいはのひかり》の創始者・波瀬善雄《はせよしお》（一九一五―一九八四）である、とのことだった。波瀬は、生計のため写真館を営んでいたし、〝御守護神様《ごしゅごじんさま》〟と呼ばれて信仰されている。

一九五〇年九月頃、五井夫妻は新婚旅行をかねて静岡県へ行った。その頃の五井は「私を想いなさい、困った時は私の名前を呼びなさい」と指導していたという〔『白光』一九八一年七月号、三一―三二頁、参照〕。同年の頃は「市川〔千葉県市川市〕にこういう素晴しいよく当《あた》る先生がおる」という口コミで五井の所に人がやって来ていた〔『白光』一九八一年五月号、四一頁、参照〕。また、五井夫妻は結婚してから、どのくらいの期間そうしたのか不明だが、月に一回、当時、東京・亀有に五井の兄夫妻と一緒に住んでいた母・きくのところへ五井夫妻が千葉県市川市八幡《やわた》から訪問し、いつもなにがしかの金品〔お小遣い〕を置いていったのだそうである〔高橋『五井先生を語る（二）』、五頁、参照〕。

◆「遍歴期」の要点

五井は、「宗教」への傾斜に拍車《はくしゃ》がかかる。岡田茂吉の弟子から「掌《て》かざし療法」を学び、治病行為を行う。谷口雅春の本を読んで感銘し、生長の家の教えの普及に熱心に取り組んだ。より強い「神秘力《しんぴりょく》」を求めて「千鳥会」に入会し、「交霊会」に盛んに出席した。

なお、五井は、戦後まもなくから、すでに日本心霊科学協会の「物理現象実験会」にも参加していた。彼の関心は、「心霊」探求の色が濃くなり、千鳥会の「交霊会」への参加を契機に「霊現象」が五井自身に発現《はつげん》した、とされる。数ヵ月の「霊修行」を経て、一九四九年六月、五井は、「神我一体」という「覚《さと》り」〔「神秘体験」〕を得たという。彼自身の「霊体験」を通して、この時には、五井の「守護霊、守護神への感謝」という教えが出来上がっていた。同年六月の「覚り」以降、五井が次々と教団（団体）に入信（入会）するという「遍歴」は、さしあたり止まることになった。五井は、岡田の「浄霊《じょうれい》」を一部継承しながらも五井独自のやり方で「お浄め」を行った。また、五井は、谷口の「神想観」を簡略化したような独自の他力的観法《たりきてきかんぽう》＝「統一《とういつ》」行《ぎょう》を生み出し、彼の信奉者たちに指導しはじめた。この頃は、岡田につながる「病気治し」や萩原につながる「当てもの」、といった「神秘力」が前面にあり、それを目当てに近所の人たちが集まっていた時期である。

一―三　五井の信奉者たちが団体をつくる＝「草創期」（一九五一年頃〜）

一九五一年五月、五井はのちに自らの側近として最晩年まで仕えることになる髙橋英雄と千葉県市川駅近くのある家で初めて会う。髙橋はその後、機関誌『白光』の編集を任されることになる〔髙橋『五井せんせい』、一一頁〕。髙橋が五井昌久に初めて出会ったのは、一八歳のときという。髙橋はみずから発行する個人誌のなかで、「私にとって、この人生の最大にして最高、そして最善の善因縁《ぜんいんねん》は十八才の時、五井先生にお目にかかれたということである。」〔『五井先生研究』第一六四号、一四頁〕と記している。髙橋の回顧録によれば、「昭和二十六年九月、貸間から松雲閣《しょううんかく》、横関実《みのる》さん（前〔初代〕理事長）のはなれに五井先生は移転なさった。」〔『白光』一九八〇年二月号、二七頁〕という。

一九五一年一一月一日、五井の信者たちの願いを承諾する形で、千葉県市川市に「五井先生讃仰会《さんこうかい》(26)」が発足した〔五井『神と人間』、一四九頁〕。この会は「五井先生に救われた人々が寄り集まって、五井先生に経済的ご心配をおかけしなくてすむように、また助けを求めてくる人にも負担にならないように、という心で会員制度が発生したもの」〔髙橋『五井先生の辞書』、五七頁〕という。当時作られた「規約《きやく》(27)」の中に、「一、本会会員は、特別にお浄め《きよ》を受けたる場合、分《ぶん》に応《おう》じて会費を納むるものとす。」〔高橋『五井先生の辞書』、五八頁〕の条文が見られ、いくらかの金銭を得る仕組みが会員有志らによって作られた。そして高橋英雄は、「会費を払うようになったのは、〔昭和〕二七年一月からであった。」〔『白光』一九八〇年二月号、二七頁〕と記している。

五井夫妻は、一九五三年の春頃の時点で、同会の理事・横関実の家[28]（松雲閣〔在所：市川真間《いちかわまま》〕〔高橋『五井せんせい』、一七九頁〕）に一年半近く同居していた。つまり五井先生讃仰会が出来る少し前、一九五一年秋に松雲閣への移転〔五井夫妻の引っ越し〕が定まった、という〔五井『神と人間』、一四九―一五〇頁〕。この「松雲閣」が同会最初の本部道場「新田《しんでん》道場」（市川市新田三丁目）となる。本道場において、五井の柏手《かしわで》等による「お浄め」と「個人相談」が一九六八年一〇月まで行われた。一九六八年一一月からは、斉藤秀雄《ひでお》[29]・村田正雄《まさお》[30]・横関実の三人が五井の名代《みょうだい》として同道場での「お浄め」「個人相談」を担当した。同道場は、一九七三年に本部が「聖《ひじり》ケ丘《おか》道場」に移った〔本部の事務業務は一九七二年一一月から「聖ケ丘」に移行している〕のを機《き》に閉鎖された〔清水『ある日の五井先生』、三頁・三一頁・一三九頁、参照〕。なお、当時の五井昌久は、一日に六、七百人の人々の「お浄め」と相談に応じていたこともあったという〔高橋『五井先生の辞書』、一二一頁、参照〕。ただし、一九五三年春頃は、「現在のところ毎日百人内外の人に会って、一々《いちいち》祈ったり指導して居《お》られる」「事業には繁栄の方針を与え、家庭には光明《こうみょう》生活、結婚には幸福の相手を各人に適業《てきぎょう》を、病める人には健康をという風《ふう》に、転禍為福の例は枚挙《まいきょ》に遑《いとま》ない」〔五井『神と人間』、一五一頁・一五三頁〕と横関は記している。また同会について「五井先生讃仰会は、五井先生の御指導により、之等《これら》を解決し、病《やまい》無く、なやみない、幸福一元《いちげん》の生活を、吾等《われら》日常生活に実現させる研究団体である。」〔五井『神と人間』、一五八―一五九頁〕と横関は説明した。

五井は結婚して家庭を持ってからも「相談に来た人がお礼にと感謝箱《ばこ》においていったお金を、困った人がくると、惜し気もなく持たせてやってしまった」〔高橋『新・師に倣う』、八八頁〕という。そうした事は、初期の「個人相談」においてはしばしばあったそうである〔白光真宏会の古参の会員、関係者の話〕。

のち、一九五四年九月以降、五井夫妻は住居を市川市新田から、市川市八幡に移した。五井昌久も美登里も、この家が大変気に入ったそうである。土地は借地《しゃくち》のままであるが、家を買い、きれいに磨き修理したら、見違《みちが》えるような家になった、という。以後、ここが五井夫妻の自宅となった〔『白光』一九八〇年三月号、三六頁、高橋『五井先生の辞書』、一六―一七頁、五井昌久研究会・T氏の話、参照〕。

一九五三年五月、五井の最初の著作『神と人間』が五井先生讃仰会より発行される〔五井『神と人間』、奥付頁〕。同書は、一九五二年の暮れから執筆、翌一九五三年一月には脱稿《だっこう》していたといわれ、一気呵成《いっきかせい》に書き上げられたそうである〔『五井先生研究』二〇一五年二月号、一五頁、参照〕。この頃、新田道場では、一人一人呼ばれて、約一〇分間くらい、「個人指導」と「お浄め」が行われていた、という〔『白光』一九八一年五月号、四三頁、参照〕。五井は当時、一対一の対面《たいめん》指導に力を注いでいた。千葉の新田道場まで「お浄め」に来た人には、疑問があれば五井がその場で答え、遠方・地方に住んでいて来られない人には手紙で指導することもあり、そうした場合には横関実が代筆で、まめに五井の答えを送っていたそうである。のちに、「お浄め」の場所が新田道場から聖ヶ丘道場の昱修庵《いくしゅうあん》に移ってからは、側近の高橋英雄が五井の指導を代筆して会員に伝えていた〔高橋『五井せんせい』、一七九―一八〇頁、参照〕。そして、一九五三年に『神と人間』が出版されたことが縁《えん》で、安岡正篤《やすおかまさひろ》の門下生が五井のもとに訪れた。これにより、その後、安岡と五井との間に自然と親交《しんこう》が生まれたという〔『五井先生研究』第一四〇号、一六頁、参照〕。

五井の初めての著書『神と人間』初版本。
口絵に当時の五井の写真（撮影：著者）

一九五四年一月、五井の父・満二郎《まんじろう》が死去した。病弱だった満二郎は、四〇歳で「隠居《いんきょ》」していた。五井昌久は、〝信者第一号〟は彼の父親だといい、息子の昌久が「この観音さまをよく拝んでおきなさい」と言ったら、彼の父は素直に一生懸命に、その観音像を拝んでいたという。五井は、父親のことを「気の弱い人だった」とも講話の中で述べている〔高橋『新・師に倣う』、八五頁、高橋『五井先生の辞書』、五三頁・六五頁、高橋『五井せんせい』、四一頁、五井『想いが世界を創っている』、一一四頁、等、参照〕。

この年、一九五四年、現在の「世界平和の祈り」の「原型《げんけい》」ともいえる言葉が五井によって語られ、信者である斉藤秀雄がこれを詩「我家《わがや》の祈り」(31)とした。その詩は、同年一〇月一五日発行の『白光』創刊号に掲載された〔『白光』一九五四年一一月号・創刊号、三頁、同誌一九五九年一〇月号、一八―一九頁〕。なお、一般社団法人五井昌久研究会のサイトでは「(昭和二九年)九月一六日 世界平和の祈り公表される。」〔http://goisensei.com/study/index.shtml 参照〕とあり、側近・高橋の記述では「世界平和の祈りが人々の前に、五井先生によって提唱《ていしょう》されたのは昭和二十九年十一月、研究会での席でした。」〔『五井先生研究』第九九号、四頁〕とある。前言《ぜんげん》は日にちがずれているものの、五井が「定型」の祈りの言葉として「公表」したのは、一九五四年中であったようである。五井が「祈り」の言葉を発表したとき、その「祈り」が詩らしい言葉ではなくなぜこんな〝ふだんの言葉〟であるのかと疑問を口にした人がいた。五井はその問いにたいして、「……あたり前の言葉を使って、簡単で誰にもすぐ意味がわかる言葉、誰にでもすぐ唱えられる言葉で発表したところに、神さまのみ心があるんですよ」と答えたという〔『五井先生研究』第一〇九号、一六頁、参照〕。

五井の側近・髙橋英雄は、一九五四年から『白光』誌の編集を担当するようになったため、五井昌久と話す機会にとてもめぐまれた。髙橋は、毎朝、五井と一緒に新田道場《しんでん》へ行き、その行き帰りの道中で、五井から一対一で、いろんな話を聞くことが出来たという〔『神人』第三八号、七頁、参照〕。

◆「草創期」の要点

五井が「教団」を興《おこ》そうとしたわけではなかったが、信者たちが五井の経済生活のことも考えて「会」をつくったという〔白光真宏会関係者の話〕。五井は、もはや、他教団の教祖らからの「影響関係」を離れて、「独立」した形となった。「個人指導」「お浄《きよ》め」は五井独自のやり方だが、その背景には、大衆の日々の苦しい「現実」の問題に対処できなかった生長の家時代の五井の反省がある。一九四九年当時、生長の家に「現実」を救う力がないと見たからこそ、五井は「神霊現象」を行うという「千鳥会《ちどりかい》」に入った。その後、五井を信奉する当時の人たちにたいしては、千鳥会時代から獲得していたという「霊能《れいのう》」「神秘力《しんぴりょく》」を発揮して「個人相談」を行ったらしい。「お浄め」には、世界救世教（岡田茂吉の弟子Y氏のところ）で習得した「浄霊」も一部使いながら、「神」の光による「お浄め」を行っていたという。また、「守護霊さん、守護神《じん》さん、ありがとうございます」という「祈り」の言葉は、「心霊思想」の影響下にあって生まれたもの、といえる。世界救世教、生長の家、千鳥会、等でも「守護霊、守護神」の用語は使われるが、そのルーツは当時の国内外の「心霊関係」書籍に依《よ》っている。五井も同様に、内外の「心霊関係」書籍の「影響」を受けている。

1955年に刊行された初期の『白光』誌
（撮影：著者）

一―四　宗教法人化、機関誌発行＝「成立期」（一九五五年頃〜）

一九五五年一月、『白光』誌に前年一二月一五日付の公告《こうこく》「宗教法人五井先生讃仰会設立公告」[32]が掲載。そこに同会の「教義」が初めて記載された〔『白光』一九五五年一月号、二六頁〕。同年一月に刊行の『白光』第三号は、「宗教誌としての創刊号」と位置づけられる〔『白光』一九五五年一月号、一頁〕。

同年二月二三日、「五井先生讃仰会」が宗教法人として設立認可〔清水

『ある日の五井先生』、一六八頁、参照〕。「宗教法人五井先生讃仰会設立公告」の「附則《ふそく》」の欄には、「代表役員　横関実、責任役員　金子美憙・坂井義秀[33]・五井みどり」の名が確認出来る〔『白光』一九五五年一月号、二八頁、参照〕。

そして同年六月、五井の自叙伝『天と地をつなぐ者』が宗教法人五井先生讃仰会（市川市新田町）から発行された〔五井『天と地をつなぐ者』、奥付頁〕。ちなみに、「初期には、全くといっていいほど会にはお金がなかったので、本を出すのでも容易ではなかった。」〔高橋『新・師に倣う』、九六頁〕そうである。

その後、しばらくたって、一九五六年五月二二日、五井は、両肺の結核・腸結核・咽頭結核で明日をも知れぬ状態で寝ていた『白光』の編集者・高橋英雄を見舞う。「まず喉《のど》に手を当てて祈って下さった。それまでひどかった喉の痛みが、先生の手がそこから離れたとたん、消えてしまっていた。」〔高橋『五井先生の辞書』、三二頁〕と高橋は述懐し、「命を救われた」という。高橋の療養中、五井が『白光』誌の「後記《こうき》（あとがき）」を高橋に代わって書いていた。そして、「三つの結核が四年後、完治されたのである」と高橋は記している〔高橋『五井先生を語る（一）』、二五頁、高橋『五井先生の辞書』、三二頁、『神人』第三八号、六頁、参照〕。高橋は、二四歳の時、病床にて五井昌久から「髙橋くん、私にすべてをまかせなさい」と言われた。そして、その場で、髙橋は五井に「いのちをお任せ出来た」という。五井に〝いのちをよろしくお願いします〟と心のなかで〝おまかせ〟したおかげで五井によって命を助けられた、と髙橋は信じている〔『五井先生研究』第一六一号、四―五頁、同誌第一六四号、二四頁・二八頁、参照〕。

五井は、会員たちに「私を呼びなさい」と言ったという。「苦しい時、辛《つら》い時、悩んでいる時、私を呼びなさい、私があなたの重荷を軽くしてあげる」と。そこで、会員たちは、五井が提唱する「世界平和の祈り」を唱えつつ、いっぽうで「五井先生！」と呼んでいた〔唱えていた〕〔『五井先生研究』第一六一号、四頁、参照〕。

そして、前出の髙橋英雄は、一九五六年六月初めに、病床で「山鳩」という題の詩を書き、この髙橋の詩を読んだ五井は「友よ」の題で髙橋に向けて詩を書いた。その詩「友よ」の一部分を記すと、「……そして君は　私の中に神を見出し　すべてを私に捧げてくれた　私は君の魂を受けとめ　君を神の座に高め上げようと祈った　……友

よ　病みながら生命《いのち》すこやけき友よ　……今病床から立ち上がるところなのだ」というもので、この五井の詩は機関誌『白光』一九五六年七月号に掲載された〔『五井先生研究』第一六一号、五―八頁、参照〕。

また、一九五六年六月一七日、信徒活動として信徒の集まりの「白光真行会《びゃっこうしんこうかい》」が結成された。〔『白光』一九八一年六月号、二七頁、等、参照〕。高橋英雄の回顧録によると「（会長）斎藤秀雄、（常任理事）佐久間筆八《ふではち》、伊藤顕、村田正雄、中川正二の四名。幹事《かんじ》六十名が選ばれた。この時、幹事心得が発表された。」〔『白光』一九八〇年二月号、二七頁〕とのこと。つまり、同年六月、五井は任命した幹事たちに、幹事の「心得《こころえ》[34]」を伝えたという〔『白光』一九七八年一二月号、二九―三二頁、参照〕。この五井が書いた「心得」は、初めは「指導要項」と呼ばれ、「幹事心得」あるいは「講師心得」と呼ばれていたこともあった〔瀬木『人が神に出会う時』、五九―六〇頁、参照〕。

同年六月には、五井は機関誌『白光』「巻頭言」で、〝他の星の世界と人間・「地球界」との関係〟や〝空飛ぶ円盤〟について、少しばかり記述している〔『白光』一九五六年六月号、一頁、等、参照〕。そして、同年一〇月、宗教法人白光真宏会《びゃっこうしんこうかい》設立。代表役員の横関実が、宗教法人白光真宏会初代理事長をつとめることになった。

その後、一九五七年の九月一六日、五井の母・きくが亡くなった。行年《ぎょうねん》七五歳。五井は、「この世で一番の恩人は母親である」と述べていたという〔『五井先生研究』第八五号、一七頁、高橋『五井せんせい』、四三―四四頁、参照〕。母・きくは、九月一六日、夕食をとったあと、パタッと倒れ、そのまま亡くなったそうである〔高橋『五井先生を語る（二）』、二二頁、参照〕。五井昌久は自分の母親について、母親のほうは「強い人」「気のはっきりした人」「正しい人」「勇気のある人」などと講話の中で述べている〔五井『想いが世界を創っている』、一一五―一一八頁、参照〕。

そして一九五七年秋頃、大戦争に発展しかねない当時の不穏《ふおん》な情勢のなか、白光真宏会では「世界平和の祈り」のパンフレットを発行し、無料配布した。あらゆる階層の人々に共に祈ってもらうために作成されたようである〔『白光』一九五七年一〇月号、「あとがき」の頁、表三頁、参照〕。「世界平和の祈り」のパンフレットについては、機関誌上にて「無料配布パンフレット幾冊でもお分けします。」〔『白光』一九五七年一一月号、三五頁〕と記され、希望者は白光真宏会（千葉県市川市新田三丁目）に申し込むよう案内している。

さらに一九五七年一〇月二四日、五井昌久は、植芝盛平《うえしばもりへい》[35]と東京・神田神保町の講演会場（神田神保町区民会館）で初めて会う。五井はそれ以前から植芝に一度会いたい、と思っていたという。五井がそうおもったきっかけは、『小説新潮』（新潮社）の小説の中で植芝のことが書かれていて、これを読んで植芝に会いたい気持ちになったそうである。このときの植芝との面談のあと、五井は植芝のことを「神の化身《けしん》」と言っている〔五井『日本の心』、一四〇―一四一頁、等、参照〕。側近・高橋英雄の記述によれば、「五井先生がご自分みずから『会いたい』と思われた人物は、あとにも先にも合気道《あいきどう》開祖植芝盛平先生ただ一人である。」〔『五井先生研究』二〇〇九年一二月号、一頁〕とのことである。この神田での面会のときには、植芝と五井は昼食をともにとりながら二時間ほど歓談。植芝も五井に「私〔植芝〕は先生〔五井のこと〕と会う日を待っていたのです」と語っていたという。以来、二人は肝胆相照《かんたんあいて》らす仲《なか》となった〔高橋『五井せんせい』、八三頁、参照〕。のちに、植芝は「五井先生は世にもまれなる聖者です」と言って、五井を賛美したという〔高橋『五井せんせい』、九二頁、『五井先生研究』第七六号、一―一六頁、参照〕。ちなみに、筆者が高橋英雄氏に書簡（二〇一八年三月消印）にて確認したところ、植芝盛平は白光真宏会に「会費を払われたから形は入会」した、ということである。

いっぽうで、側近・高橋英雄の近著によれば、一九五七年暮れ頃から、「宇宙人」との交流がはかられ、一九五八年一月以来、一〇名ぐらいのグループで週一回、〝暁《あかつき》の祈り〟という「宇宙人」との交流を主目的とする取り組みが行われるようになった。この〝暁の祈り〟は、五井の指導のもと、少数のメンバーが「世界平和の祈り」のなか、心の波長をととのえる「統一行《とういつぎょう》」であった、とのことである〔高橋『神のみ実在する』、一三六頁、参照〕。

そして一九五八年三月、機関誌『白光』上に、「世界平和の祈り」の英訳文が初めて掲載された〔『白光』一九五八年三月号、三二頁〕。同年春には、あらためて、東京・飯田橋での五井の法話会に植芝盛平がおとずれた〔『五井先生研究』第七六号、八頁、参照〕。

また、機関誌には、一九五八年六月二日現在の「白光真宏会事務局機構及事務分担表」において、「心霊研究部」が設置されている。[36] 心霊研究部部長は、村田正雄であった〔『白光』一九五八年七月号、四二―四四頁、参照〕。同年八月、松雲閣で「統一会」が始まる。同所での「統一会」は一九六一年まで行われた。また、一九五八年、千葉県・市川にのちに「聖《ひじり》ヶ丘《おか》道場」が建つことになる土地を発見し、その地を「聖ヶ丘」と命名した。なお、「聖ヶ丘道場」の土地は、会員からの「奉謝金〔会員が五井に感謝して捧げたお金〕」を五井がプールしておいて購入した。五井は、「借金を絶対してはいけない」との五井の母・きくの「教え」を守り、会の運営においても手持ち資金で出来る範囲内で行ったという〔高橋『五井先生の辞書』、一二八頁、参照〕。

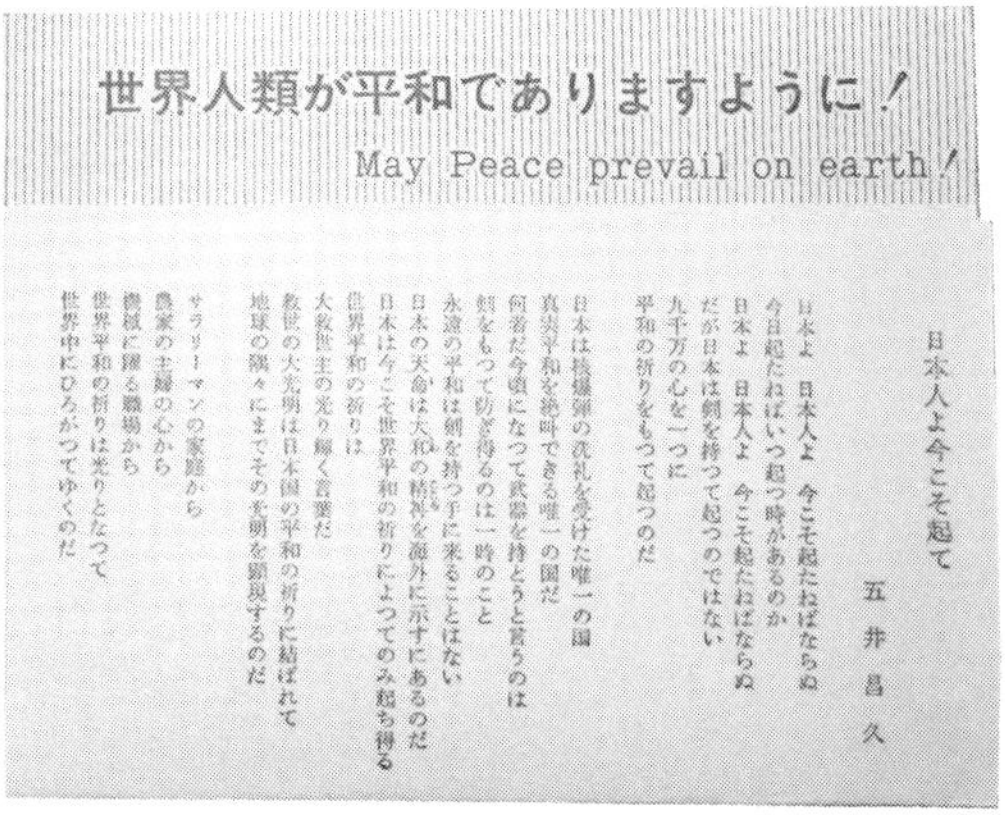

祈りのリーフレット（撮影：著者）

また、一九五九年か一九六〇年頃〔一般社団法人五井昌久研究会サイトでは一九五七年頃から以後継続的に配布したとある〕、「世界平和の祈りを祈りましょう、と日本人に訴える祈りのリーフレットが作製された。文章を書いて下さったのは五井先生。このリーフレットは私たちの手によって、日本全国に配られた。」〔『五井先生研究』第七九号、一〇頁〕と五井の側近・高橋英雄は記している。高橋英雄の近刊によれば、五井提唱の「世界平和の祈り」を広く知らせるために、一九六〇年頃に、軽量・葉書大で二ページからなる、通称「祈りのリーフレット」が作られた。「日本人よ　今こそ起《た》て」と題する五井による詩、趣旨を記した文、五井の提案する祈りの言葉＝「世界平和の祈り」が書かれたものである。「日本人よ　今こそ起て」という五井の詩の中には、「……／何者だ今頃になつて武器を持とうと言うのは／剣をもつて防ぎ得るのは一時のこと／永遠の平和は剣を持つ手に来ることはない／日本の天命《てんめい》は大和の精神《こころ》を海外に示すにあるのだ／日本は今こそ世界平和の祈りによってのみ起ち得る／……」〔五井『詩集　いのり』、五六―五七頁〕という言葉がみられる。この昭和三〇年代半ば頃の五井昌久は、日本の武備《ぶび》を否定する平和主義の態度を示していた。このリーフレットは、白光真宏会の会員たちによって大量に配布された。駅前で、繁華街で、原水爆禁止の「平和会議」があるとその会場前で、また一軒一軒のポストに、と全国で配られた。「祈りのリーフレット」は、合計二千万部以上が日本じゅうに配られ、以降、「世界人類が平和でありますように」の言葉が世界各地に流布されていった、とされる〔高橋『神のみ実在する』、一〇一―一二頁、参照〕。

また、一九五九年一〇月一二日には、心霊研究家・小田秀人《おだひでと》が、五井昌久に会うため白光真宏会の本部道場（千葉県市川市）に訪ねてきたという。小田は植芝盛平らにすすめられたので会いたくなって来たとのことだった。小田は当時、紅卍字会《こうまんじかい》の会員だった。話の流れで、五井も事務上の手続き〔紅卍字会への「入会」〕をして、紅卍字会から壇訓《だんくん》〔フーチによる「神示《しんじ》」〕をもらうことになった。[37] 後日〔同年一〇月三〇日〕、小田たちが壇訓を持って白光真宏会の道場に来た。五井が紅卍字会からもらった名前は、「昱修《いくしゅう》」という字で、「宇宙神《うちゅうしん》の光りを身に修めた者」という意味だそうである。その後も、壇訓をもらい、同年一一月二六日の壇訓では、世界紅卍字日本総院籌備副処長に呉清源《ごせいげん》〔一九一四―二〇一四〕と五井昌久を任命する内容の「神示」がもたらされたという〔『白光』一九六〇年一月号、一八―二〇頁、参照〕。五井の弟子・高橋英雄によれば、一九六〇年頃は、「五井先生を先頭として、紅卍字会〔現在の日本紅卍字会は、道院《どういん》の思想を反映させる種々の慈善活動を行っているようである〔http://www.jprss.org/　参照〕〕の活動に参加した。」〔『五井先生研究』二〇一一年一一月号、一六頁〕という。実際、一九六〇年二月一〇日、東洋大学講堂における五井の講話の中で、五井みずからを先頭にして今後、白光真宏会会員たちを紅卍字会に入会させたい、というような話をしている〔五井『自分も光る　人類も光る』、二七―四一頁、参照〕。

そして、一九六〇年六月頃からは、白光真宏会でも、植芝盛平はじめ植芝吉祥丸《きっしょうまる》（一九二一―一九九九）ほか高《こう》弟《てい》から、本格的に合気道の指導をしてもらうようになった〔『白光』一九六〇年八月号、一一―三頁、参照〕。

また、一九六〇年一一月一二日、市川新田《しんでん》にあった当時の本部道場に、スイス・ジュネーブ大学のジャン・エルベール教授〔一八九七―一九八〇、邦訳書『神道――日本の源泉』(神社本庁、一九七〇年)がある〕が、中央大学・中西《なかにし》旭《あきら》教授(一九〇五―二〇〇五)の案内で、五井を訪ねて来た。当時の神社本庁事務総長〔東京都江東区の富岡八幡宮第一八代宮司・富岡盛彦《とみおかもりひこ》(一八九二―一九七四)〕と中西教授のすすめで、エルベール教授と五井の対談がおこなわれた。エルベール教授の来日の目的は、「日本の生きた宗教、生きた信仰を研究するため」、「『古事記』の研究をするため」、とのことだったらしい。その目的に沿ってエルベール教授の質問、五井の応答がなされた。エルベール教授と五井との対話の中で、インドの聖者(ヨーガ行者)の名が出てくる。五井は、ある程度、ヨーガの聖者たちのことを知っていた。ヨーガを研究し実践指導した三浦関造《みうらせきぞう》(一八八三―一九六〇)の書籍などをとおして、五井は聖者たちの知識を得ていたようである〔高橋『神のみ実在する』、五四―五五頁、高橋『神の満ちる星の話』、三〇―三九頁、等、参照〕。

さらに、一九六〇年一二月一八日午後、当時「統一指導」会場の一つだった東京割烹女学校において、大阪大学の北村助教授(音響学専門)が、五井昌久の柏手の音を測定した。実験の結果、「統一」中に打ち鳴らす五井の柏手の音の強さのレベルは、普通の人の柏手《かしわで》の音の強さに比べて、格段に(実験結果では二三デシベル)強い、ということが判ったという。なお、翌一九六一年四月二六日午後七時半から八時、毎日放送のラジオ番組『音の科学』第三五回「信仰の世界」で、北村氏は五井の柏手の音の強さが非常に強いことを語ったそうである〔高橋『神のみ実在する』、六五―六九頁、参照〕。

そして、一九六一年七月号の機関誌には、『英文　世界平和の祈り』(小冊子)が出来た、と告知されている〔『白光』一九六一年七月号、一三頁、参照〕。白光真宏会では、一九六一年頃にも、「世界平和を祈る会(住所:千葉県市川市新田)」の名で、「世界平和の祈り」のリーフレットを全国の各家庭のポストに配布する運動を展開している〔『白光』一九六一年一〇月号、五一頁、参照〕。一九六一年一二月の機関誌によれば、すでに「祈りのリーフレット」が各地において、家庭のポストや街頭で計一〇万枚配布された、という〔『白光』一九六一年一二月号、表三頁、参照〕。

◆「成立期」の要点

五井先生讃仰会が宗教法人化され、その後宗教法人白光真宏会と改称。宗教法人化にあたり、五井は「教義」を作成した。その「教義」の内容には、世界救世教の「浄化《じょうか》理論」や生長の家の「光明《こうみょう》思想」、「心霊関係」の「守護霊」、千鳥会や生長の家の「祈り」よりも単純化した「世界平和の祈り」など、レベルは異なるがいくらかの「影響」をうかがうことが出来る。同会は、機関誌『白光《びゃっこう》』を発刊した。この機関誌に発表した記事をまとめて書籍化し普及活動を推進するやり方は、生長の家の書籍による普及活動を真似ている面がありそうである。五井の「統一」は、先述のように、谷口の「神想観《しんそうかん》」を簡略化したようなもので、より他力的《たりきてき》なかたちである。いくらかは谷口の「影響」がうかがえる。

また、五井は、植芝盛平（元「大本《おおもと》」信者）と初めて会い、「神秘体験」を経験した者同士、互いに黙っていてもわかりあえた、という。五井は植芝を「神の化身《けしん》」と呼んで、尊敬の意を示した。

一—五　「宇宙子科学」はじまる＝「展開期」（一九六二年頃〜）

一九六二年一月の機関誌には、「祈りのリーフレット」配りを推進するためだろう、「下記〔世界平和を祈る会〕にお申込み下されば、何枚でもお送りします。送料当方負担」〔『白光』一九六二年一月号、一八頁〕と書かれてある。そして同年五月一七日、東京の銀座一帯〔銀座・築地・新橋方面〕に「祈りのリーフレット」が二〇万枚、ヘリコプターで上空からまかれた〔『白光』一九六二年六月号、六二—六三頁・表三頁、同誌同年七月号、四四頁、参照〕。同年六月二一日にも、東京上空から祈りのリーフレット五六万七千枚がまかれた〔『白光』一九六二年八月号、四四—四五頁、参照〕。

なお、同一九六二年二月あるいは春頃から、五井による「お浄《きよ》め」の方法が、おもに柏手《かしわで》を打つばかりだったのに加えて、口笛も鳴らすようになった。五井は、吐く息と吸う息の両方で口笛を鳴らしたという。当時、道場には、朝九時から午後三時過ぎまで、ひっきりなしに「お浄め」をもとめて人が来ていた。一日に五〇〇人から六〇〇人が来て、一日六時間以上、口笛をひっきりなしに吹いていたようである〔高橋『五井せんせい』、二八一頁、参照〕。白光誌の巻頭言で五井は、「今年〔一九六二年〕も二月に入ってから、私の浄めの方法が大分変ってきて、今までは柏手と印《いん》によってなされていたものが、急に、口笛と声を主とした浄めになってきた。／……二月以来私の体を通して放射される光明《こうみょう》波動《はどう》が急速に増大してきて、個人指導時においての柏手の浄めは、その放射する光のひびきが強すぎて、相手のカルマが一度に浄め去られるので、そのショックを与えぬために、もっと光の波動を柔らげた、口笛と声のひびきによる浄めがなされるようになったのである。」〔『白光』一九六二年七月号、二頁〕と書いている。五井は、一〇分程度の「統一実修」では、柏手を打つ、口笛、印を組むなどして、最後に気合《きあい》をかけてしめる、ということをしていた。彼の身長は、一六〇センチに届かず、小柄、細身で、掌《てのひら》は普通の人より小さかったという。しかし、その柏手は力強く、驚くほど音が大きかったそうである。

柏手を打って「お浄め」をする五井昌久（写真提供：鈴木知明氏）

　とくに一九六二年三月には、五井が「救世主宣言」「五聖者合体《ごせいじゃがったい》宣言」をした、とされる〔清水『ある日の五井先生』、九五頁、参照〕。ちなみに、五井によれば、〝五聖者〟とは、イエス・キリスト、金星の長老〔「宇宙大天使」と記されている場合もある〕、弥勒《みろく》菩薩〔「弥勒如来」と記されている場合もある〕、釈《しゃ》迦牟尼仏《かむにぶつ》、老子《ろうし》、をさすという。五井の弟子の一人で、白光真宏会のリーダー的存在である伊藤顕は『五井先生研究』誌上にて、五井が、一九六二年三月一一日、聖ヶ丘道場統一実修会で会員たちを前に「我《われ》は世の光なり」と〝救世主宣言〟をした、と記している〔『五井先生研究』第一六七号、一〇頁、参照〕。また、別資料によると、五井は、同年四月、聖ヶ丘道場統一会で、ただ一度だけ「我は大救世主なり」と宣言したことがあったとのことである〔『五井先生研究』二〇一一年一月号、一五頁、高橋『五井先生を語る（二）』、三八頁、参照〕。

そして、一九六二年六月より「宇宙子《うちゅうし》科学」〔正式には、宇宙子波動生命物理学、英語の略称でCWLP、といわれる〕が始まる。この「宇宙子科学」が始まったのは、のちに五井の養女となる昌美《まさみ》〔尚悦子《しょうえつこ》〕の誕生日六月一日からである。当時、昌美〔尚悦子〕は五井による特別な「霊修行」を受けていた。そうしたなか、「宇宙天使」からその叡《えい》智《ち》が昌美〔尚悦子〕に降ろされた、という〔清水『ある日の五井先生』、三四頁、参照〕。なお、「〝宇宙人〟との交流」は、前述のように、一九五七年頃よりすでに進められ、一九五八年には「聖ヶ丘《ひじりおか》」において一〇名ぐらいのグループで週一回「暁《あかつき》の祈り」が行われた。五井の指導のもと、「暁の祈り」は「宇宙人」との交流ということが主目的になって来た、とのことである。一九五八年六月には、白光真宏会の使命として、「宇宙人」と提携して「地球界」を真実の地上天国にせしめるという「宇宙人」との約束が出来ている、と五井は公表している〔五井『高級霊は上機嫌』、一〇〇頁・一二七―一二八頁、『五井先生研究』二〇一〇年九月号、一一―一三頁、参照〕。この「宇宙子科学」という取り組みは、昌美〔尚悦子〕が土台となり、五井昌久の援護があって、一九六二年六月に始められた〔高橋『神のみ実在する』、二四〇頁、参照〕。

さらに一九六三年に同会では、機関誌の中で「祈りのポスター」の貼り付け活動を呼びかけている。そして、五井の筆による「世界人類が平和でありますように」の文字が印刷された祈りのポスター（大・小）の頒布を開始した。つまり、祈りのリーフレット配布と同時併行《へいこう》して祈りのポスター貼り付け活動が実施された〔『白光』一九六三年一〇月号、一二一―一二三頁、参照〕。

また、一九六四年五月二一日、「地《ち》の塩《しお》の箱」運動を起こした江口榛一《えぐちしんいち》（一九一四―一九七九）が、白光真宏会を訪れ、五井と面談。そして、「地の塩の箱」と白光真宏会が協力して普及活動を行うことが決まった。その内容は、B5判の新しいリーフレット〔四頁〕を作り、そのうち二頁を「地の塩の箱」のすすめに、残り二頁を「世界平和の祈り」のすすめに使う、ということである。このリーフレットは、当時すでに設置されていた五〇〇個近い「地の塩の箱」や白光真宏会が設置する箱に置かれる、ということになった。この箱は、全国の駅に設置することを目指した〔『白光』一九六四年七月号、四一―四五頁、参照〕。

聖ケ丘道場の中は満席（写真提供：五井昌久研究会）

そして一九六四年八月には、千葉に「聖ヶ丘大道場」〔鉄骨造、三三〇畳敷〕が完成した。この道場には、五井の筆で「白光《びゃっこう》」と書いた幅六尺、長さ九尺の軸がかけられた〔高橋編著『続々如是我聞』、一四九頁、参照〕。聖ヶ丘の新道場は、質素《しっそ》で飾りも何もない、学校の体育館を思わせるような建物だった。日曜日におこなわれた聖ヶ丘の「統一会」では、一〇分から二〇分の「統一指導」で、五井は口笛を吹き、柏手を打っていた。このとき、法話＝「聖ヶ丘講話」もおこなわれた〔高橋『五井せんせい』、一三五頁・二八一頁、参照〕。

白光真宏会サイトによれば、一九六四年から、「平和ポスター（ピースステッカー）の貼付活動が始まる」とある〔http://byakko.or.jp/about/history/ 参照〕。同年一〇月、白光真宏会機関誌の裏表紙に、日本語で「心を一つに世界人類が平和でありますように」とあり、この一文の英語版・フランス語版・ドイツ語版・スペイン語版・ロシア語版が掲載された〔『白光』一九六四年一〇月号、表四頁、参照〕。そして同年一二月、聖ヶ丘道場にて、五井は講話の中で、リーフレットやパンフレットや『白光』誌を配ったりして、祈りの運動をおしすすめていってほしい、と述べた〔『白光』一九六五年二月号、二三頁、参照〕。

さらに一九六五年頃には、「世界平和の祈り」を普及する目的で、月刊『白光《びゃっこう》新聞』（タブロイド判・四頁）が発行された〔『白光』一九六五年四月号、二七頁、参照〕。なお、この月刊紙『白光新聞』はのちに月刊紙『世界平和の祈り』と名称を変え、二〇一八年七月号（第七〇七号）をもって休刊した。

そうして、この一九六五年に、昌美〔尚悦子〕は、五井の養女になった、とされる。

「世界平和を祈る会青年部」の人たち（写真提供：鈴木知明氏）

また、一九六五年三月二八日には、午前一〇時から、聖ケ丘道場にて、「一般錬成会《れんせいかい》」に先立ち、五井昌久の指導による「講師錬成会」が行われた。参加人員は六〇名。「世界平和の祈り」で始まり、続いて五井昌久による法話があった。この「講師錬成会」では、参加した講師各人の「霊位《れいい》」と「想いの座《ざ》」、長所・欠点が五井から各人に教えられたそうである。いわば、五井による各講師への〝採点〟のようなものである。それは、五井昌久が記入し、『霊性《れいせい》開発手帳』とよばれた。そして、「講師錬成会」は同三月二八日午後三時過ぎに終了した〔『五井先生研究』第一六八号、三―五頁、参照〕。その後、同年四月より、五井の指導による「錬成会」が始まった。

一九六五年中、白光真宏会青年部のメンバーは、「世界人類が平和でありますように」と書かれたタスキをかけ、祈りのプラカードを掲げて街頭行進し、「祈りのリーフレット」を配布した〔『白光』一九六五年九月号、三四頁、参照〕。

その後、一九六六年三月、聖ケ丘道場である統一実修会には、医博・塩谷信男《しおやのぶお》も参加していた。塩谷とは、五井が戦後の昭和二〇年代前半に千鳥会《ちどりかい》に入っていた時に面識があった。塩谷も世界平和を祈っている、と話したという。五井は、塩谷の話をうけて、塩谷のことを会員たちに紹介した。五井は、「塩谷先生は、私が若い頃霊修行をしていた時に大先輩として導いて下さった方なのです。真剣な素直なまともな方で、私も日頃から尊敬しております。立派な先輩がこうして訪ねて下さり、共《とも》に一緒に並んで祈って下さるということは有難いと思って、私感激しております」と述べたそうである〔『白光』一九六六年五月号、四二―四三頁、参照〕。

一九六六年当時の五井は、日々四〇〇から五〇〇人、白光真宏会の道場にやって来る人々に接していたという。会ができた当初からずっと五井は面接個人指導を行っており、肉体の苦しさはあったようである〔『白光』一九六六年一一月号、二―三頁、参照〕。また、機関誌の別の号では、一九六七年頃までは一日約六〇〇人、七〇〇人の人々に面接して「お浄め」をしていた、とも語っている〔『白光』一九七四年一一月号、七頁、参照〕。

そして一九六六年二月頃から、今里広記《いまざとひろき》（一九〇八―一九八五）・日本精工社長（当時）の肝煎《きもい》りで、財界人たちが五井昌久を囲んで話をする会合＝「五井会《ごいかい》」が、東京において始まった。「五井会」には、大会社の責任者たちが定期的に集い、その会合はリラックスした雰囲気で二時間ほど五井との会話を楽しむ場となった。会合の最後には、必ず、五井の「お浄めの祈り」があった。のちに白光真宏会の二代目理事長となった瀬木庸介《せきようすけ》も、「五井会」が縁《えん》となって五井昌久とのつながりが出来た。この「五井会」は、一九七三年頃まで、つづいたという〔髙橋『五井先生を語る（二）』、七四―七五頁、参照〕。

なお、一九六七年四月二九日には、東京で、白光真宏会本部主催の街頭行進がおこなわれた。「平和の白ダスキ」をかけた人々など、総員三〇〇余名が「祈りの行進」をおこなった。リーフレットを配ったり、「世界平和の歌」を歌ったり、全員で「世界平和の祈り」を唱和するなど、街頭普及活動を実施した〔『白光』一九六七年六月号、六〇―六一頁、参照〕。

しかし、一九六七年初夏頃（あるいは一九六六年頃）から、五井の体に変調《へんちょう》があらわれる。それは脱毛からはじまり、脱毛症の広がりがおさまった頃、咳《せき》がひどくなりはじめた〔髙橋『五井せんせい』、二八一頁、参照〕。五井の弟子・髙橋英雄は、五井昌久の晩年の一二～一三年間は、毎日が人類の業《ごう》を自分の身に引き受けて〝消す〟という状態であった、という。髙橋は、〝五井の病状は人類の業を引き受けているから〟との理解を、信仰の観点から述べている〔髙橋『五井せんせい』、二三九頁、参照〕。そして、同会ではこの一九六七年の八月一五日に、〝八・一五運動〟を実施すると告知。内容は、終戦記念日の八月一五日正午、戦争放棄を宣言した時間を期し、全国民一斉《いっせい》に「世界人類が平和でありますように」と祈ろう、というもの。同会・「世界平和を祈る会」の取り組みである。その他、各地区の実情に応じて、祈りの集会、祈りの行進などを行うという。白光真宏会本部からは、靖国《やすくに》神社に各人タスキをかけて集合し、社頭《しゃとう》で「世界人類が平和でありますように」と祈る予定だと機関誌上に掲載されている〔『白光』一九六七年八月号、一七頁、参照〕。

翌一九六八年一月、法然《ほうねん》・親鸞《しんらん》、浄土門《じょうどもん》について五井が述べたことの集録《しゅうろく》『生きている念仏』（白光真宏会出版局）が刊行された。五井の側近・髙橋英雄は、「日本の宗教者の中で、五井先生が最も尊敬されている人は法然さんである。」と書いている。髙橋英雄は、五井が法然を尊敬した理由として、次の二つをあげている。一つは、「一般万人《ばんにん》（一般大衆）」の衆生《しゅじょう》が救われるために、〝口称念仏《くしょうねんぶつ》〟という誰にでも出来る方法を開いたこと。二つめは、一生懸命勉強してきた仏教知識、名聞《みょうもん》も捨て、愚者《ぐしゃ》のごとく念仏だけになったこと。これら二点は、五井の提唱した「世界平和の祈り」にも通ずる面があるだろう。五井も、一つめとして、誰でも唱えられる平易な「世界平和の祈り」を提示し、二つめとして、この「世界平和の祈り」を称《とな》えること一すじの宗教活動を展開した。法然・親鸞ら浄土門の教えと五井昌久の教えとの類似《るいじ》については、思想的関係性を考察するうえで、筆者は重要とかんがえている〔『五井先生研究』第一五四号、一〇―一二頁、参照〕。

その後、一九六八年三月には、聖ケ丘大道場の隣の会長室の建物として「昱修庵《いくしゅうあん》」が完成し、ここで五井の

「特別個人指導」が始まる。昱修庵での五井による「特別個人指導」では、じっくりと相談ができるという。これは、毎週、決まった曜日に行われる。一日最高三〇人と人数を制限して申し込みを受け付けると機関誌上で告知していた〔清水『ある日の五井先生』、一二頁、『白光』一九六八年三月号、五九頁、同誌同年八月号、六一頁、参照〕。

また同年四月一〇日、五井らは伊勢大神宮（外宮《げくう》、内宮《ないくう》）を参拝。翌四月一一日には、熱田《あつた》神宮を参拝して世界平和を祈念し、その後、熱田神宮境内の愛知県神社会館で個人指導、講話、お浄めをおこなった。愛知県神社会館には、三〇〇名ほどの白光真宏会会員が参集していたという〔『白光』一九六八年五月号、五八頁、参照〕。

同年五月末、新日本宗教団体連合会（新宗連《しんしゅうれん》）の専務理事・大石秀典《しゅうてん》（一九〇三―一九九六）と新宗教新聞編集長・清水雅人《しみずまさと》（一九三六―二〇一八）が、白光真宏会聖ヶ丘道場に来て、五井と面接。そして、「新宗連」加盟の要請をした。この要請をうけて、五井は「新宗連」に加盟することを表明したという。(38) 当時の「新宗連」理事長は、立正佼成会《りっしょうこうせいかい》会長・庭野日敬《にわのにっきょう》（一九〇六―一九九九）だった〔『白光』一九六八年七月号、六一頁、参照〕。

そして同年六月一五日、紅卍字会《こうまんじかい》の東京多摩道院《どういん》の統掌《とうしょう》をしていたという笹目秀和《ささめしゅうわ》の案内で笹川良一《ささかわりょういち》（笹川は当時、日本紅卍字会の責任統掌に任命されていた）が昱修庵へ来て、五井としばらく雑談。笹川が「先生の口笛が素晴《すば》らしい、と聞きましたので、是非聴かせて下さい」と言うので、五井は笹川に、口笛と柏手による「お浄《きよ》め」をおこなった。笹川は五井の「お浄め」を受けて、五井の柏手の音のすごさに驚いていたとのことである〔髙橋『神のみ実在する』、四五―四七頁、六九―七〇頁、『白光』一九六八年八月号、六一頁、参照〕。

同年六月二三日には、東京・文京公会堂にて五井の東京講演会が開催。この時、映画『天と地をつなぐ者』（山崎プロダクションによって映画化、同講演会で初上映）が発表された〔『白光』一九六八年六月号、一七頁、同誌同年八月号、二〇頁、等、参照〕。なお、同年一〇月一日から、会の発祥《はっしょう》時から使用していた「本部・新田《しんでん》道場」での「個人指導」を終了。これまで、同道場での五井による直接の「個人指導」では、朝一〇時から午後三時まで、（水曜日と「統一会」の日を除いた）毎日、延べ数百人という人たちの「お浄め」と「相談」に応じていたという〔清水『ある日の五井先生』、一〇四頁、参照〕。五井の本部・新田道場での「個人指導」終了のかわりに、斎藤秀雄、村田正雄、横関実が個人指導・お浄めを担当することになった〔『白光』一九六八年一一月号、六一頁、参照〕。

翌一九六九年六月二五日に、五井昌久と昌美らは、明治神宮を参拝した。五井は、甘露寺受長《かんろじおさなが》（一八八〇―一九七七）宮司と歓談〔『白光』一九六九年八月号、巻頭口絵頁、参照〕。同年四月七日に、ブラジル・コンコルジア騎士会より、「コメンダドール」の称号と勲章《くんしょう》（「世界平和のために努力し熱烈なる仕事を展開する人道的思想家」と贈呈の言葉に記されている）が五井昌久に贈られ、この受章を記念して同年六月二九日、東京・文京公会堂で五井の講演会が盛大に開催されたという〔『白光』一九六九年八月号、三頁、清水『ある日の五井先生』、四三頁、参照〕。

　また一九六九年六月、白光真宏会青年部メンバーを中心に、徒歩で東京から広島に向けて「祈りによる世界平和運動大行進」が出発。

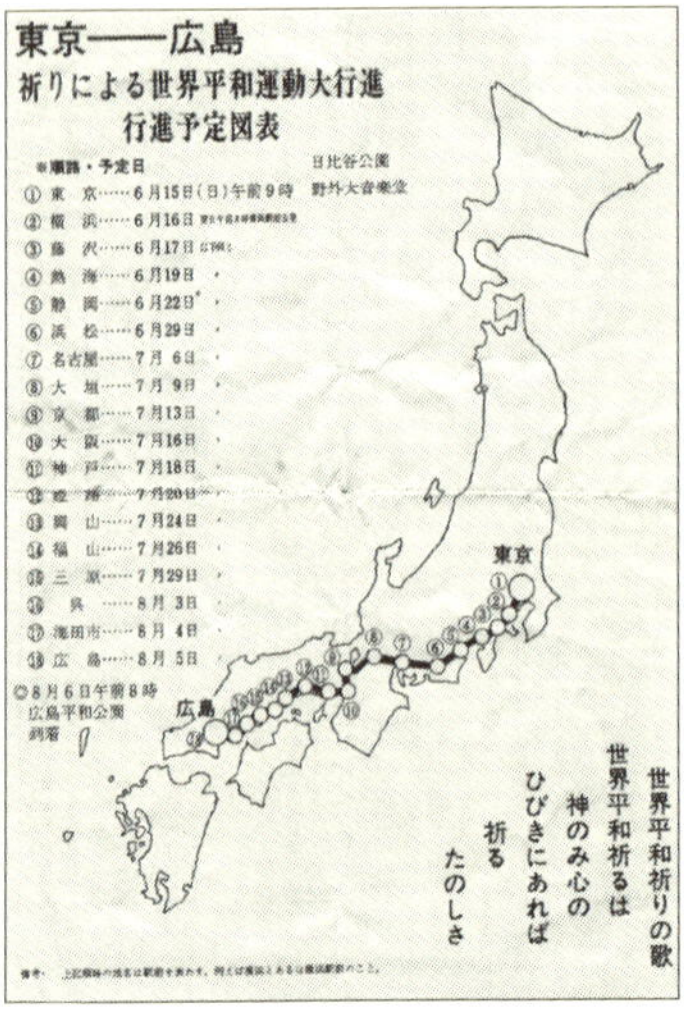

「祈りによる世界平和運動大行進」チラシより（資料提供：樋口裕高氏）

広島に向けて行進する同会のメンバーたち（写真提供：樋口裕高氏）

そして同年八月六日、「平和行進」メンバーが広島（広島平和記念公園）に到着、広島で「平和慰霊《いれい》祭」に参加した〔『五井先生研究』第一五九号、三〇―三一頁、「祈りによる世界平和運動大行進」チラシ、等、参照〕。

同年一〇月二六日、「新宗連（新日本宗教団体連合会）〈理事長：庭野日敬〉」の評議員会が立正佼成会本部団参会館のホールで開かれた。白光真宏会からは五井の代理として高橋英雄が出席。役員改選があり、五井昌久が「新宗連」理事に推挙され、出席者全員によって認められた、という〔『白光』一九六九年一二月号、七〇頁、参照〕。

五井は多忙の中、会員などからの手紙にたいして、みずから返事を書くことがあった。一九六九年一二月二四日に五井が記した二〇歳代前半の青年への返信の手紙には、その青年の鍼灸業《しんきゅうぎょう》という仕事を天命《てんめい》として「世界平和の祈り」のもと治療にあたって下さい、と青年を応援する言葉が五井の直筆《じきひつ》で書かれている。側近・高橋英雄によれば、五井は、青年・少年・幼年といった若者には、彼らを失望させないために特に気をつかって、手紙なり葉書なりで返事を書いたそうである(39)〔『五井先生研究』第一六四号、三一―三二頁・表三頁、参照〕。

一九七〇年一月、千鳥会時代〔一九四九年頃〕に五井と交流のあった医博・塩谷信男が、白光誌上に求人広告を出した。塩谷内科（東京都世田谷区）が治療助手を求める広告。仕事の内容は、「物理療法・祈りをこめて手を当てる治療・臨床材料の検査」とある。塩谷は、千鳥会時代から「真心《まごころ》をもって手をあてる療法」をおこなっていた。この頃も、塩谷は「掌《てのひら》療法」を通常の医療とあわせて行っていたようである。また、この頃、塩谷は白光誌を読んでいたとおもわれる〔『白光』一九七〇年一月号、三七頁、参照〕。

同年、五井は、二宮、小田原、赤倉で静養する。同年の頃の身体の状態について、次のように五井は述べている。「……ここのところ、普通の診断では喘息《ぜんそく》とでも名づけられる症状で、時折《ときお》り側近の者たちに、強引に転地療養といって、諸所《しょしょ》に旅をさせられている私なのだが、」「はた目には大変に苦し相《そう》にみえる喘息のような形」「はた目では見ていられぬような、苦しい症状を私に現わさせ、」と五井は機関誌の巻頭言で近況を記した。この症状についての五井の解釈は、「私の喘息状態は、病気というより、この地球世界の波動《はどう》の浄化《じょうか》の一たんを受けての症状なので、」といい、むしろ、この機会に大自然に接することができたことを「大神《おおがみ》」に感謝している様子だった〔『白光』一九七〇年五月号、二一―三頁、参照〕。

同一九七〇年四月一九日から、娘の昌美と共に五井昌久は初渡米し、ロサンゼルス、ニューヨーク、ハノーバー、ハワイなどへ赴く〔髙橋『神の満ちる星の話』、四八頁、参照〕。同年五月八日、五井はアメリカから日本に帰国。

また、同年五月五日、社団法人日本紅卍字会の理事会が開かれ、五井が紅卍字会の理事に推薦され、承諾された。機関誌の「本部便り」欄には、そのお知らせとともに「今後、紅卍字会との関係は会〔白光真宏会〕全体として密接なるものとなるであろう。」と記されてある〔『白光』一九七〇年六月号、七一頁、参照〕。

同年、世界連邦建設同盟《せかいれんぽう》〔世界連邦建設同盟は、現在、世界連邦運動協会と改称し活動している〕に、白光真宏会が団体として加入することになった〔『白光』一九七〇年七月号、七一頁、参照〕。同年八月四日・五日、「第二回世界連邦平和促進宗教者大会」が広島で開催され、斎藤秀雄が五井の代理で出席した〔『白光』一九七〇年一〇月号、五三頁、等、参照〕。

そして、五井は、同年一〇月一一日に「京都講演会」、一〇月一三日に「名古屋講演会」を行った。名古屋講演会の後、五井は伊勢神宮へ行き参拝、さらに奈良の法隆寺を訪ねた〔『白光』一九七〇年一二月号、巻頭口絵頁、等、参照〕。

一九七〇年一〇月一六日から一〇月二一日にかけて京都で開催された「世界宗教者平和会議（ＷＣＲＰ）」には、五井も代表の一人として出席した〔『白光』一九七〇年一〇月号、七一頁、参照〕。同年一一月三日には、東京にて、「一一・三　世界平和を祈る国民大行進デー」（主催：祈りによる世界平和運動推進本部）が行われた〔『白光』一九七〇年一一月号、七〇頁、参照〕。

一九七一年五月一三日、安岡正篤《やすおかまさひろ》が白光真宏会聖ケ丘道場・昱修庵《いくしゅうあん》を訪問。安岡は二時間ほど、五井と語らうなどして過ごしたという〔『白光』一九七一年七月号、巻頭口絵頁、参照〕。

それから、五井が、一九七一年五月二九日・三〇日に鶴見《つるみ》・總持寺《そうじじ》で開かれる「第三回世界連邦平和促進宗教者大会」の顧問となった〔『白光』一九七一年二月号、七一頁、参照〕。同年五月二九日・三〇日、白光真宏会からは「世界平和祈りの会」として、二〇〇名余りの熱心な人たちが世界連邦平和促進宗教者大会に参加。同大会の分科会《ぶんかかい》では、白光真宏会の青年たちが「世界人類が平和でありますように」という祈りの言葉を合言葉とするよう強調したそうである〔『白光』一九七一年七月号、六六頁、参照〕。

同年七月一日、五井らは、甘露寺受長宮司の招待で、明治神宮を参拝。その後、御苑《ぎょえん》の菖蒲《しょうぶ》を観賞、そして一時間ほど歓談した〔『白光』一九七一年八月号、巻頭口絵頁・六六頁、参照〕。

また、同年七月から八月にかけて、英語研修と集会開設のため、五井は、昌美らを同行しハワイへ赴く。五井は、約一ヶ月間、英語研修および、他に集会を開くため、ハワイに滞在するという。英語研修の理由は、「宇宙子科学《うちゅうしかがく》」で英語力が必要となったため、とのことだった。五井のほか「宇宙子科学研究所」の主要メンバーが、「ホノルル・ビジネス・カレッヂ」の夏期英語講座に出席して勉強するという〔『白光』一九七一年七月号、六六頁、参照〕。

同年一〇月三日、安岡正篤が、白光真宏会聖ケ丘道場・昱修庵に来訪、五井と長時間にわたり歓談した〔『白光』一九七一年一一月号、七四頁、参照〕。安岡と五井は、親しく交流していた。

翌一九七二年五月三日、熱田神宮文化殿講堂において、五井の「名古屋講演会」が開催された。斎藤秀雄の話、五井昌美の話につづき、五井昌久が講話した。全国から会員が集い、定員五〇〇名を超え、超満員だったという〔『白光』一九七二年六月号、巻頭口絵頁・六六頁、参照〕。同年五月四日、五井昌久、五井昌美、斎藤秀雄、ほか多数の会員が、伊勢神宮（外宮、内宮）を参拝した〔『白光』一九七二年七月号、三〇―三一頁、参照〕。今回が五井昌久の三回目の伊勢神宮参拝になるという。

同年六月一九日、五井は、明治神宮・甘露寺宮司の招待で、明治神宮を正式参拝。そののち、御苑の見ごろの菖蒲を観賞した〔『白光』一九七二年八月号、六五頁、参照〕。そして同年七月三一日に五井は、甘露寺宮司にむけて、「老翁の笑顔美し紫の菖蒲の前に肩ならべ佇《た》つ」「案内の翁の心美しき明治神宮の花菖蒲園」〔五井『夜半《よわ》の祈り』、二〇七頁〕という短歌をつくった。五井と甘露寺氏が親しく交流していた様子をうかがうことができる。

一九七二年七月二八日、「富士大神業《ふじおおかみわざ》」が行われた。これは、昌美以下四二名の「宇宙子科学（CWLP）」メンバーおよび青年たちが富士山頂に登って「地球の業《ごう》を浄める」というものだという。この「神業」に五井は全面的に支援した。メンバーらに柏手による「お浄め」を行い、登山中は山中湖畔のホテルの一室から望遠鏡で様子を見、無線機で連絡をとりながら「光《ひかり》を送り続けていた」とのことである〔清水『ある日の五井先生』、六六―六八頁、参照〕。「宇宙子科学」メンバーの伊藤顯によれば、同日、五井昌美を中心に同志たちが、「富士山頂の大神業」を達成したという。同年七月二六日から「宇宙子科学」の大絵図面を持って登りはじめ、同年七月二八日に登頂、富士山の頂上で「世界平和の祈り」を捧げた。なお、この富士登山には、当時、「五井会《ごいかい》」の幹事《かんじ》だった博報堂社長・瀬木庸介《せきようすけ》も一緒に登り、昌美の登頂をたすけた〔『五井先生研究』第一六八号、八―一〇頁、『白光』一九七二年九月号、七―一一頁・二二―二三頁、参照〕。

同年八月、五井は昌美をともなって渡米し、ロサンゼルス、ニューヨーク、ハノーバー等に赴く。今回の渡米は、アメリカの東北部または西北部に「宇宙子科学」の拠点をつくるのが目的という。そして、同年九月一日・二日に米国ニューハンプシャー州ハノーバーに二番目の「宇宙子科学」の場《ば》がつくられた〔『白光』一九七二年九月号、六九頁、同誌同年一〇月号、六五頁、同誌同年一一月号、巻頭口絵頁、参照〕。

◆「展開期」の要点

一九六二年六月から、「宇宙子科学」という白光真宏会の新しいプロジェクトがはじまった。その内容は、「宇宙天使（「宇宙人」）」と交流する等とのことで、この新しい活動の中心的役割を昌美（尚悦子《しょうえつこ》）は担った。昌美はその「霊能《れいのう》」の素質を五井によって認められ、特別に「霊修行」を課された。そして、彼女は一九六五年、五井夫妻の養女になった、とされる。昌美が養女になったことは、五井にも「影響」を与えた。「情《じょう》」に厚い五井は、実娘のように昌美に愛情を注いでいる。アメリカを中心に英語圏へ五井が足を運んだのも、「宇宙子科学」を進めるうえで必要だったという理由とともに、「国際主義」的な志向をもつ昌美からの「影響」もあったとおもわれる。

　さらに、「地球の業」の浄めるとして行われた「富士大神業」や「宇宙子科学」推進の要《かなめ》に昌美が据えられていた。昌美は五井が「宇宙子科学」を進めるために欠かせない存在であり、公私にわたり、五井昌久にいくらかの「影響」を与えていた、といえるだろう。

一―六　昱修庵に籠もる＝「闘病期」（一九七三年頃〜一九八〇年）

　一九七三年一月二三日、白光真宏会の理事会で、横関実《みのる》の理事長辞任が受理され、かわって新理事長に瀬木庸介が推薦された。直ちに五井昌久の認可を得て、白光誌上で告示。横関は、理事（相談役）となり、高橋英雄らが五井の指名によって新しく理事に選任された(40)〔『白光』一九七三年三月号、六八頁、参照〕。そして同年一月二五日から、博報堂社長を辞任した瀬木が同会聖ヶ丘道場に勤務となる。瀬木は前年の「富士大神業」の直後に、五井から「職員にならないかい？」と声をかけられ、一度断ったものの思い直して後日「職員にして下さい」と五井にお願いした、といわれる〔清水『ある日の五井先生』、六三頁・七二頁・一〇四頁・一二六頁・一三九頁、参照〕。

　一九七三年三月から、五井は昱修庵《いくしゅうあん》に籠《こ》もる。昱修庵二階に五井の部屋があった。部屋の暖炉の上には、五井が尊敬していた西郷隆盛《さいごうたかもり》(41)の肖像画と植芝盛平《うえしばもりへい》の写真が飾ってあったという〔清水『ある日の五井先生』、一二七頁、『白光』一九七五年四月号、三〇頁、参照〕。なお、五井は、西郷については、「『私《わたくし》』というものがない人」「天地《てんち》に通じている素晴《すば》らしい人物」〔高橋編著『続・如是我聞』、五〇頁〕と評価している。そして、五井自身も西郷のようであろうとした。西郷という存在からも、いくらか「影響」を受けていたといえるだろう。

同年三月に昱修庵に籠もって以降、五井の「個人指導」は廃止となる〔『五井先生研究』二〇一〇年八月号、九頁、参照〕。この頃から、五井は、昼夜を問わず、咳《せき》と痰《たん》が激しくなり、眠ることができる時間が短くなっていく。次第に五井はやせ細っていき、晩年の五年間くらいは、〝ふとんから一歩も出られない〟というような状態だった〔『五井先生研究』第一五八号、一七—一八頁、参照〕。

一九七三年八月一四日から、第一五回世界連邦世界大会（ベルギー）が開催。今回の大会では、五井の名代《みょうだい》として斎藤秀雄《ひでお》が参加し、五井の〝祈りによる世界平和運動〟のメッセージを伝えた〔『白光』一九七四年一月号、二八—三二頁、参照〕。

翌一九七四年一月三日、五井昌久、昌美、「宇宙子科学」のメンバーたちは、伊勢神宮内宮《ないくう》を参拝。神宮参拝の目的は、「伊勢神宮にただよっている国民の業《ごう》を打ち祓《はら》い、浄《きよ》めるため」とのこと。五井の弟子・髙橋英雄がメモに記した内容によれば「国民の出す現世利益の願望がそのまま伊勢神宮に残って、業の黒雲となってただよっているので、そのままだと皇室・日本の未来にもよくない。だから、〔五井が〕「お浄め」に参った」ということだそうである〔髙橋『五井せんせい』、二五〇—二五一頁、『白光』一九七四年二月号、六六頁、参照〕。

そして同年四月、宗教界を中心に「日本《にほん》を守る会」が結成され、[42]五井はその「百人委員」になっている、と機関誌上に記されている〔『白光』一九七四年八月号、六二頁、参照〕。

同年五月一九日、五井は、明治神宮会館にて講演。これが五井による最後の「東京講演会」となった。講演会がおわったあと、午後三時半より、明治神宮表参道から渋谷（美竹《みたけ》公園）まで同会会員らによって「平和行進」（約四〇分）をおこなわれ、一〇〇〇人以上が参加したという〔『白光』一九七四年七月号、三〇—三一頁、等、参照〕。

また同年七月八日、「聖ケ丘（聖ケ丘道場の二階）」にて五井夫妻の銀婚《ぎんこん》式がごく内輪《うちわ》で行われた[43]〔髙橋『五井せんせい』、二四六—二四八頁、『白光』一九七四年九月号、巻頭口絵頁、等、参照〕。

一九七五年一月には、機関誌上にて瀬木白光真宏会理事長が「祈りのリーフレットの配布活動を復活する」と告知した。まずは、日本全国津々《つつ》浦々《うらうら》に配布するという。五井も、この配布運動の推進を願っていた[44]〔『白光』一九七五年一月号、三四―三五頁、参照〕。

昱修庵に籠もってから、五井はテレビで『十戒《じっかい》』、『聖衣《せいい》』、『明治天皇と日露大戦争』といった映画なども見ていたようで、そうした作品の内容から五井の宗教的な好み、天皇への崇敬の念をうかがうことができるかもしれない〔髙橋『五井せんせい』、二五八―二五九頁、参照〕。

一九七五年一〇月第一週の「統一会」から、はげしい咳などの五井の体調悪化のため「法話」が出来なくなり、最後の「お浄め」だけをすることになった。それまでは、毎回の「統一会」で、五井は短いながらも「法話」をし、「統一指導」では柏手を打ち口笛を鳴らしていた〔髙橋『五井せんせい』、二五一頁〕。同年一〇月二〇日すぎから、五井の胃の痛みが激しく、唸《うな》るほどだった。もう烈な胃の痛みの上、吐き気が来て、黒いものを吐き出していた。ごはんも食べられないのに吐いていた、とのことである〔髙橋『新・師に倣う』、六五―六六頁、参照〕。同年一一月二三日、五井の「お誕生祝賀会」が開催されるが五井昌久自身は欠席。五井のメッセージを、彼の妻・美登里《みどり》が代読した〔髙橋『五井せんせい』、二四二頁〕。その五井のメッセージの中でも、「地球世界の業の波を、この身この心に受けて、昱修庵から一歩も出ず、瞬々《しゅんしゅん》刻々《こっこく》骨身《ほねみ》を削って浄めつづけている」と述べていた〔髙橋『五井せんせい』、二六一―二六二頁〕。五井昌久の「誕生祝賀会」がはじまって以来、初めての五井当人の欠席だった。五井の妻・美登里は挨拶で、「先生は本当に痛々しいほど窶《やつ》れましたけれども、……」といい、しかし自分を先に見送ってから死ぬと確約してもらった、だからまだまだ生きてくれる、というような話をして会員に感動を与えたという〔『白光』一九七六年一月号、二二―二五頁、参照〕。

筆者が五井昌久研究会の集会場で髙橋英雄氏と面談した時の話によると、「昭和五〇年の後半から〔自力では、ほとんど〕起き上がれなくなった」と言っていた。そして、機関誌上、巻頭言のなかでも、五井はみずからの状態について、「現在のように、地球の業《ごう》の浄化のために、昱修庵を一歩も出られず、祈りつづけていると、そうして歩いていた頃がなつかしい。」〔『白光』一九七六年二月号、二頁〕と記している。健康上の都合で、この頃の五井は自由に外を歩くことが出来なくなっていたようである。

そして一九七六年一月の白光誌上で、白光真宏会・瀬木理事長が、〝世界平和祈願塔《とう》〟〝世界平和祈願碑《ひ》〟〝世界平和祈願柱《ちゅう》〟の建設、〝世界平和祈願ポスターとシール〟の貼附を、会の運動方針として提案した。前年、一九七五年一〇月の白光誌に書かれた五井の巻頭言の言葉を受けて(45)、この普及活動が瀬木から提起されることになったようである〔『白光』一九七六年一月号、二六―二七頁、参照〕。白光真宏会サイトでも、一九七六年から「世界平和祈願柱（ピースポール）の建立《こんりゅう》活動が始まる」とある〔http://byakko.or.jp/about/history/ 参照〕。

一九七六年三月、白光誌の巻頭言で五井昌久は、娘の昌美と富士山とは縁《えにし》が深く、今後富士の裾野《すその》を中心に新たな救済事業が繰りひろげられていく(46)、と記した〔『白光』一九七六年三月号、二―三頁、参照〕。

また同年四月三日、五井は「動けない体」を無理して、西園寺夫妻、瀬木庸介理事長、髙橋英雄ら側近を連れて、中型バス（特別仕立てのバス）の乗り切りで伊勢神宮（内宮）へ詣《まい》った。御垣内《みかきうち》参拝〔正式・特別参拝〕した、とのこと。そして、祈り、「お浄め」をした〔髙橋『五井せんせい』、二三九頁・二五一頁・二五三頁・二六四頁、『白光』一九七六年五月号、二―三頁、参照〕。

同年六月一二日・一三日、「第八回世界連邦平和促進宗教者東京大会」が東京・杉並区の立正佼成会《りっしょうこうせいかい》本部施設にて開催。白光真宏会からは、佐久間筆八《ふではち》理事、中沢英雄青年部次長が出席。佐久間・中沢両氏は同大会の実行委員であったという〔『白光』一九七六年七月号、六六頁、等、参照〕。

さらに、同年八月、白光誌上で、白光真宏会伝道局普及部が「祈りのポスター貼付活動」をすすめた。「世界人類が平和でありますように」と書かれたこの祈りのポスターを、村にも、町にも、日本人の各家々に貼付するのが活動の目的。貼付活動は、白光真宏会会員でも会員外有志でも奉仕の意志があればだれでも参加できるという

〔『白光』一九七六年八月号、五四頁、参照〕。そして同年八月一五日に、東京と大阪で白光真宏会による「平和行進」がおこなわれた〔『白光』一九七六年一〇月号、五五―五六頁、参照〕。

同年一一月のある日、五井昌久が昱修庵から妻・美登里にいつものように〔五井は、朝と晩、一回ずつ、美登里に電話をかけていた〕電話をかけたとき、美登里は次のように五井昌久に話したそうである。「先生は還暦《かんれき》、私ももう五十五歳。ふりかえってみると、お互いに人々が幸せになることだけを祈りつづけて暮らしてきて、精神も肉体生活も、どうやら救われた形になってきた人も随分とありますわね。今日まででも、幾分《いくぶん》世の中のために尽くしたことになるのでしょうね。／それもそうだけれど、それにもまして私が幸せだと思っていることは、人柄も、考えも、趣味も、私と通じ合うし、愛が深くてやさしくて、素直で勇気のある人と一緒に暮らしていられることね、……」〔『神人』第三四号、一四頁〕。そう言って美登里は楽しそうに笑っていたという。五井夫妻が互いをたいせつにおもっている様子が伝わってくるだろう。同年一一月二三日、聖ケ丘道場にて、「五井先生御還暦祝賀統一会」が行われ、五井夫妻らが出席。五井昌久が短い話をした後、妻の美登里が挨拶で夫との間のエピソードを話した。そして、五井は「統一指導」をおこなった〔『白光』一九七七年一月号、二一―三二頁、参照〕。

一九七七年四月、機関誌上で、白光真宏会東京道場内伝道局「光のベルト日本縦断《じゅうだん》」実行委員会のよびかけによる祈りのポスター貼附運動が提起された。〝世界人類が平和でありますように〟という文字が書かれた祈りのポスターを北海道・稚内《わっかない》から九州・鹿児島まで全国の主要都市に、日本列島を「光のベルト」が縦断するように貼附するのだという。この運動は、同年四月上旬から一一月二三日〔五井の誕生祝賀会〕までの期間、展開すると機関誌上で告知した〔『白光』一九七七年四月号、五五頁、参照〕。そして同年七月二九日から八月一日にかけて、光のベルト日本縦断実行委員会は、白光真宏会の青年隊を沖縄県・那覇に派遣。彼らは全土にわたって活動し、「祈りのポスター」を一五〇〇枚余り貼り、平和行進、小講演会などを開いてきたという。こうして、「祈りのポスター」が、日本の南は鹿児島県から沖縄県まで広がった。同年一一月一日現在で、約一〇万枚の「祈りのポスター」を北海道から沖縄まで全国津々浦々に貼付したという〔『白光』一九七七年一二月号、五四頁、参照〕。

そして同年一一月二三日、聖ケ丘道場にて「五井先生お誕生祝賀会」が開かれる。五井夫妻らが出席し、美登里夫人からの話があった。五井昌久は、笑顔で白光《びゃっこう》こども会の花束贈呈を受けて、すぐに美登里夫人にバトンタッチしたという。筆者が当時を知る白光真宏会会員から聞いた話では、通常、大勢の会員の前で話をすることはなかった夫人が、このように一年に一度だけ、五井昌久に代わって話をしたのは、五井の体調がすぐれず、長い時間人前で話をするのが困難だったから、とのこと〔『白光』一九七八年一月号、二〇—二二頁・三二—三三頁、等、参照〕。

一九七八年一月一五日、「聖ケ丘発祥二〇周年記念祝賀統一会」が開かれた。この「統一会」の日、「次は富士大道場の建設である」との宣言がなされた。白光真宏会・瀬木理事長によれば、五井はすでに数年も前から「次は富士山麓《さんろく》の道場だね、規模は一万人ですよ」と時折《ときお》り、瀬木ら教団の幹部たちに語っていたという。同会の世界的活動にふさわしい場として、今後、富士大道場建設に向かって出発する旨を、瀬木は機関誌の中で述べた〔『白光』一九七八年三月号、三三—三七頁、参照〕。同年五月、白光誌上にて、瀬木理事長から富士道場建設のための募金《ぼきん》事業〔二〇億円の募金〕について、告知された『白光』一九七八年五月号、三七—四〇頁、参照〕。

同年八月六日、広島被爆の日、東京・京都・名古屋など全国各地で白光真宏会会員らによる「八・六平和大行進」がおこなわれた。参加者は、「祈りのゼッケン」を着《つ》け、プラカードや万国旗《ばんこっき》などを手に〝世界人類が平和でありますように〟という祈りの言葉を繰り返し唱えつづけ行進したという。行進の道中《どうちゅう》、「祈りのリーフレット」や同会の新聞、造花、風車を配る姿もあったそうである〔『白光』一九七八年一〇月号、五五—五六頁、参照〕。

同年一一月二三日、聖ケ丘道場にて、五井昌久六二歳の「お誕生祝賀統一会」が行われた。五井夫妻らが出席し、美登里夫人からの話があった。〝お誕生の歌〟を参集者全員が歌う時、五井はにこやかに指揮していたという。五井は、「統一指導」をしたあと、本来なら一言、話をするところだが「……まだ咽喉が悪くてしゃべれないので、私〔五井昌久〕に代《かわ》って奥方《おくがた》〔美登里〕にひとことしゃべって貰《もら》いましょう」と夫人に話をまかせた〔『白光』一九七九年一月号、二九—三二頁、参照〕。

翌一九七九年七月、五井は、「日本宗教代表者会議（ＪＣＲＲ）（議長：篠田康雄《しのだやすお》〈一九〇八—一九九七。一九七九年当時、神社本庁総長〉）」より、顧問に推挙されたという〔『白光』一九七九年九月号、六四頁、参照〕。

そして同年一一月二三日、聖ヶ丘道場にて「五井先生六三才御誕生祝賀会」が開かれ、五井夫妻らが出席。五井昌久に代わって美登里夫人からの話があった。また、五井昌久からは「統一指導」がおこなわれた〔『白光』一九八〇年一月号、一九—二二頁・二六—二八頁、参照〕。

翌一九八〇年一月、五井は機関誌に詩「富士山」を書き、富士山のことを〝世界平和を築きあげる中心の地〟と述べた(47)〔『白光』一九八〇年一月号、一二—一三頁、参照〕。同年四月一日、富士朝霧《あさぎり》高原の富士道場建設予定地で地《じ》鎮祭《ちんさい》が執《と》り行われ、富士道場の建築工事が始まった。その土地の四隅《よすみ》に「霊光《れいこう》写真」を埋設《まいせつ》したという〔『白光』一九八〇年五月号、表三頁、参照〕。

同年四月二〇日、「聖ヶ丘統一会」での最後の「祈り」を、五井は自分ではやらず、代わりに昌美にやらせた。そして「統一指導」も五井昌久に代わって昌美が執り行った。五井は、その様子を一部始終、昱修庵からモニターテレビで見て、「よくやった」と昌美を褒《ほ》めていたという〔高橋『五井せんせい』、二七三頁、参照〕。この日、四月二〇日は、昌美の目から見て、いつもと比べると五井昌久の体調はそんなに悪い状態ではなかった。しかし五井は、「今日は私は〔「統一会」に〕出ないからね」「今日は自分でお浄めをなさい」と昌美に言い、この日三回目の「統一（「お浄め」）」を五井のテープ音源によるのではなく、初めて昌美がおこなった。これは、昌美が五井昌久の後継者として同会を受け継ぐことを、会員たちの心に刻みつけた事柄であったろう。その後、五井が亡くなるまでの「統一会」での「お浄め」は、五井昌久みずからがおこなう〔西園寺『天命に生きる』、一八八—一九五頁、参照〕。

同年六月の白光誌「巻頭言」によれば、五井は身体じゅう痛みつづけて階下《かいか》にも降りていけない状況だったが、思い切って昱修庵の庭に出てみた、という。美しいつつじの紅、草木の緑などをみて、「神様」に感謝していたそうである〔『白光』一九八〇年六月号、二一―三頁、参照〕。

同年六月、白光誌によれば、これまでに数千万枚の「祈りのリーフレット」が日本国中に配布されたという。また、同年七月、これまでに貼付された「平和ポスター」が約四七万枚、建立された「平和祈願塔《とう》」が推定約三千本、とのことである。〔『白光』一九八〇年六月号、六五頁、同誌同年七月号、六〇頁、同誌同年九月号、表三頁、参照〕。

五井は、昱修庵に籠もってからも聖ヶ丘道場での「統一会」には出席し「法話」と「お浄め」を行った。長い「法話」が出来なくなっても、やせ細った体を壇上に運ばせて、「統一会」での「お浄め」は欠かさなかったという〔『五井先生研究』二〇一〇年八月号、八頁、参照〕。五井は、月に四回行われた「聖ヶ丘統一会」の最後の「お浄め」には必ず登壇し、「お浄め」をした。「統一指導」も四、五分間、おこなったそうである〔髙橋『五井せんせい』、二四〇頁、参照〕。そして五井は、ひどい咳のため一日に連続して一時間も眠ることが出来なくなっても、機関誌『白光』に掲載する毎月の法話・巻頭言・詩・短歌・俳句の原稿は締切り前にきちんと書き上げていた。自力でペンが持てないときは、口述筆記《こうじゅつひっき》をさせた〔髙橋『五井せんせい』、二三六頁・二四〇―二四一頁、参照〕。

筆者が同会関係者から聞いた話では、昱修庵に籠もっていた五井の看病や世話は側近がおこなっていた。それは、美登里夫人への五井昌久の気遣いからであったという。なお、五井昌久の自宅は千葉県市川市八幡にあり、美登里夫人は自宅で暮らしていた〔清水『ある日の五井先生』、二〇九頁、参照〕。また、娘の昌美も医者をすすめたが、五井昌久は医者にかかろうとしなかったという。側近の髙橋から聞いた話では、「食べる量は少しだったが、少しずつは食べた。普通の味噌汁とかの食事。点滴もしなかった。栄養剤も飲まない」とのこと。五井は自身のことを〝お床《とこ》の中の男（漢《おとこ》）〟と言って周りの者を和《なご》やかにさせたそうである。ある時は、「今日は一時間眠れた」と言っていた。五井昌久は、亡くなる二週間前に、昌美はじめ家族らの懇願《こんがん》もあって、同会会員の医師に診てもらった。「水がたまっていた。体外に水を出す薬を飲んだが吐いた」と髙橋英雄は当時のことを思い出しながら筆者に語ってくれた。

同年七月頃か、浮腫《むくみ》が深刻な感じだったため医者に来てもらい、医者は点滴をすすめたが、五井はやんわりと拒否した。小児用の痰《たん》をとるような薬が出され、五井も何日間か忠実に服用した。しかし、同年八月七日、側近の高橋英雄は五井の居室《きょしつ》である昱修庵に呼び出され、「私はみんなの愛念《あいねん》、お医者さんの愛念によって、診察も受け、薬も飲んだけれど、私はもう薬は飲まない。お医者さんにもかからない」と言われたそうである。「今更《いまさら》、他に頼《たよ》るなんて気持ちはひとつもない」、医師には感謝するけれども、「あとは神さまの力でいたしますからと伝えてね」と五井は高橋英雄に言ったという。そのときの五井は、「救世《きゅうせ》の大光明《だいこうみょう》！　光明遍照《へんじょう》！　光明遍照！」と唱えたら、薬とともに胃の中に溜《た》まっていたものが全部吐き出されて心気爽快《しんきそうかい》になった、と高橋に語ったそうである［高橋『五井せんせい』、二七四―二七六頁、参照］。

同年八月一〇日、五井は「統一会」に登壇、柏手《かしわで》による「お浄め」を行った［高橋『五井せんせい』、二七六頁、参照］。これが、「統一会」での五井による最後の「お浄め」となる。その後、八月一一日あたりか、五井昌久は、そのとき軽井沢にいた昌美に高橋をとおして電話をかけさせ、高橋が代読《だいどく》するかたちで「私は元気だ、みんなのおかげ、昌美にも感謝」というようなメッセージを伝え、最後に五井が電話口に出て昌美に「お浄め」をした、という［高橋『五井せんせい』、二七六―二七八頁、参照］。そして、八月一六日午前中から午後五時頃まで、高橋英雄は昱修庵で、浮腫が出た五井の両足、背中をずっとさすったそうである［高橋『五井せんせい』、二七八―二七九頁］。八月一七日、日曜日は「統一会」のある日だった。一七日早朝、昱修庵から高橋に電話があった。五井昌久の様子がおかしいというので高橋が駆けつけると、五井は「大いびき」をかいて寝ており、それを見て、瞬間、高橋は「ああ、もう駄目だ」と思ったという。医師に駆けつけてもらったが、手のほどこしようがなかった。同年八月一七日午前八時一五分、五井の心臓は止まった［高橋『五井せんせい』、二七九―二八〇頁、参照］。

千葉にあった五井昌久の墓。五井昌久研究会有志が2016年8月14日に墓参した時のもの（撮影：著者）

五井は昱修庵から一歩も出られなくなっても、朝と晩、妻の美登里に電話をかけることは欠かさなかった。逝去《せいきょ》の前日、八月一六日の晩も美登里に電話をかけた。翌一七日の朝も、「そろそろお電話の時間ですよ」と側近が言うと「ハイよ」と答えたそうである。しかし、電話をかけることなく急逝《きゅうせい》することとなった〔高橋『師に倣う』、七九頁、参照〕。当時の新聞には、一九八〇年八月一七日午前八時一五分、急性心不全のため満六三歳で死去した、と五井昌久の死が報じられた〔『朝日新聞』一九八〇年八月一九日、九頁、参照〕。亡くなったこの日、五井は、遺言《ゆいごん》をのこすこともなく、サッと亡くなったという〔高橋『五井先生を語る（二）』、一九頁、参照〕。(48)

◆「闘病期」の要点

晩年のこの時期は、病との闘いだった。五井の身体にあらわれる様々な苦痛は、「地球・世界人類の業《ごう》の浄化」と結びつけて考えられていた。ここに、岡田の「浄化の理論」「薬毒論《やくどくろん》」の影響がうかがえる、と筆者は見ている。

当時の五井の様子について、元職員・清水勇《しみずいさむ》は『ある日の五井先生』で次のように記している。

……昼夜を分かたず世界の業《ごう》を一身に引き受けてお浄《きよ》めなさってておられたのです。肉体的な現われとしては腹部の激痛でした。／先生は「包丁で腹を切り裂《さ》かれるような痛み」とおっしゃっておられました。また間断《かんだん》なく出る痰《たん》は時には気管を塞《ふさ》ぐことがありますが、その時は苦しみをじっと耐えて、霊的な呼吸をすると痰が切れるとのことでした。あえて医者が病名をつけるとしたら「気管支喘息《ぜんそく》」でしょうか。／したがって睡眠もまとめて一時間、二時間おとりになることはなく、五分刻《きざ》み、十分刻みとおっしゃっておりました。まさに十字架上のイエス・キリストです。／「イエスは一昼夜だったけれど、わたしは十年間だよ」と。……／「夜通し痛み続け、明け方になってちょっと楽になる。その時みんなだったら、あー今日もこれから痛みが襲ってくるんだろうな、嫌だなあと思うだろうけれど、わたしは決してそうは思わないよ。昨日は昨日で終わった。今日こうして新しい一日を与えて下さった。わたしの身体を使って世界を浄めて下さる神様ありがとうございます。これがわたしの光明《こうみょう》思想だよ」／というお言葉をお聞きしたことがありました。

〔清水『ある日の五井先生』、一二二—一二四頁〕

当時の五井を知る別の関係者の話を聞いても、その苦しみの状況は凄絶《せいぜつ》で、そうした中にあっても冗談をとばす明るさは失われなかったそうである。晩年、時期は定かでないが五井の体は痛々しいほど痩《や》せて、「わたしもとうとう三十五キロになってしまったよ」〔清水『ある日の五井先生』、一三五頁〕と清水に語ったという。

また、昭和五〇年代以降、晩年の五井は、自力で歩けないため、「神輿《みこし》」をかつぐようにして運ばれ、居室《きょしつ》のある昱修庵から聖ケ丘道場の聖壇《せいだん》まで移動していた。そして、統一会にやって来た人たちに、五井は自身の体が弱っている姿をできるだけ見せないように振る舞っていたようである〔清水『ある日の五井先生』、一九二—一九四頁、参照〕。

側近・髙橋英雄によれば、五井は、〝望まれる宗教家像〟として、次のように語ったそうである。

「現在、本当の宗教家が必要です。神さまの業浄《ごうきよ》めの大掃除の手伝いをする宗教家がね。要するにおふり代《か》えの出来る人たちです。」「……キリストみたいに身をもってやらないとネ。そういう宗教家がたくさん出てくることを望みます。われわれの役目は、まず業を浄めることです。人間の想いを浄めてからでなければ、何も出来ない」

〔『五井先生研究』第一五七号、九—一〇頁〕

五井の考えだと、「大難《だいなん》」を自分の身にふり代えて浄め「小難《しょうなん》」にする、〝業想念〟を自分の身に引きつけて浄めることで「大難」を「小難」にする、そうした〝働き〟を「おふり代え」といい、彼はそうした〝業を浄める役目〟を実行できる宗教家が多くなるのを望んでいたようである。

二　五井昌久の生涯と活動の概要（小括）

「戦前期」。五井昌久は、一九一六年一一月二二日、東京の下町に九人きょうだいの四男として生をうけた。彼は、病弱で貧しいなか、一三歳で働きに出る。文学や音楽が好きな少年だった。一〇代の頃、田島《たじま》商店の店員をしながら、通信教育で義務教育課程の勉強をし、いっぽうで坐禅をしたりもしていた。一〇代の後半頃、彼は五井商店を開業し、歌人らとも交流。また、正式に声楽を学んだ。二〇代前半頃の五井は、聖書や仏典、武者小路実篤、トルストイなどの本を読んでいたという。そして、二三歳のとき、兄の紹介で日立製作所の亀有工場に入社。五井は、工場では、文化活動を指導した。終戦半年くらい前に、工場の事務員から岡田茂吉の『明日の医術』を借りて読んだ。愛国心をもって、日立の軍需工場で働いたが、終戦ののち工場を辞《や》めた。

「遍歴期」。戦後まもなく、五井は岡田茂吉《おかだもきち》の弟子から「霊線《れいせん》療法」などを学び、岡田の「浄化《じょうか》理論」に共鳴した。その後、生長《せいちょう》の家《いえ》・谷口雅春《たにぐちまさはる》の本を読んで、その「光明《こうみょう》思想」に感動。結果的に、世界救世教《せかいきゅうせいきょう》と生長の家の信者となった。五井は掌《てのひら》をもちいた「病気治し」に歩き、生長の家のほうでも葛飾《かつしか》信徒会副会長、地方講師として活躍した。そして一九四六年夏、五井は「天声《てんせい》」をきき、その時、「神さまに自《みずか》らの命をささげた」という。その頃には、「心霊《しんれい》」に関心をもち、五井は日本心霊科学協会に入会して、スピリチュアリズムについて学んだ。同年九月、労働問題をあつかう中央労働学園に五井は就職した。ここで五井は、編集の仕事を担当。美登里《みどり》とはこの職場で出会った。その後、一九四九年に、「神霊《しんれい》現象」の実験会をしていた千鳥会《ちどりかい》に五井は入会。五井自身も同年から「霊修行」を始め、同年六月、五井は「神我一体《しんがいったい》」という覚《さと》りを得たとされる。翌一九五〇年七月、五井昌久と美登里は結婚した。

「草創期」。生長の家信徒など、千葉県（市川）在住の人たちを中心に五井を信じ慕う人々によって、一九五一年一一月、「五井先生讃仰会」が結成される。そこでは、会員らの相談ごとに五井がこたえる「個人指導」や「お浄《きよ》め」がおこなわれた。

「成立期」。五井先生讃仰会は宗教法人化し、「教義」が提示された。また、機関誌『白光《びゃっこう》』が創刊され、会員たちは毎月、五井の連載記事や「法話」を読むことが出来るようになった。そして昭和三〇年代前半には、五井が提唱した「世界平和の祈り」をリーフレットなどをとおして普及しはじめた。その普及の過程で、「世界平和の祈り」の言葉を英語など諸外国語に翻訳するようになった。

「展開期」。一九六二年六月以降、白光真宏会の新プロジェクトとして「宇宙子《うちゅうし》科学」が本格的にはじまった。翌一九六三年頃からは、祈りの言葉を印刷した「祈りのポスター」貼附活動や「祈りのリーフレット」配付活動が活発になる。一九六四年八月、千葉に「聖《ひじり》ケ丘《おか》大道場」が完成。一九六五年には、尚悦子《しょうえつこ》を五井夫妻の養女にむかえた。これにより、尚悦子は、五井昌美となった。一九六六年二月頃から、財界人たちと五井とが語り合う「五《ご》井会《いかい》」ができ、定期的に財界人との交流会がもたれるようになる。また、一九六八年頃より、伊勢神宮・熱田神宮・明治神宮などへ、五井たちが参拝する機会が多くなっていく。同年には、白光真宏会は「新日本宗教団体連合会」に加盟することを表明した。そして一九六九年六月には、五井は、明治神宮の甘露寺《かんろじ》宮司と歓談、個人的な交流を深めた。さらに、一九七〇年一〇月、五井は、京都で行われた「世界宗教者平和会議」に出席し、同年、白光真宏会は「世界連邦建設同盟」にも加入した。こうした宗教者たちによる平和会議に関わりをもちつつ、白光真宏会は「祈り」を主とした平和運動をおしすすめていく。一九七一年頃の五井は、安岡正篤《やすおかまさひろ》と白光真宏会の昱修庵《いくしゅうあん》で長時間にわたって話をするなど、保守的な人たちとの関係がより親しくなっているようにみえる。一九七二年の五井は、伊勢神宮・熱田神宮・明治神宮に参拝。五井は、神社界との関係をたいせつにしつつ、いっぽうで国際的視野に立った「祈りによる世界平和運動」を拡げようとした。この頃以降、白光真宏会では、「平和行進《こうしん》」をしばしば実施した。

「闘病期」。五井の体調がかなり悪くなり、一九七三年三月から、昱修庵に居る時間が長くなっていく。会の運営面では、同会第二代理事長に博報堂《はくほうどう》の社長を辞めた瀬木庸介《せきようすけ》を迎え、これにより広報・普及活動が強化した。また、一九七四年一月、五井は体調が悪いにもかかわらず伊勢神宮を参拝。同年四月には、五井は「日本《にほん》を守る会」にかかわることになった。晩年の五井は、昱修庵で「寝たきり」のような状態だったが、機関誌には毎月法話などを執筆し、「祈りによる世界平和運動」推進のため、会員たちを鼓舞《こぶ》しつづけた。一九七六年からは、「ピースポール」の建立《こんりゅう》活動が各地にひろがった。そうした中、同年四月にも、五井は伊勢神宮に参拝した。

「闘病期」にあった五井だが、千葉の聖ヶ丘道場につづく大道場として、静岡の「富士大道場」建設をすでに計画していたという。そして昭和五〇年代は、「世界平和の祈り」による平和運動について記した外国語のパンフレットや、「世界平和の祈り」の言葉を記したポスター、リーフレット、ピースポールが国内外の広い範囲にひろがっていった。日本各地や米国でも「平和行進」がおこなわれるなど、「祈りによる世界平和運動」が会員たちによって盛り上がりみせるなか、五井昌久は一九八〇年八月一七日、昱修庵にて亡くなった。享年《きょうねん》六三。

以上が、五井昌久の生涯および活動の概要である。第一章の五井の生涯をみると、五井の理念（思想）形成を明らかにしていくうえで戦後まもなくの「（一—二）遍歴期」をみることは欠かせない。そこで、第二章では、戦後まもなく、五井が、どういう教団（団体）あるいは人と接して、新しいものの見方・観念を獲得していったのかを見ていきたい。

註

（1）本書の巻末に付した資料、「五井昌久関連　略年表」【表1】は、五井の生涯における主なできごとを簡潔にまとめたものである。この「略年表」を参照すると、その概要がつかみやすくなるだろう。

（2）生長の家総裁の谷口雅春も同じ一一月二二日生まれ。谷口と同月同日生まれであることについて、五井は自叙伝の中で「……生長の家では実際上次々と生じる悟道《ごどう》をはばむ障害、「過ぎたる饒舌《じょうぜつ》」「いらざる多辯《たべん》」への是正《ぜせい》と共に、新しい宗教の在り方を拡《ひろ》める役目を、神から受け持たされる順序が生れて来てゐたのであらう。／同月同日の明け方氏《し》〔谷口雅春〕が生《うま》れ、夕方私〔五井昌久〕が生れた、と云ふ定まりは、此《こ》の辺の真意を物語る神の秘め事ではなからうか。」〔五井『天と地をつなぐ者』、四五頁〕と述べている。五井は、谷口の教えを継《つ》いでそれを「修正」する、そのために自身は谷口の後に生まれた、というような自負《じふ》をもっていたのだろう。

（3）一九四八年頃、五井の母・きく（菊）は、以下のように念仏している様子から、念仏信仰者だったことがわかる。「就寝前には〔五井の〕母は仏壇にむかつて念仏を唱へ、私〔五井〕は黙つて瞑想するならはしになつてゐた。其《そ》の夜も私は瞑想に入り、母は仏壇に線香を焚《た》いて念仏をはじめた」〔五井『天と地をつなぐ者』、一一五頁〕。また、五井は「私も子供の頃から母親の念仏をきかされてきましたよ。……ナムアミダブツ、あなかしこ、あなかしこ、をききながら育てられたようなものです。」〔高橋編著『続々如是我聞』、一七九頁〕と述懐している。蓮如《れんにょ》（一四一五―一四九九）の『御文章《ごぶんしょう》（御文《おふみ》）』に「あなかしこ、あなかしこ」と出てくるので、五井の母親は浄土真宗《しんしゅう》の門徒だったと思われる。なお、髙橋英雄の近刊書によれば、きくの家は、祖父の代に越中（今の富山県）から江戸に出て来て、米屋《こめや》をやっていたという。浄土真宗の信仰篤《あつ》く、きくは毎晩、『正信偈《しょうしんげ》』や『御文《おふみ》』を仏壇に向かってあげていたそうである。きくは、気丈《きじょう》な女性だった〔髙橋『五井せんせい』、三三頁、参照〕。

（4）五井は、機関誌『白光』の「巻頭言」で、「純真無礙《じゅんしんむげ》」と題して、良寛《りょうかん》について、次のように書いている。「……私〔五井〕は少年の昔は、良寛さんの人格が好きで、良寛さんのことを書いてある本を、あさり読みしては、こんな純真な、こんな柔和な、こんな円満な人格に自分もなりたいものだ、なんとかして良寛さんになりたい、良寛さんこそ自分の道を指し示す唯一無二《ゆいいつむに》の人である、と自分の性情《せいじょう》に照し合わせて、良寛さんを慕《した》いつづけていたのであったが、いつしか種々《しゅじゅ》な人の本を読み、種々な聖者賢者の影響を受け、良寛さんもその人々のうちの一人ということになってしまっていた。しかし良寛さんの行為から受けた影響は、今日になって、〔五井自身の〕日常生活のうちにその幾分かが自然に行為されているようである。」〔『白光』一九五七年九月号、一二頁〕。このように、五井は、自らの文章の中で、良寛の純真無礙な行為から影響を受けたことをみとめている。

（5）五井は、字が下手だった子供の頃のことを、機関誌上で、次のように述懐している。「小学校の頃、書き方で一度丙《へい》をもらって、親や兄弟から、さんざん叱られたり、辱《はずかし》められたりしたことがあって以来、奮起したという程《ほど》大げさではないが、鵞堂流《がどうりゅう》だの、西《にし》川流《かわりゅう》だのという、書道を何年となく習いつづけて、それでも生来《せいらい》の悪筆《あくひつ》はなかなか直らず、習った程に上手にならぬまま、霊修行の道に入り、……」〔『白光』一九七四年一〇月号、一二頁〕。このように五井は、小学生の頃から書道を習ったが、あまり上達しなかったという。それが、のちに宗教家になって、自由に、把《とら》われない心で筆を走らせて書いていると、書家《しょか》から褒《ほ》められるようにもなったそうである〔『白光』一九七四年一〇月号、一一―一三頁、等、参照〕。

(6) 佐藤紅緑《こうろく》（一八七四―一九四九）。青森県生まれ。昭和初期、「少年小説」で人気のあった作家。五井も紅緑の少年たちに理想を説く小説を読んで鼓舞《こぶ》された。『ああ玉杯に花うけて』（少年倶楽部文庫、講談社、一九七五年〈初出は「少年倶楽部」一九二七年五月号〜一九二八年四月号〉）、『少年連盟』（少年倶楽部文庫、講談社、一九七六年〈初出は「少年倶楽部」一九三一年八月号〜一九三二年六月号〉）など、多数の作品がある。

(7) 五井の自叙伝によれば、「この児が肺病にならなければ医学の不思議であるといふやうな囁《ささや》きを交《か》わしてゐた」〔五井『天と地をつなぐ者』、一二頁〕というように病弱で、「五井の金喰《かねくい》息子」〔五井『天と地をつなぐ者』、一一頁〕とも言われていた。しかし、五井は、坐禅《ざぜん》を行い、宗教的呼吸法（ヨガのある呼吸法）が健康に役立ったという。彼は、医者への依頼心を捨て去り、病身を脱却するために坐禅観法を行った〔五井『天と地をつなぐ者』、一二頁、参照〕。

(8) この頃の五井の神観《かみかん》は、「……神と言ふ者は自然や人間を創造しただけで、創造された人間は自分自身の持つて生《う》まれた力を全部出し切つてゆくより仕方がなく、神が外から人間を助けて呉《く》れると言ふやうなことは考へられなかつた。まして死後の霊魂《れいこん》の存在等は頭から考へてもみなかつた。」〔五井『天と地をつなぐ者』、一二頁〕というものだった。

(9) 高村光太郎（一八八三―一九五六）は、詩人・彫刻家で、彫刻家・光雲《こううん》（一八五二―一九三四）の子。竹内てるよ（一九〇四―二〇〇一）は、詩人。竹内『海のオルゴール』はベストセラーになった〔竹内『新装版　海のオルゴール』、奥付頁、参照〕。また竹内は「霊能《れいのう》詩人」ともいわれ、竹内てるよの『因縁霊の不思議』には、五井が下記のように「推薦のことば」を書いている。「推薦のことば　五井昌久（白光真宏会会長）　竹内てるよさんは、かつて詩の先生として私（五井）の尊敬していた非常になつかしい人の一人なのです。誠実温厚な方で、これまでのおつきあいの中で嘘も偽りもありません。竹内さんの霊的な活動については、これまで良く知られていたにも関わらず、未《いま》だにまとめられた本というものがありませんでした。この方《かた》の言うことなら間違いのないことを私もよく知っております。この本は必ず皆さんの良い参考になることと信じています」〔竹内『因縁霊の不思議』、カバー袖〕。

(10) 五井『天と地をつなぐ者』〔一二頁〕には、「岡田茂吉氏の明日への医術と云ふやうな題名の著書」と記してあるが、その岡田茂吉の本の題名は『明日《みょうにち》の醫術《いじゅつ》』が正しい。

(11) 五井の側近・髙橋英雄によれば、「田沢ヨシ様〔当時の日立製作所・工場で働いていた事務員。旧姓が幸田〕はＹ氏〔「山本さん」〕より〔、彼女の〕お母さんの幸田みさを〔幸田操〕さんとももども、霊線《れいせん》療法を学んだと思います。……」〔髙橋英雄氏からの返信書簡（二〇一八年八月一六日付）〕ということである。

(12) 岡田茂吉の説によれば、人間の掌《てのひら》から「霊線」という「神からくる光」が出ているとし、その掌を当てる（かざす）ことで、病気が治るとされる〔五井『天と地をつなぐ者』、一二頁、参照〕。

(13) 五井の自叙伝『天と地をつなぐ者』には、「ホルムスと云ふ英人の書いたものを谷口雅春と云ふ人が訳した百事如意《ひゃくじにょい》と云ふ本」〔五井『天と地をつなぐ者、一七頁〕とあるが、『新百事如意』が正しいと思われる。『新百事如意』の冒頭で谷口雅春は、「私が偶然の機會《きかい》に入手したフエンウイツク・ホームズと云う人の"Being and Becoming"と云ふ書であった」「本書は此の百事如意法の紹介である」「飜譯《ほんやく》的紹介が中心になつてゐるが、日本的な表現に心を用ひ、……純粋《じゅんすい》に飜譯であると云ふ譯《わけ》にも行かぬ」〔谷口『新百事如意』、五―七頁〕と記している。谷口には『百事如意』という題名の本もあるが、五井の言うホルムスの翻訳本とは、『新百事如意』のことだろう。

(14) この「Y氏」について、五井の側近・高橋英雄氏に筆者が書簡でたずねたところ、「Y氏というのは私〔髙橋英雄〕も山本さんということはきいております。けれど名前までは知りません。……」〔髙橋英雄氏からの返信書簡（二〇一八年八月一六日付）〕との返事を髙橋氏からもらった。

(15) 自叙伝で五井は、「岡田氏門下ではすべて岡田先生筆の光明《こうみょう》と云ふ文字をお守りのやうにして肌につけて歩いてゐた。其《そ》のお守りを通して神様のお光《ひかり》が病者を癒すのである、と思つてゐた。」〔五井『天と地をつなぐ者』、三三頁〕と記している。しかし、岡田との面接後、五井の「お守り（お光）」への信仰は弱まったようである。

(16) 五井の自叙伝では、「昭和二十三年の年に入つてゆき、一月も半ばを過ぎた頃、私は幸田さん〔岡田茂吉の「霊線療法」を行っていた人〕からY氏〔山本さん。岡田茂吉の弟子〕のところでC会〔千鳥会〕と云ふ神霊現象の会が行はれる事を聞き、その会員となつた。」〔五井『天と地をつなぐ者』、八八頁〕とある。この文だと一九四八年一月に千鳥会の会員になったように見えるが、C会（千鳥会）が組織され会報『千鳥』第一号を発刊したのは、一九四八年の六月である〔『千鳥』一九四九年六月号、「編集後記」、参照〕。よって、五井が千鳥会会員になったのは、「昭和二四（一九四九）年一月半ば過ぎの頃」が正しい、といえよう。

(17) 五井の『天と地をつなぐ者』では、「フーチ」について「神霊《しんれい》から各自にふさはしい言葉を文字に書いて貰《もら》ふ」ことであるという。一本の竹の一端を「霊媒《れいばい》」が持ち、もう片方はフーチを受ける人が持つ。すると、ひとりでに竹が動き出し、竹の真ん中に垂直に結びつけてある筆によって、その下に置かれてある紙面に文字が書かれていく、という〔五井『天と地をつなぐ者』、九二頁、参照〕。なお、五井はフーチの表記を「扶紮」と自叙伝で記しているが、これは、一般に「扶乩」と書かれるもののことを指している。

(18) 谷口雅春の『詳説　神想観《しんそうかん》』によれば、「神智をひらく方法として生長の家では坐禅的祈りの方式である神想観を行うのである」〔谷口『詳説　神想観』、二〇頁〕とある。また、生長の家青年会サイト（http://seinenkai.jp.seicho-no-ie.org/　二〇一四年一〇月二六日最終閲覧）の「神想観チャンネル」によれば、神想観とは「無限の力を持っている神の子の自分の姿を心に想い描く、生長の家独特の座禅的瞑想法のこと」との説明がある。

(19) 『心霊研究辞典』によると、「文字通り「霊」と「動」を意味し、全身で震動を感じたり、あるいは体がピョンピョンと飛びだしたり、腰や膝を結わえて動かないようにしても、同様の動きをする現象のこと」〔春川編『心霊研究辞典』、三五五頁〕と説明されている。なお、編者「春川栖仙《はるかわせいせん》」という名は、ペンネームである。春川は、医師で、日本スピリチュアリスト協会会長。現在、同協会の活動は休止中。

(20) 前掲『心霊研究辞典』によると、「自己の意識によらないで作成される文章などの手書き、あるいはその現象をいう」〔春川編『心霊研究辞典』、一一七頁〕と説明されている。

(21) 「霊魂《れいこん》の声が人間の声そのまゝに聞《きこ》える」〔五井『天と地をつなぐ者』、一〇〇頁〕ことを「霊耳《れいじ》」と五井は述べている。前掲『心霊研究辞典』の「霊聴《れいちょう》現象」の項を参照すると、「肉体の知覚器官によって聞き取ることのできない音声（遠隔地の人や死者の声など）を明瞭に聞き取る能力のこと」〔春川編『心霊研究辞典』、三五五頁〕との説明がある。

(22) 五井の自叙伝には、「天の私（真我《しんが》）に地の私が合体して停つてゐる此の現実」「空間的に見れば天の本体に合体したのであり、直覚的にはうちなる神と合一《ごういつ》したのである」〔五井『天と地をつなぐ者』、一三八頁〕と「神我一体《しんがいったい》」の神秘体験について述べている。

(23) 五井の自叙伝によると、〝霊覚者《れいかくしゃ》〟とは、すなわち「直覚的にすべてを識《し》り得る者」〔五井『天と地をつなぐ者』、一四〇頁〕とのことである。いわゆる「さとり」を得た状態、といえるのであろう。

(24) 五井の「お浄め」の様子を説明する文として、以下のように記されている。「五井先生が対座された人の前面に向かって柏手《かしわで》を打ったり、印《いん》を結ばれたり、次にうしろを向けさせて、背面から柏手を打ったり、印を結んだりして光《ひかり》を送る。対座する人の意識の世界に溜《た》まった汚れや厄を、柏手を打って、印を結んでお祓《はら》いするのである。」〔髙橋『五井せんせい』、二一〇頁〕とのこと。「お浄め」の際は、柏手が打たれる。髙橋は個人誌のなかで、「五井先生の柏手は、五井先生が〔一九四九年六月に〕神我一体《しんがいったい》になって、自然と始まったようだよ。」〔『五井先生研究』第一四八号、一七頁〕と記している。なお、一九五〇年頃か、もっとも初期の頃、五井がおこなっていた「お浄め」の様子について、五井の愛弟子・市川宣隆の「語り」（『五井先生研究』に掲載）によると、次のような様子だったという。「〔五井昌久は、〝お浄め〟を〕受ける人と対座なさり、両手・片手で組む様々な印――両掌を水平に擦《す》り合わせる。手をかざす。かざして大きく・小さく振る。手や指を前後左右に震《ふる》わせる。大小の柏手を打つ。指先を絡《から》ませる等々、相手の波動《はどう》に合わせて、変化自在に組まれていらした。また、澄んだお声で「オーム」「ウー」や、大きな「エーイ！」の気合いもあった。」〔『五井先生研究』第一五二号、二六頁〕。こうした「お浄め」は、市川宣隆によれば、一九六二年の〝五聖者合体《ごせいじゃがったい》〟の頃から、一個人にではなく一〇人ぐらいずつまとめて「お浄め」をするようになった。そして、「お浄め」のときの〝口笛〟も、その頃から始まったという。「お浄め」のかたちは、子どもや大人、相手に応じて、自在だったとのことである〔『五井先生研究』第一五二号、二六頁、参照〕。

(25) 市川宣隆（一九二五―二〇一七）。市川によれば、五井昌久と初めて会ったのは、一九四八年の一二月、東京・葛飾区のKさん宅であったという。市川は、当時、東京・金町に住み、金町で毎週、五井の話を聞いていたそうである〔『白光』一九八〇年四月号、三〇頁、参照〕。市川は、二〇一七年六月一三日に老衰の為、九二歳で逝去。「宇宙子科学（CWLP）」シニアメンバー〔『五井先生研究』第一六五号、八頁、同誌第一六六号、一〇―一一頁、参照〕。二〇一六年に『五井先生研究』誌上で、「五井先生を語る」と題したインタビューに「語り手」として、答えている。また、『五井先生研究』誌上のインタビューによると、市川は、若い頃、学徒出陣で戦争にも行った。戦後、一九四八年一二月に五井と初めて会った時、小学校の教師をしていた。一九五五年、結婚。同一九五五年、市川宣隆は五井昌久から講師に任命され、先輩講師と二人で出講していた、という。その後、市川宣隆は一九六二年から、白光真宏会の「宇宙子科学」メンバーになった〔『五井先生研究』第一五一号、二五―二八頁、等、参照〕。

(26) 五井先生讃仰会。同会設立の話は、一九五一年九月頃から、五井を後援していた横関実〔のちに初代理事長となる〕を中心に持ち上がり、一九五一年一一月に発足した。この会においては、家族単位の「維持会員制度」を打ち立て、五井の側近・高橋英雄の記憶によれば会費は一カ月二〇〇円。会費を払うと「お浄め」は月何回も受けられる、家族は何人でもよい、という取り決めだったそうである〔『五井先生研究』二〇一五年三月号、一四―一五頁、参照〕。二〇一五年三月現在、『白光』誌「白光真宏会入会案内」によれば、「維持会員」とは「満一六才以上」で、「維持会費一人月額一口二〇〇〇円（何口何カ月分でも可）」〔『白光』二〇一五年四月号、七九頁〕と記されている。その後、現在は維持会費が増額し、「維持会費一人月額一口三〇〇〇円（何口何カ月分でも可）」〔『白光』二〇一九年八月一〇日号、七四頁〕となっている。なお、一九五三年五月に五井の著書『神と人間』が出版されてのち、陽明学者《ようめいがくしゃ》・安岡《やすおか》正篤《まさひろ》（一八九八―一九八三）と五井の間に親交が生まれた。会の設立当時、「五井先生讃仰会」は「讃仰」の文字を用い、会員は「さんこう」と言っていた。しかし、正しくは「鑽仰」と書いて「さんごう／さんぎょう」と読む、と安岡から親切な助言をもらった、という。そして、時期は不明だが安岡もまた道院《どういん》・紅卍字会《こうまんじかい》に入会し、「誠恪《せいかく》」という道名をもらったといわれる〔『五井先生研究』二〇一五年三月号、一六―一七頁、安岡講述・芳村編『安岡正篤』、一一三頁、参照〕。

(27)「規約」の一部が、『五井先生の辞書』〔二〇〇四〕において、次のように記載されている。「一、五井先生の神業を奉讃し、先生の徳を慕う人々を会員として本会を組織する。／一、本会会員は常に五井先生のご指導を受くることを得。／一、本会会員は、特別にお浄めを受けたる場合、分《ぶん》に応じて会費を納むるものとす。／一、本会運営上、幹事若干名を置く。／一、幹事は会員と先生との連絡を常にとるものとす。／一、幹事は会員の意を体《たい》し、時に応じ日と処とを定めて、五井先生に講話及びお浄めをお願いするものとす。……」〔高橋『五井先生の辞書』、五八頁〕。

(28) 横関実〔實の表記もあり〕。長野県生まれ。横関は高橋英雄より四〇歳も年上だったという。高橋は自らの発行する個人誌のなかで、横関のことを「海千山千《うみせんやません》の世なれた人でした。人情の厚い人でした。世の中のことを何も知らない若い私〔高橋〕を、何かとカバーし、たててくれました。」と記している〔高橋『白光使徒列伝（一）』、二一―三頁、『五井先生研究』第一二八号、一二四頁、参照〕。横関は、「五井先生讃仰会」の発起人で理事だった。白光真宏会初代理事長。一九四九年秋頃、横関は、その当時熱心な生長の家の信者であった。また当時「日蓮主義の祈祷《きとう》」や「メシヤ教の前身である日本浄化療法」などでも研究して、病人を癒すことを覚えたりしていた、という〔五井『神と人間』、一四五頁、参照〕。

(29) 斉藤秀雄（一九〇四―一九八四）。東京生まれ。中央大学卒業。おでん屋の皿洗い、菓子屋の配達小僧を経て、商社、メーカー、数十社を創立〔斎藤『靈驗巡講記　改訂版』、奥付頁の「著者紹介」、参照〕。白光真宏会元副理事長。同会「三長老」の一人といわれる。青年時代は共産党員だった。斉藤は、第二次世界大戦終戦時頃か、ソ連軍が大連市に進駐して来たとき、彼は日本人の組織を作り、その組織の代表の一人としてソ連軍と種々《しゅじゅ》わたり合ったという。そして、引揚船で帰国。その時の斉藤は、全くの無一文《むいちもん》だった。なお、斉藤は、一九三三年～一九四七年まで、大連に渡っていた。終戦後、大連から引き揚げてのちのあるとき、斉藤は日本心霊科学協会で「死後の世界」「霊魂」について知識を得た。これによって、斉藤は、唯物論者から心霊主義者へとがらりと変わった。それから波瀾万丈の生活があり、一九五三年、「霊光《れいこう》写真」が縁《えん》となって、斉藤は、五井昌久と出会った。斉藤が金融業に従事したときには、その事業が破綻、責任者たちは行方不明となったため、債権者たちの攻撃を斉藤が一手に引き受けざるを得なくなった。それで、斉藤は一家心中も考えるほど追い込まれたが、五井の「逃げるな！」という一《いっ》喝《かつ》によって踏みとどまり、危機を脱出できたそうである〔『五井先生研究』第一五九号、二〇頁、高橋『白光使徒列伝（一）』、三一頁、斎藤『光のドーナツ』、一五七―一五八頁・「奥付／著者紹介」頁、五井『想いが世界を創っている』、二四頁、参照〕。

(30) 村田正雄（一九〇六―一九九四）。滋賀県生まれ。（株）コロナ電機工業元社長。白光真宏会元副理事長〔村田『空飛ぶ円盤と超科学』、奥付頁の「著者紹介」、参照〕。当時の白光真宏会における「三長老」の一人といわれた。ちなみに、もう一人の「三長老」

とは佐久間筆八《ふではち》（元理事、元総務局長）。昭和四〇年代初めの頃の「三長老」は村田正雄、斉藤秀雄、そして坂井義秀だった。のちに坂井は、会を離れて行ったそうである〔清水『ある日の五井先生』、二八―三一頁、等、参照〕。村田には、「霊界通信」や「宇宙人との交流」を書き綴ったという著書がある。白光真宏会に入信する前の村田は、熱心な生長の家信者だった。五井とは、一九五一年五月に、当時同じく生長の家信者だった島田重光《しげみつ》（一九二四―二〇一六）を通して市川の地で初めて出会った〔村田『心の旅路』、二〇三頁・二四四頁・二四六頁、高橋『白光使徒列伝（三）』、三頁、『五井先生研究』第一五一号、二一―二二頁、参照〕。村田は、終戦間際、現地召集されて中国の大連から満州の奥へもっていかれた。そして終戦。命からがら戦線を離脱し、大連に戻ったが、中国人民による人民裁判で被告になり、織物工場を経営していたというだけで、死刑をいい渡された。工員であった中国の友人の必死の説得で死刑は免《まぬか》れたが、財産はいっさい没収され、やっと日本に帰国。帰国後、いろいろな職場を渡り歩き、関西から千葉県・市川に移転。市川で島田重光に出会い、島田の紹介で五井昌久と出会うことになった、という〔『五井先生研究』第一五九号、一九―二〇頁、参照〕。

(31) 斉藤の詩「我家の祈り」は次のとおりである。「我家の祈り／さいとうたかひろ／朝に夕に　家の掃除をするように／朝に夕に　自分の心の掃除をしよう／悲哀のほこりの残らぬように／妬みの砂も／怒りの石も／不安のちりも／皆んなきれいに捨てましよう／そして素直な心になって／守護霊さんにお祈りしよう／日本が平和でありますように／世界が平和でありますように／私たちに愛と真《まこと》と勇気をお授け下さるように／自分を愛し　人を愛し／自分を許し　人を許し／お互いにいたわり合い励ましあい／愛と許しの楽しい世界をつくりましよう／楽しかった思い出も／苦しかった体験も／過去過去《（ママ）》はみんな消えたもの／すぎ去った事のつまらぬ詮索《せんさく》はやめて／私達はただ正直に与えられた今日の／仕事に励みましよう／そして明日の事や足りない智慧や力は／いつも私達をお守り下さる守護霊《しゅごれい》さんに／おまかせしましよう／朝に夕に家の掃除をするように／朝に夕に自分の心の掃除をしよう」〔『白光』一九五四年一一月号・創刊号、三頁〕。以上が、『白光』誌の創刊号に掲載された斉藤の詩である。さいとうたかひろ（斉藤高広）はのちに「斉藤秀雄」と改名する。この頃までに、のちに作成される五井の「教義」や「世界平和の祈り」の思想を部分的に見て取ることができる。

(32)「公告」は次のとおりである。

公　告

宗教法人五井先生讃仰会設立公告

この度左記別紙の通り宗教法人法による宗教法人五井先生讃仰会を設定することになりましたので同法第十二条第三項の規定によって公告します。

昭和廿九年十二月十五日

設立者

千葉県市川市新田町三丁目百七十二番地

団体名　五井先生讃仰会

代表者　横関　実

信者その他の利害関係人各位

記

一、設立の要旨

一、教　義

一、規則の案要旨

設立の趣意書

空即実相の悟導《（ママ）》〔悟道〕に達し、神我一体の霊覚を得られたる、五井昌久先生を教主と仰ぎ、先生の御指導により、なやみなき幸福一元の生活を諸人の日常生活に実現させたき熱望燃ゆる、吾等信者集まりこの目的達成のために五井先生讃仰会を組織発足してより茲《ここ》に三年余日。縁にふれて来たるもの殆んど救はれ安心立命を得たるもの数知れず。偉大なる功績を挙げたりと言ひながら、五井先生の大悲願たる「天の理想を地の現実に。天国浄土をこの地上界に。完全平和、完全法悦世界を実現せしむる」には、漸《ようや》くその片鱗を表せしのみにて、未《いま》だ途《みち》遠しの憾なきにあらず。今後の発展に俟《ま》つところ多く、吾等に課せられたる天命の重大性を知ると共に、時代の趨勢に鑑《かんが》み、会を宗教法人組織にして基礎を確立し、漸増《ぜんぞう》する信仰者に対応するの必要を痛感し茲に宗教法人五井先生讃仰会の設立を申請し、所期の目的完遂に邁進《まいしん》せんとするものであります。

教　義

人間は本来、神の分霊《わけみたま》であつて、業生《ごうしょう》ではなく常に守護霊、守護神《じん》によつて守られてゐるものである。此の世の中のすべての苦悩は、人間の過去から現在に至る誤てる想念が、其の運命と現はれて消えてゆく時に起る姿である。如何《いか》なる苦悩といへど現はれれば必ず消え去るものであるから、消え去るのであると云ふ強い信念と、今からよくなるのであると云ふ善念《ぜんねん》を起し、どんな困難の中にあつても愛と真《まこと》と許しの言行《げんこう》をなしつづけてゆくと共に、守護霊、守護神への感謝の心を常に想ひつづけてゆけば、人間は真の救ひを体得出来るものである。《（ママ）》と説く。

宗教法人五井先生讃仰会規則

第一章　総　則

第一条　この教会は宗教法人法による宗教法人であつて五井先生讃仰会という

第二条　この宗教法人（以下法人という）は事務所を千葉県市川市新田《しんでん》町三丁目百七十二番地におく

第三条　この法人は五井昌久先生を教主と仰ぎ猗明観音《よあけかんのん》の教義を遵奉《じゅんぽう》普及し儀式行事を行い信者を教化育成し以て人類の救済と福祉に貢献することを其目的とする

第四条　この法人は目的達成の為《た》め随時講演会研究会を開催し又機関紙及び刊行書を発行し会員に頒布《はんぷ》する

第五条　この法人の公告は機関紙白光に掲載し及び事務所の掲示板に四日間掲載して行うものとする

〔第二章　役　員　以降、省略〕

〔『白光』一九五五年一月号、二六頁〕。

(33) 坂井義秀。元・陸軍将校。戦時中は、関東軍の若手参謀だったという。それで戦後、シベリアに連れていかれ、きびしい収容所生活をおくるが希望を持ちつづけて、やっと帰国した。終戦後の混乱期に仕事をはじめて、それが縁《えん》になって五井昌久と出会った。白光真宏会における初期の「三長老」の一人で、三人の長老のなかでは、斉藤秀雄や村田正雄よりも一足早く五井と出会ったそうである〔『五井先生研究』第一五九号、二〇頁、参照〕。

(34) 一九五六年に五井が幹事に伝えた「心得」の全文は以下の通り。「心得／一、教義を行動として現わすよう務める事／一、教義を根本にして導く事／一、人の心を傷つけ、痛め、脅かすような行動をしない事／一、教えを無理強《じ》いしない事／一、他宗派の悪口を云わぬ事／一、医薬について、みだりに批判をせぬ事」〔『白光』一九七八年一二月号、二九頁〕。一九七八年当時、白光真宏会第二代理事長の瀬木庸介《せきようすけ》は、自分も幹事の一人としてこの心得を座右の銘にしていると述べた。そして瀬木は、白光誌読者の会員たちにも日頃の活動の参考になるのではないか、との思いから白光誌に右記の心得を紹介したそうである。

(35) 植芝盛平（一八八三―一九六九）。和歌山県生まれ。一九二〇年、「大本《おおもと》」に入信。合気道《あいきどう》の創始者。五井が体験した「神我一体《しんがいったい》」と同様の「神秘体験」を植芝も一九二五年の春頃体験した、という〔五井『日本の心』、一四七―一五〇頁、参照〕。五井は、植芝について「植芝先生は……神の人、神の化身《けしん》で、武《ぶ》の神さまがそのまま現れているお人よ」と側近の髙橋英雄に語ったそうである〔髙橋『五井せんせい』、八〇頁〕。五井と植芝は深く理解し合える存在として互いに尊敬の意を表していた。植芝は「私の真の姿を認めてくれたのは、五井先生と出口王《お》仁《に》三郎《さぶろう》聖師《せいし》だけだ」と言って、五井を讃美した〔髙橋編著『続々如是我聞』、一九三頁、参照〕。五井は、火野葦平《あしへい》（一九〇七―一九六〇）の小説「王者の座」に植芝のこと〔小説中は菅沼良平の名で登場〕が書かれてあるのを読んで「会いたい」と思い、『合気道』〔一九五七〕も読んだそうである〔『五井先生研究』二〇〇九年一二月号、三―四頁、参照〕。二人の出会いは、五井の「神我一体」体験後だが、五井の「信仰」を裏付け、強化するような「影響」があったと考えられるだろう。

(36) 白光誌に掲載された「白光真宏会事務局機構及事務分担表」の「心霊研究部」の分担内容は、次の通り。すなわち、「心霊研究部　一、統一会の指導及び実績の記録　二、日本及び諸外国の個人並びに団体の心霊研究に関する調査研究　三、宇宙人、空飛ぶ円盤に関する調査研究　四、一般信徒の祈りのグループの指導」〔『白光』一九五八年七月号、四二頁〕と記されてある。心霊研究部部長の村田正雄は、のちに、「心霊、霊界通信」や「宇宙人、空飛ぶ円盤」といった内容の本を刊行する。書名を挙げると、『霊界にいった子供たち』『私の霊界通信』『空飛ぶ円盤と超科学』など。この頃（昭和三〇年代前半）の機関誌における五井の発言をみると、白光真宏会では、五井をはじめ幹部（村田正雄、斎藤秀雄など）は「心霊研究」を重視し、この分野の研究が進展することを期待していたのがわかる。

(37) 「紅卍字会《こうまんじかい》」と白光真宏会・五井との交流について、五井の側近・髙橋英雄氏に書簡で筆者が質問したところ、以下のような返信をもらった。「紅卍字会とは、〔五井〕先生亡くなるまで笹目《ささめ》秀《しゅう》和《わ》〔一九〇二―一九九七〕さんを通して関係を持っておられました。昌美先生の代《だい》になりいつの間にか〔紅卍字会との交流は〕消えました。」〔髙橋英雄氏からの「返信書簡」（二〇一八年七月一五日消印）〕。五井昌久が逝去《せいきょ》した一九八〇年八月までは、白光真宏会・五井と「紅卍字会」との間において交流は続いていたそうである。

(38) 白光真宏会は「新宗連《しんしゅうれん》」に一九六八年に加入し、いつまで加入していたかを筆者が側近・髙橋英雄氏に書簡でたずねたところ、以下のような返信をもらった。「新宗連に〔白光真宏会が〕いつまで入っていたのかわかりません。昭和四五年〔五井が〕WCRPに出席され、つぶさに〔世界宗教者平和会議の〕実態をごらんになって失望されたようです。宇宙子《し》科学の方《ほう》も多忙になって来ましたので徐々に関係がうすくなり、あとは佐久間筆八《ふではち》長老が細《ほ》そぼそながら関係を保っておられましたが、いつの間《ま》にか縁《えん》が切れました。」〔髙橋英雄氏からの「返信書簡」（二〇一八年七月一五日消印）〕。このように、「新宗連」との関係も、五井の存命期には細々ながら保っていたが、いつの間にか縁が切れたそうである。また、WCRPや世界連邦運動なども同様に、五井逝去後は足が遠くなり、「祈りによる世界平和運動を主に、白光真宏会はわが道をゆくというようになったと思います。」〔髙橋英雄氏からの「返信書簡」（二〇一八年七月一五日消印）〕との髙橋氏からの返事であった。

(39) 「凡《ぼん》夫《ぷ》易《い》行《ぎょう》実践五ヶ条」……ある日、会員から五井昌久宛に手紙で質問が来た。「凡夫易行実践五ヶ条を教えてください」という質問だった。この質問にたいして、五井は次のように五ヶ条をあげたという。「一、肉体の人間では何事もなし得ないのだと、徹底的に知ること。／二、なんて自分はだめなんだろう、と思ったら、すぐそれは過去世《かこせ》の因縁《いんねん》の消えてゆく姿と思い、世界平和の祈りをすること。／三、たゆみなく常に祈ること。／四、何事も自分がやるのではなく、神さまがやって下さるのだ、と思うこと。／五、朝起きたら祈り、夜ねる前、少し時間をかけて祈ること。そうすると自然と腹下丹田《たんでん》〔臍下丹田《せいかたんでん》〕に息がおさまる」。これら五ヶ条の内容は、五井昌久がくりかえし会員らに講話などで説いていた基本的な教えである。五井の教えの要所《ようしょ》を、箇条書きで整理した一例といえる〔『五井先生研究』第一五八号、一二―一三頁、参照〕。

(40) 告示によると、白光真宏会の理事は計一〇名で、名は下記の通り。「五井美登里／瀬木庸介（新理事長）／横関実（相談役）／村田正雄（副理事長）／斎藤秀雄（副理事長）／金子美意／栗原安吉／佐久間筆八／竹内真一／高橋英雄」が理事〔『白光』一九七三年三月号、六八頁、参照〕。

(41) 西郷隆盛（一八二七―一八七七）は、幕末・維新期の政治家。薩摩藩士。最期は西南戦争に敗れて一八七七年九月城山に自刃〔『広辞苑』、参照〕。五井に「影響」を与えた偉人に数え得る人物が西郷である。『日本の心』〔一九九三〕で五井は「大の西郷好き」といい、西郷を評して「謙虚で思いやり深く」「無欲」「豪胆で」「縁が深い人には、自己の立場が悪くなることなどおかまいなしに優しくしてやれる裸の心をもっていた」「常に誠心誠意、天を敬い人を愛し、正しきことには身命を投げ打って立ち向かう、誠実真行の人」〔五井『日本の心』、八頁・四二頁〕と述べている。ここで挙げた西郷の人間性は、そのまま五井がそうあろうと実践した姿でもある。五井を知る古くからの会員たちは五井の人間性に右記のようなものを認めている〔高橋編著『如是我聞』、高橋『師に倣う』、参照〕。

(42) 「日本《にほん》を守る会」について、その基本運動方針が、白光誌「本部便り」の欄に、以下のとおり記載されている。「日本を守る基本運動方針／一、わが国の伝統的精神に則り愛国心を高揚し倫理国家の大成を期する／一、正しい民主々義を守り明るい福祉社会を建設する／一、偏向教育を排しひろく教育の正常化を推進する／一、言論報道の公正を求め唯物思想や独裁的改革主義を排除する／一、国際協調の中にあらゆる世界平和の道を求め祖国日本を守りぬく」〔『白光』一九七四年八月号、六二頁〕。

(43) 五井は詩「銀婚式」の中で、妻・美登里のことを次のように書いている。「……〔美登里は〕何一つ文句も要求も出さず／ただただ優しく内《うち》を守りつづけて／二十五年の歳月を経てきたこの妻の目立たぬ存在が／娘〔昌美〕を育て会〔白光真宏会〕をここまで育ててきた大きな力になっていたことを／わたしの神様〔守護神《じん》のことか〕はにこにこしながら改《あらた》まったようにいわれるのであった」〔『白光』一九七四年九月号、巻頭口絵頁・一四―一五頁〕。妻の美登里は、もっぱら家をまもり、陰ながら五井らの祈りの運動をささえていた。彼女は英語力があったので、『白光』の編集部から頼まれれば、エルベール博士の本に書かれた五井にかんする文章の和訳なども協力していた。

(44) この「祈りのリーフレット」配布運動は、これまでにも行われてきた。それを、ふたたび、大々的な会の活動として推進しようというもの。瀬木は、配布の目的について次のように記している。「……／祈り心《ごころ》でこのリーフレットを配る行為、まく行為そのものがこの目的であります。／そしてリーフレットを配布することによって、本会の会員が増加するとか、ご本の販売部数が伸びるとかいう結果は何一つ期待せずに、結果はすべて神さまにおまかせする、という考え方にたっております。」〔『白光』一九七五年一月号、三四―三五頁〕。瀬木は、〝祈り心〟でこのリーフレットを配ることをすすめ、会員増加や本の販売増加を期待しないで結果は〝神さままかせ〟であると述べた。また、瀬木は、五井の次のような言葉を受けて、本運動の推進にかかったという。「先日も五井先生がおっしゃいました。／世界平和の祈りを真正面にかざして、／この祈りさえ祈っていれば、世界も、国家も、個人個人も必ず同時に救われるのだ、／そう神さまがおっしゃっておられるのだから間違いない、／というふうに、みんなにズバリとすすめてゆきましょう、と。」〔『白光』一九七五年一月号、三五頁〕。右記の五井の言葉に後押しされ、ふたたび、「世界平和の祈り」を勧める白光真宏会の全国的活動（祈りのリーフレットの配布運動）が展開されていった。

(45) 瀬木が「世界平和祈願塔建設」を白光誌上で提案するなかで、引用している五井の文章は以下の通りである。「……国家と民間と協力して、各家毎《ごと》に、世界平和を祈願する言葉を印刷したものを貼附して、日本人のどんな家でも、世界平和を祈っている、ということを自然と外国に知ってもらうと共に、外国にある、政府機関や商社や、各日本人家庭でも、同じような印刷物を貼附してもらう。またそれと同時に、国家の行事や各会社の行事のはじまりには、必ず世界平和祈願の言葉を唱えるようにする、ということを実行すれば、世界中が、日本人の本心が、世界の平和を願い、平安を願うことを中心にしている、ということを知るようになると思うのである。」〔『白光』一九七五年一〇月号、三頁〕。五井の世界平和祈願の言葉とは、「世界人類が平和でありますように May Peace Prevail On Earth」である。その後、この言葉を印刷した角柱《かくちゅう》やステッカー（シール）、プレートなどが、国内・海外で多く見られるようになっていった。

(46) 五井は、娘の昌美と富士山との縁《えにし》、今後の展開について、白光誌にて以下のように記していた。「富士山ほど、日本人の多くの人に、敬愛されている山はない。私も富士山を敬愛する一人である。というより、神霊《しんれい》的縁《えにし》が非常に深い山なのである。娘の昌美にとっても同じなのである。／……／……これは富士山の神々と、昌美との間に深い縁《えにし》があるからなのである。／……／そして今日《こんにち》、昔買ってあった三万坪の土地に、神命《しんめい》によるピラミット〔ピラミッド〕を作って、富士の裾野《すその》における大神業《おおかみわざ》の第一歩を踏みだしたのである。／富士山の神々と私たちとの協力、そして、宇宙天使群の叡智《えいち》による科学的指導による、地球人類救済の大神業が、富士の裾野を中心に繰りひろげられてゆくのである。」〔『白光』一九七六年三月号、二―三頁〕。のちの一九九八年に、白光真宏会の本部が千葉県の聖ヶ丘道場から静岡県の富士聖地へ移るが、前記のような〝富士（山）との縁《えにし》〟〝富士（山）での大神業《おおかみわざ》〟という「見通し」があって、本部の移転があったことがうかがえる。

(47) 五井は、詩「富士山」の中で、次のように述べている。以下、一部分を引用する。「世界の平和を築きあげる中心の地として／今私たちはこの裾野《すその》に拠点をつくりつゝある／……／富士山　神富士《かむふじ》／富士山こそ世界平和の中心のひゞきを／ひゞきわたらせている霊山」〔『白光』一九八〇年一月号、一三頁〕。この当時は、これまでの千葉の聖ヶ丘道場に加えるかたちで、新たな聖地として富士山の裾野に一万人が集えるほどの大道場を建設しようとしていた。そのため、「富士道場建設募金事業」を行っており、五年で二〇億円の募金が目標だった〔『白光』一九八〇年一月号、六六頁、等、参照〕。

(48) 五井は、かねてから「八五歳まで生きる」と語っていたという。五井の没後まもなく、一九八〇年九月一日の「聖ヶ丘統一会」で、娘の昌美は次のように述べた。「日頃、〔五井〕先生は八十五才まで生きていらっしゃると、ご自分でハッキリおっしゃっておられました。」〔『白光』一九八〇年一〇月号、一四頁〕。昌美は、そう語りつつも、すでにここ五年間の五井の苦しみは「筆《ふで》や言葉では言い尽《つ》せぬほどの苦しみ」〔同誌同年同月号、一五頁〕だったと言い、よくここまでこの世に命をとどめておいてくれた、と五井昌久に感謝した。

第二章　五井昌久の思想形成にみられる他教団・個人等からの影響

一　はじめに

本章の目的は、白光真宏会《びゃっこうしんこうかい》の教祖・五井昌久《ごいまさひさ》の思想形成において、他教団の教祖らから受けた「影響」を明らかにすることにある。

その前に、まず、宗教法人白光真宏会が、数多く存在する日本の新宗教教団のなかで、どういう「系統」の教団として位置づけられているかを見ておきたい。

先行研究(1)において同教団は「大本系《おおもとけい》」(2)「生長の家分派《ぶんぱ》」に位置付けられている。これは、その通りであり、筆者もとくに異論はない。

①『近代民衆宗教史の研究』〔村上　一九七二：巻末頁〕の「近代民衆宗教系統図」は、いわゆる「大本教《おおもときょう》（現・大本）」から、いくつもの新宗教教団が派生していることを示している。白光真宏会は、同図に記されていないが、この「大本系」の流れに属することは確かである。なぜなら、五井はこの系統の教団（世界救世教《せかいきゅうせいきょう》、生長《せいちょう》の家《いえ》等）の信者として活動していたからである。②『新宗教研究調査ハンドブック』〔井上ほか　一九八一：二〇二頁〕の「〈図―二〉大本系」によれば、白光真宏会は「生長の家から分派した教団」と位置付けられ、③『新宗教教団・人

物事典』〔井上ほか編　一九九六：xxx頁〕の「大本系教団系統図」でも同様である。

三つの図から、「白光真宏会は大本《おおもと》を源として派生した教団群の一つであり、特に生長の家から分派して出来た教団」といえる。

なお、五井自身が自らの教団をどのように位置付けていたかについて、弟子による著作『ある日の五井先生』では、以下のような記述がある。白光真宏会の青年部長・清水勇《しみずいさむ》の問いに五井が答えた内容だという。

あるとき五井先生にそのことをお訊《たず》ねしたら、「うちは大本教の流れだよ。大本教は文字とおり宗教の『おおもと』なんだよ。教祖が出口王仁三郎《でぐちおにさぶろう》[3]で、まさに『宗教の出口』だね。出口から谷口（雅春、生長の家）が出て、谷口の脇から岡田（茂吉、世界救世教）が出たんだよ。つまり出口から谷口が出て、谷口から五井が出たというわけだね」

〔清水『ある日の五井先生』、二一―二二頁〕

この記述の通りならば、五井自身が「白光真宏会は、大本教の流れであり、谷口（生長の家）から派生した」という理解だったことになる。

本章では、思想研究の観点から、生長の家の分派である同会が、他教団からどのような思想的影響を受けたかについて明らかにしていきたい。なぜなら、その前半生において五井は複数の教団（団体）の信者・会員となって活動し、それらの教団から「影響」を受けたと考えられるからである。

そこで、まず五井の思想の概略、特徴を説明しておきたい。後述するが、五井の思想は、一頁におさまるほどの短い文章からなる「教義〔現在、「人間と真実の生き方」と題され、機関誌に掲出されている。〕[4]」に、そのエッセンスがすべて込められている、といえる。

五井による解説をまとめた小冊子『人間と真実の生き方』（白光真宏会出版本部、二〇〇八年〈五版〉〈初版は一九九八年〉）を参照すると、要点は次のとおりである。

人間は本来「神の分霊《わけみたま》であり、神の子である」が、この世界の業想念《ごうそうねん》の波が烈《はげ》しいために、その影響を受けて悪行為をしてしまうことになっている。しかし、人間には各人に「守護霊《しゅごれい》」および「守護神《しゅごじん》」がついており、守ってくれている、という。五井は、「想念波動《はどう》」の重要さを強調し、各人がより微妙な「霊波動」「光明《こうみょう》波動」となることを目指す。人間は「守護霊、守護神」に常に守られていることを感謝しなければならない。人生において不幸や苦悩に見舞われることがあるが、それは過去世《かこせ》から現在に至るまでの業想念（誤てる想念）が「消えてゆく姿」である。現われれば必ず消えるものだから、不幸災難の中にあっても、それは業想念が「消えていく姿」として、「世界平和の祈り」を日常生活の中で続けてゆくことを推奨している。「世界平和の祈り」には絶大な力がある、とされる。想いにおいて、「自分を赦《ゆる》し、人を赦し」「責め裁かない」で、徹頭徹尾《てっとうてつび》「世界平和の祈り」を行《ぎょう》じることで、自他を浄め、自分を救い人類に平和世界を導き出すことになる、という。

こうした五井の思想の特徴をふまえた上で、次節より、他の「大本系」教団（教祖ら）からの思想的影響を検討していく。

二　他教団（団体）の教祖らからの思想的影響

五井の思想形成に関わる「影響」のすべてを解明するのは難しいが、五井自身の記述等から断片的に知ることは出来る。以下、五井の著作『天と地をつなぐ者』（一九五五年）(5)を中心に、その他さまざまな資料も参照しながら、五井の思想形成に与えた他教団・人物等からの思想的影響について見ていきたい。おおむね時間軸にそって、順次みていくことにしよう。

まず、戦前における五井の「神観《かみかん》」「霊界《れいかい》」についての考えかたは次のようなものだったという。

五井の自叙伝『天と地をつなぐ者』によれば、五井は一九四〇年九月に日立製作所亀有《かめあり》工場に入社し〔五井『天と地をつなぐ者』、五頁、参照〕、彼は当時の神観について次のように述べている。

> 日立に入った頃の私の神観は、神と言う者は自然や人間を創造しただけで、……神が外から人間を助けて呉《く》れると言うようなことは考えられなかった。まして死後の霊魂の存在等は頭から考えてもみなかった。従って神を想う場合は、……外から救って貰《もら》おうとも、貰えるとも思わなかった。
> 〔五井『天と地をつなぐ者』、一一頁〕

このように、五井の二三、二四歳当時は、創造の「神」を認めつつも、自力《じりき》が基本であり、「神」が他力《たりき》的に助けてくれたり、死後に「霊魂」が存在するといったことは念頭になかった。また、日立の社員時代、第二次世界大戦中の頃の五井の考え方は、その述懐によると次のようなものだった。

> 十代の終り頃から二十代の初期に、私は霊媒《れいばい》の女性に二三人《(ママ)》〔二、三人〕出会っていたが、霊能とか、死後の霊魂の存在なぞは、まるで問題にせず、……私の心が絶対者としての神のみを形なき存在として信じ、形なき生物などあるわけがないと堅《かた》く思いこんでいたのである。……死後の個性の存続と言う風《ふう》に結びつけて考える事は出来なかった。死が終結であればこそ、日常悔《く》いのない善《よ》い生き方をしなければならぬのだ。……
> 〔五井『天と地をつなぐ者』、一五頁〕

戦前の五井は、無形《むけい》の絶対者としての神を信じる気持ちはあったが、「死後の霊魂」や「死後の個性の存続」については考えの外であったようである。こうした考えが、戦後、いくつかの教団を経ていった結果、明確に「霊界」思想を打ち出すようになっていく。

そして、終戦の直前から戦後まもなくにかけて、五井が最初に出合ったのが世界救世教《せかいきゅうせいきょう》の教えであった。

二―一　世界救世教・岡田茂吉からの「影響」

◆「霊界」思想[6]

「霊界」思想の影響に関しては、筆者が論点を二つ設定した。一つめは「論点①：「霊界」の構造およびその性質についての言説《げんせつ》」、二つめは「論点②：〝守護霊《しゅごれい》〟および〝守護神《しゅごじん》〟についての言説」である。

まずは、五井が最初に入信した世界救世教の教祖・岡田茂吉《おかだもきち》（一八八二―一九五五）の著作における「霊界」思想からみていこう。

はじめに、「論点①」について、『明日の医術』（一九四三年、全三篇）の第三篇によれば、岡田は、死後、大多数はまず「八衢《やちまた》」へ向かい、「霊界」の構成は「天国・八衢・地獄」各三段ずつ（合わせて九段）に分けられるという〔岡田『明日の医術』第三篇、九九―一〇〇頁、参照〕。そして、天国には「第一天国、第二天国、第三天国」がありそれぞれの天国に異なる主宰《しゅさい》神がいる、また神界と仏界に分けられ仏界より神界のほうが一段上位である、と述べた〔岡田『明日の医術』第三篇、一〇三―一〇五頁、参照〕。なお、岡田の「霊界」区分法および各界の呼称、神界と仏界との区別などは、五井の言説には見られないものである。岡田は、さらに詳細に、「霊界」の階層が合計一八〇段〔一八一段とも〕[7]と具体的な数を示し、それを「霊層界《れいそうかい》」と名付けた。そして「天国」には、〝病貧争〟の対語である〝健富和〟が流通しているという〔岡田『明日の医術』第三篇、二一〇―二一五頁、参照〕。

「霊界」の性質については、前掲『明日の医術』・『天国の礎　宗教下』（一九九六年、初版初刷は一九九三年）によると、「霊界」とは意志想念《そうねん》の世界であり、意志〔想うこと〕によって望む所に移動できると岡田は述べ、さらに「霊」は伸縮自在《しんしゅくじざい》、想念通りの面貌《めんぼう》になる、といった特徴をあげている〔岡田『明日の医術』第三篇、九五―九七頁、世界救世教教典編纂委員会編『天国の礎　宗教下』、二六九頁、参照〕。

次に、「論点②」にかんして、岡田は、「本《ほん》守護神、正《せい》守護神、副《ふく》守護神」といい、「本守護神」とは神から受命された「霊魂」、「正守護神」は祖先の「霊」で人間を常に守護しているもの、「副守護神」は「動物霊」が憑《ひょう》依《い》したもの、と説明した。さらに、「本守護神」は絶対善性・良心であり、「副守護神」は絶対悪・邪念であると述べた〔岡田『明日の医術』第三篇、一五九―一六二頁、参照〕。

五井は終戦後まもなくの頃から岡田の弟子のところへ通い、前記『明日の医術』以外の岡田の著作も読んだが、岡田の「霊界の話」には共鳴しなかったようである。岡田の弟子（Y氏）から二〇〇頁くらいの「霊」にかんする本を渡されて読んだ五井の感想は、

……何か低俗な創作《そうさく》を読んだ後のように、後《うしろ》めたいような、くすぐったいような、何《な》んともまともでない非芸術的な気持《きもち》がして、……

〔五井『天と地をつなぐ者』、二六頁〕

というものだった。岡田の「霊界」思想は、五井の「霊界」思想の形成にはさほど大きな影響を与え得なかったといえるだろう。

◆「浄化作用」説

次に岡田の「浄化作用《じょうかさよう》」説をみてみる。

五井が岡田の思想に触れたのは、終戦半年位前に腎臓を患ったときであった。日立製作所に働いていた「幸田《こうだ》さん」という事務員の女性から、その頃、日本浄化療法(8)といっていた岡田茂吉の「明日への医術(9)と云ふやうな題名の著書」を借りて読んだことによる〔五井『天と地をつなぐ者』、二一頁、参照〕。岡田の「理論」について五井は、以下のように説明する。

岡田茂吉氏の理論は、人間の病気はすべて毒素排泄作用《どくそはいせつさよう》によつて起《おこ》るのである、と云ふ。毒素の中には先天的、即ち先祖からの罪穢《つみけが》れ、過去世《かこせ》の業《ごう》の現はれ、と薬毒《やくどく》によるものとがあつて、その毒素が熱によつて溶《よう》融《ゆう》されてゆく姿が病気である。其の溶融させる熱は、人間自体のもつてゐる自然療能《しぜんりょうのう》的治癒力がなすので、熱を発して体が苦しんだとしても、それは毒素の浄化であつてけつして悪い状態ではない、人間の体が浄まつてゆく作用である。それをわざわざ薬を用ひて、自然療能的熱を抑《おさ》へ、毒素を再び固めてしまひ、更に薬のもつ毒素を加へてしまふ。だから、薬の種類が増すごとに、益々《ますます》人間の体に毒素がふえ、病気が浄化しにくくなり、種々《しゅじゅ》の重病が起つてくる。すべて自然に逆ふからいけないので、自然にさからはず自然療能にまかせておく方がよい、と云ひ、人間の掌《てのひら》からは霊線《れいせん》と云つて神からくる光が出てゐるのだから、その掌を人間の浄化の中心である腎臓を主にして、それぞれの個所に当てゝやれば、浄化を速進(ママ)〔促進〕させ、病気が速《すみや》かに痛み尠《すくな》く全治する、と云ふのであつた。〔五井『天と地をつなぐ者』、二一―二二頁〕

五井は、この岡田の「理論」にすっかり共感したと述べ、「私の病弱を克服してきた過去の体験が、医者と薬を捨て、自己の治癒《ちゆ》力にゆだねきつた事にあつたからである」〔五井『天と地をつなぐ者』、二二頁、参照〕とその理由を記している。五井がそれまでに体験的に自覚していた「思想」を、岡田の「理論」が強化したといえる。

岡田の「理論」のうち、五井がまず取り入れたのが「霊線療法」だった。「私は幸田さんに伴《ともな》はれて、Y氏〔「山本先生」〕と云ふ第一級に位する弟子の治療所を訪づれた」〔五井『天と地をつなぐ者』、二五頁〕。五井自身、「明日への医術の中に書いてある事、掌から霊線と呼ばれる強い光が放射されその力が人間に作用すると云ふ事はあり得るに違ひないと一度でうなづける」〔五井『天と地をつなぐ者』、二六頁〕と述べ、「その日以来、時折りY氏を尋《たず》ねて、岡田氏の思想や生き方を聴いたり、霊線療法の講習を受けたりした」〔五井『天と地をつなぐ者』、二七頁〕と記している。五井は、習った「霊線療法」で病気治しを行った。「私は幸田さんの家を根拠にして、次々と病気治しに歩いてゐた。病人に掌をかざして、震動させたり、指圧のやうに指で押したりしてゐるうち、かなりの治病効果があつた」〔五井『天と地をつなぐ者』、二七頁〕。「私はY氏から受けた霊線療法を、幸田さんの家で実施してゐた」〔五井『天と地をつなぐ者』、二八頁〕という。このように、病気を治す方法として、この手かざし「療法」を学び、病気治しに用いたことは、岡田からの「影響」の一つに挙げられる。

岡田からの思想的影響の中で重要なものに「浄化作用」という考え方がある。

五井は、前掲引用のように、「〔病気で〕熱を発して体が苦しんだとしても、それは毒素の浄化であつてけつして悪い状態ではない、人間の体が浄《きよ》まつてゆく作用である。」〔五井『天と地をつなぐ者』、二二頁〕と、岡田の「理論」を説明している。この「理論」に五井はまったく同意している。実際、敗戦直後の頃、「四十度近い高熱が幾日もつゞき、息づかひが烈《はげ》しく、頭の天《て》つぺんから足の先《さ》きまで痛まぬところはないと云ふ状態」〔五井『天と地をつなぐ者』、二三頁〕になったが、「自分自身の生命力で癒《いや》される事を確信してゐた」〔五井『天と地をつなぐ者』、二三頁〕という。そして、結果的に「十日程《ほど》して病気は全快《ぜんかい》した。」〔五井『天と地をつなぐ者』、二四頁〕といった経験をしており、五井の以降の人生においても、岡田の「浄化作用」の「理論」は五井に「影響」していたと筆者は見ている。

前掲の引用中、「毒素」の中の「過去世の業の現はれ」〔五井『天と地をつなぐ者』、二二頁〕の部分は、五井の「教義」における「消えてゆく姿」の教えと相通じるものがある。五井は、病気も含めて現在の苦しみは「過去世からの誤った業想念」が今現われているのであり、例えば病気として「現われれば〔過去世からの誤った「業想念」はその分〕消える」、と説いている。つまり、病気〔発熱〕などを経て〈現われて〉、「浄化」された〈消えてゆく〉、という考え方である。この五井の「教え」は、岡田の「理論」に通じるもので、岡田の「影響」をうかがうことが出来る。

前掲の引用中、「毒素」には「先祖からの罪穢れ」〔五井『天と地をつなぐ者』、二三頁〕がある、との岡田の「理論」を五井が述べている。ここでの「〔先祖からの〕罪穢れ」は「〔先祖からの〕業」と理解することが出来るだろう。これに関して、五井は養女・西園寺昌美の主著『明日はもっと素晴しい』の「序文」において、「昌美は琉球《りゅうきゅう》王朝の末孫《まっそん》の為か、琉球関係の業の渦を一身《いっしん》に背負うようなことになりまして、十代後半から体が硬直してしまい、しゃべることも身動きもできなくなってしまうような病気が時折り起《おこ》り、医師も手のつけようのない状態になってしまいました。」〔西園寺『明日はもっと素晴しい』、一頁〕と述べている。

「先祖からの罪穢れ〔業〕」という「毒素」を昌美が身に受けて、重病の状態になっていた、というのである。五井は昌美を千葉県市川市の本部道場にあずかって看護したわけだが、これについては「地球援助の神々や昌美の守護神方《じんがた》が、昌美を地球救済の大きな力にしようと思われて、琉球の業の浄《きよ》めと同時に、守護の神霊《しんれい》や宇宙天使との交流を完全なものにしようとなさって、私にあずけられた」〔西園寺『明日はもっと素晴しい』、一―二頁〕と解釈している。つまり、昌美には「先祖〔琉球〕の業の浄め」という役目もあって重い病気を患うことになった、という。こうした説明は、先に引用した岡田の「理論」に挙げられてある通りで、「先祖からの罪穢れ」という「毒素」が病気として現われた、ということである。岡田の「理論」と考え方を同じくしており、岡田の「理論」から「影響」を受けている可能性がある。

また、前掲引用の「毒素」の中には「薬毒によるもの」がある、と五井は「岡田の理論」につき説明している。薬《くすり》の弊害に関し、薬を用いることで自然療能的熱を抑え、毒素を固めてしまい、更《さら》に薬のもつ毒素を加えてしまうから、薬の種類が増すごとに益々人間の体に毒素がふえ、病気が浄化しにくくなり種々の重病が起《おこ》ってくる、と五井は岡田の説について記した〔五井『天と地をつなぐ者』、一二一頁、参照〕。

前述のように敗戦直後、高熱が幾日もつづいた時も、五井は、医者にかからないので病名は判らないけれども、医者を呼ぼうとするのを彼は切れぎれのけわしい言葉でさえぎった、という〔五井『天と地をつなぐ者』、一二三頁、参照〕。五井は「私の病弱を克服してきた過去の体験が、医者と薬を捨て、自然治癒力にゆだねきつた事にあつたから」〔『天と地をつなぐ者』、一二二頁〕と、同「理論」に共感した理由を記している。岡田の「理論」を読む前から、五井自身の体験として、医者や薬に頼らない、という考え方があったが、岡田の『明日の醫術』によって、より「確信」を得たのであろう。岡田の「薬毒が病気の原因であつて、熱は其《そ》の薬毒を溶解《ようかい》させる為に起《おこ》る、と云ふ理論」〔五井『天と地をつなぐ者』、一二一頁〕を、「その断乎《だんこ》とした書きぶりが心地良かつた。」〔五井『天と地をつなぐ者』、一二一頁〕といい、五井は岡田に「非常な興味を感じた。」〔五井『天と地をつなぐ者』、一二一頁〕そうである。

本書第一章の五井の「闘病期」において記したように、側近の高橋英雄らから聞いた話では、実際、後半生《こうはんせい》において、五井は医者にかかろうとはせず、ほぼ薬を服用しなかったという。最晩年に家族の懇願により、会員の医師が処方した薬を口にしたが嘔吐し、自らの意思では服薬しなかったそうである。五井の場合、自分の身に現われる病患の現象を、「浄化作用」と理解していた。

五井は自身が病に苦しむことを通して「地球（人類）の業」を浄めている、という考え方があったからこそ、薬を用いて「毒素〔業〕」を固めてしまうようなことをしようとしなかったのだろう。五井は、戦後まもなく葛飾の中川《なかがわ》土手で自分の命を神に捧げる覚悟を「天声《てんせい》」に向かって表明しており〔五井『天と地をつなぐ者』、三六頁、参照〕、命を失っても「人類の業の浄め」を遂行することを考えたと思われる。ゆえに、自身の病苦は「浄化作用」の促進であるから、「浄化」をさまたげる「薬」を受け入れるわけにはいかなかったのであろう。晩年、症状が重くなる中にあって頑《かたくな》に「薬」を拒みつづける五井の姿は、岡田の「薬毒」という「理論」の影響を感じさせる。

◆「苦難の解釈」

右でみた岡田の「浄化作用《じょうか》」の項に引き続き、もうすこし掘り下げて、こうした考え方について、以下、かんがえてみたい。

一般に、日本の新宗教教団においても、信者にたいして当面の苦難を解釈するための教説が存在する。教団ごとに説明は異なるが、本項ではさらに詳細にわたって、一九五一年に「五井先生讃仰会」が設立される前に五井が入信していた教団・教祖らの教えをあらためて参照しながら論じたいとおもう。

なお、「苦難の解釈」に関連する先行研究のうち、筆者が前もって参照した論文等は、本章末尾の註に掲げた。(10)

右記、岡田の「浄化作用」説の項と重なる面はあるが、世界救世教・岡田の考え方からの五井への影響関係について、再考する。まず、五井が敗戦前後から接触した世界救世教・教祖の書籍のうち、最初に読んで五井が感銘を受けたという『明日の醫術』から、岡田が苦難をどう解釈したかを見ていきたい。

岡田は、『明日の醫術』において、主に病気を例に、そこで伴う苦痛は「浄化作用」であるとする。例えば、かぜひきにおいて発熱、鼻汁《はなじる》、喀痰《かくたん》等が起こるのは、全身の各所に溜結する毒素が「浄化作用」によって排除される姿だと述べる。(11)

……自然浄化作用が行はれる場合或《ある》程度の苦痛が伴ふので、その苦痛を稱《しょう》して〝病氣《びょうき》〟と名付けられたのである。

〔岡田『明日の醫術　第一篇』、八一頁〕

岡田は、こうした病気のような苦痛（苦難）が起こる理由（原因）は、「毒素《どくそ》」にあるとした。とくに「薬毒《やくどく》」という薬剤投与（服薬、注射）による「毒素」にたいし、岡田は前掲『明日の醫術』の中で厳しく批判している。(12)

世界救世教・岡田は、掌《てのひら》を用いた施術を「醫術」と言い、腎臓を重視した「掌療法」を行った〔岡田『明日の醫術 第一篇』、一七八頁、参照〕。

また、大きな戦争や災害に関して、その理由を病気の「浄化作用」と同様の解釈によって、次のように岡田は述べている。

……病氣も天文現象も浄化作用であるといつたが戰爭なるものも、勿論淨化作用である。……その内面的に堆《たい》積《せき》せる罪穢《ざいえ》が極度に達したからである。……斯様な大戰爭が起つたといふ事は起るべき理由があつて起つたのである。……理由とは何ぞや一言にしていへば、世界的大淨化作用である。泰西《たいせい》〔西洋〕文化が今日の如《ごと》く發《はっ》達《たつ》したといふその内面には、何世紀もの罪穢が堆積し、それが極度に達したからである。

〔岡田『明日の醫術 第三篇』、五一頁〕

国単位で過去からたまった罪穢（業）が因《いん》となって今、大戦争という結果を生んだと岡田は言う。そして、岡田は、その悲惨な戦争という苦難そのものが「浄化作用」である、というのである。

さらに岡田は、「浄化作用」を補足説明して、

故《ゆえ》に浄化作用とは不正・不合理によつて堆積せる汚穢《おえ》が排泄されて、清く正しい本然の姿に還《かえ》ることである。

〔岡田『明日の醫術 第三篇』、五三頁〕

と述べた。右記の岡田の「浄化作用」説は、五井の説いた〝過去世からの誤てる想念（悪業《あくごう》）が表《おもて》に苦難のかたちと現われて消えてゆく、苦難として現われたぶんだけ浄まる〟とする考え方と変わらない。

また、岡田の説として、苦難の原因に「靈體《れいたい》の曇《くもり》」がある、という言い方をすることがある。例えば、次のように岡田は述べている。

……〔靈體に〕曇《くもり》の多い程《ほど》、淨化作用が發生《はっせい》し易いから大病に罹《かか》り易いのであり、又災害を受け易いのである。例へていへば交通事故の如きは霊衣《れいい》(13)の薄い人ほど災害を蒙《こうむ》り、厚い人は難《なん》を免《まぬか》れるのである。

〔岡田『明日の醫術　第三篇』、六九頁〕

「霊体の曇」は、岡田が提唱した「浄霊《じょうれい》」という手をかざす儀礼によって浄《きよ》まるという。岡田は、「霊体の曇」が大病や災害などの苦難を受け易くする、と述べた。しかし、同時に「浄霊」という救済方法を示し、「霊衣」についても善徳《ぜんとく》を積むことでそれを厚くすることが出来るとした〔岡田『明日の醫術　第三篇』、六九―七〇頁、参照〕。

ここで岡田は、病気とは「霊体の曇」により起こるとするが、そのもとを辿《たど》ると、悪業《あくごう》（悪想念、悪行為）が積もったことによるという。岡田は、次のように説明する。

……人は惡を想ひ、惡の行爲を重ぬるに從つて、それだけ靈體に曇《くもり》が增量し、漸次《ぜんじ》その濃度を增すのである。然《しか》るに、右の濃度が或《ある》程度に達すると、自然的解消作用が起《おこ》るのである。……右の淨化作用の多くは病氣となつて現われるものであるが、時としては、其他の形となつて現はれる事もある。……長年積み累《かさ》ねた罪穢《ざいえ》であるから神佛と雖《いえど》も否《いな》正しい神佛であればある程《ほど》公正であるから、輕苦では濟《す》まされないのである。

〔岡田『明日の醫術　第三篇』、七―一二頁〕

このように岡田が病気の理由としてあげる「霊体の曇」も、もとはと言えば、五井と同様、悪い想いと行いの蓄積による悪業が原因となっていることが分かる。そして、岡田は、悪想念・悪行為による罪穢が〔過去世からも含む〕長期にわたるものとするならば、「浄化作用」として人間が受ける苦難の程度も軽くない、と言うのである。

岡田は、病気が「浄化作用」であるように、風雨《ふうう》等〔自然現象による被害〕も一種の「浄化作用」とみて、次のように説明した。

……大自然は、天地間凡《あら》ゆる物に、浄化作用なるものを行ふのである。此事は、大祓《おおはらい》の祝詞《のりと》中にある如く、祓戸四柱《はらいどのよつばしら》の神の擔任《たんにん》せられ給ふ處《ところ》であつて、(14)例《たと》へていへば、地上に汚穢《おえ》が溜《たま》れば風に吹き拂《はら》ひ、雨水によつて洗ひ淨《きよ》め、天日《てんぴ》によつて乾燥させるのである。……一軒の家に於《おい》ても、塵埃《じんあい》が溜れば夫れを拂ひ掃《は》き水で洗ひ拭《ふ》き清めるので、それ等の事は人間に於ての病氣、卽《すなわ》ち浄化作用と同様である。

〔岡田『明日の醫術　第二篇』、一一―一二頁〕

右記の文において岡田は、人間の体内に固まった「毒素」を溶解し排出する（「掃除」する）病気の「浄化作用」同様、地上に溜《た》まった汚穢を風雨、天日によって〝浄める〟、というのである。自然災害も「浄化作用」のはたらきととらえている。(15)

さらに、例えば、いい人なのに不幸な境遇の人がある。これにたいして岡田は「前世の罪穢」をその理由として、次のように述べた。

……再生《さいせい》しても〔生まれ変わり、転生しても〕前世に於ける罪穢が未だ殘存《ざんぞん》してゐる爲、その浄化作用としての苦《く》惱《のう》を受けなければならないのである……

〔岡田『明日の醫術　第三篇』、九一頁〕

現世でうける苦難（苦悩）の「原因」として、五井同様、岡田も、前世の罪穢（悪業）をあげ、現世での苦しみとは罪穢をきよめる「浄化作用」であるという[16]。

また、岡田は、前述と同じことを別の言い方で、現世で苦悩を経験する理由として、次のごとく「再生《さいせい》が速すぎた」といっている。

……靈界に長く居れば居る程《ほど》浄化され、靈體《れいたい》は淨まるのである。淨まつた靈體ほど再生して幸福者となるのである。……早く再生する場合は、汚濁《おだく》が殘存してゐるから、再生の後現世に於て淨化作用が行はれなければならないからである。……現世の淨化作用とは、病氣、貧乏、災ひ等の痛苦《つうく》であるから不幸な運命を辿《たど》るといふ譯《わけ》である。……決して幸不幸は偶然ではなく、必然である事を知らなければならない。

〔岡田『明日の醫術　第三篇』、九二―九三頁〕

岡田は、「幸不幸は、必然」と因果応報《いんがおうほう》の理を説いている。ただし、それは、「前世（過去世）↓霊界↓現世」をとおした因果応報説であることに留意したい。

以上、これまでみてきたように、岡田は、ふりかかる苦難を「浄化作用」と解釈した。この岡田の「苦難の解釈」は、五井が説く教理（「消えてゆく姿」という教え）の形成に影響を与えた、と筆者はかんがえている。

◆「天声」をきく

さて、五井は、一九四六年夏、中川《なかがわ》土手で「天声《てんせい》」をきいた、という。これが、五井の宗教家人生における大きな転換期となった。なお、五井の自叙伝『天と地をつなぐ者』（初版本）では、以下のように彼は記している。

この転換期は、岡田と面接した後のことであり、岡田式の掌《てのひら》療法による「病気治し」のため病人の家に向かう道《どう》中《ちゅう》でのことであった。

私〔五井〕は……「神様、どうぞ私のいのちを神様のおしごとにおつかひ下さい」と、いつもの祈りを強くくりかへしながら歩いた。そのまま向岸へ渡る船着場まで来て〔中川の〕土手を下《お》り様《よう》とした瞬間、「お前のいのちは神が貰《もら》った、覚悟はよいか」と電撃のやうな声がひびき渡つた。その声は頭の中での声でも、心の中の声でもなく、全《まつた》く天《てん》からきた、意味をもつたひびき、即《すなわ》ち天声《てんせい》であつたのだ。……私はそのひびきに一瞬の間《かん》隙《げき》もなく「はい」と心で応《こた》へた。／此《こ》の時を境《さかい》に私のすべては神のものとなり、個人の五井昌久、個我《こが》の五井昌久は消滅し去つたのである。……／「私のいのちはもうすでに天《てん》のものになつてしまつたのだ、この私の肉体は天地《てんち》を貫いて此処《ここ》にゐるのだ」私の心は澄み徹《とお》つてゐて、天声に対する何の疑ひも起こさなかつた。

〔五井『天と地をつなぐ者』、三六―三七頁〕

五井は、一九四六年夏、中川土手で右記のような「天声」をきき、この時を境に自分の命を神に捧げることになったという。彼は信奉者たちへの講話において、たびたび、「天声」をきいて神にみずからの命を捧げた、と述べた。そして、五井の実生活において、彼自身の生死には執着しない様子であった。例えば、五井の病症が重くなっていた時も、「非暴力」を語る時も、彼個人は〝神様まかせ〟の姿勢をつらぬき、彼個人の肉体の死は恐れていなかったようである。

右の「天声」の例の場合、どこかの教団・教祖の影響とは言えず、ある種の「神秘体験」が、その後の五井の生き方に決定的な影響力を与えることになったと言える。

そして、この一九四六年夏頃までには、五井は、岡田茂吉《おかだもきち》や谷口雅春《たにぐちまさはる》の本を読み、以下のように、〝霊魂存続論者〟に変わっていたという。

郵便はがき

料金受取人払郵便

芝局承認

1795

105-8790

147

差出有効期間
2021年12月
1日まで

切手を貼らずにお出しください

東京都港区芝大門1-3-6

株式会社 興山舎 行

ご芳名（フリガナ）	年齢　　歳	男・女
ご住所（〒　　　　）		
お電話		
メールアドレス		
ご職業		
所属学会等	ご寺院名等	

のたびは、本書をお買い上げいただきまことに有り難うございます。
本書へのご感想・ご意見などをお聞かせください。

本書を何でお知りになりましたか。

弊社ご案内　2. 新聞等の広告　3. 書評等　4. 知人の紹介
その他（　　　　　　　　　　　　　　　　　　　）

注文書

小社の出版物のご購入にご利用ください。

書　名	冊数
世界人類が平和でありますように」の創始者　3,800円＋税 五井昌久の思想と生涯　吉田尚文著	冊
	冊
	冊

送料は、いずれも1冊300円、2冊以上は無料です。
代金は送本時に同封する郵便振替用紙にてお願いいたします。

興山舎
KOHZANSHA
〒105-0012 東京都港区芝大門1-3-6
TEL 03-5402-6601　FAX 03-5402-6602
E-mail : jushoku@kohzansha.com　http://www.kohzansha.com/

私は此《こ》の二人〔岡田茂吉と谷口雅春〕の実証によつてと云つても書物の上の事なのにころりと霊魂存続論者に一変してゐた。……私は其《そ》の頃〔岡田や谷口の本を読んだ頃のこと。一九四五年～一九四六年春にかけて〕を機《き》として霊界《れいかい》幽界《ゆうかい》の研究と、人間の真《(ママ)》〔直〕毘（神）[17]を求める必死永生の第一歩を進めたのである。

〔五井『天と地をつなぐ者』（初版本）、三〇頁〕

このように、この後、五井当人も、「霊界」思想の研究を本格化させていった。

二―二　生長の家・谷口雅春からの「影響」

さて、こんどは、生長《せいちょう》の家《いえ》・谷口雅春の思想（著作）において、前述の二つの論点、「論点①：「霊界」の構造およびその性質についての言説」ならびに「論点②：〝守護霊〟および〝守護神《じん》〟についての言説」を、まず、谷口がどのように述べているのか見ておこう。

五井は、戦後まもなく、世界救世教と併行《へいこう》して生長の家に入信した。五井が熱心に信奉した生長の家・谷口の「霊界」思想は以下のとおりである。

◆「霊界」思想

はじめの「論点①」については、谷口著『霊供養入門』（一九八三年）に、その考えが記されている。これは谷口晩年の見解というよりは、谷口が大正末期から昭和の初期にかけて浅野和三郎《あさのわさぶろう》とともにスピリチュアリズムの研究にかかわっていた経緯を考慮するなら、当初から浅野が唱えたようなスピリチュアリズムや霊智学《れいちがく》（あるいは神智学《しんちがく》）の思想を共有していたといえる。谷口は「本体、霊体、幽体、エーテル体、肉体」の五つの体があるといい、五井が述べた四媒体《ばいたい》に「エーテル体」を加えている。彼は、それらの「振動数《しんどうすう》」の差異《さい》で各々の体を分けている〔谷口『霊供養入門』、二五六―二五九頁、参照〕。

さらに、谷口の『人生を支配する先祖供養』（一九七四年）では、谷口は、「幽界、霊界」に言及し、それらの界の上位に「実相《じっそう》」の世界がある、と説いている。谷口の場合、洋書をふくむ「色々の霊界通信」「心霊学」を根拠として発言している〔谷口編著『人生を支配する先祖供養』、一四一―一四二頁、参照〕。

つづいて「論点②」にかんして、谷口は、地上の肉体人間の一生涯を護る存在は祖先の霊魂で、「正守護神」と呼んでいる。また、仕事により協働《きょうどう》するために来るのが「副《ふく》守護神（副守護霊）」だといっている〔谷口『霊供養入門』、二六三―二六四頁、参照〕。しかし、谷口の場合は、五井の説明とは異なり、「守護神」も「守護霊」も同列に述べてよい、と言っている〔谷口『人生を支配する先祖供養』、一四八頁、参照〕。

なお、五井は、谷口の『生命の實相』全巻熟読を通して、欧米の近代スピリチュアリズムについて確かに学んでいた。この欧米の近代スピリチュアリズムは、前述の岡田も熱心に学んでいたように、近代から現代にかけて日本でも流行した思想である。そのため、岡田、谷口からの「影響」とも言えるが、むしろ、その時代の精神指導者が注目してとり入れた〝流行思想〟であったと言えよう。ゆえに、教団・教祖個人からの思想的影響だけで説明しきれない側面があることも、ここでは付記しておきたい。

◆「光明思想」

次に、本項では、生長の家・谷口雅春の説いた「光明思想《こうみょうしそう》」から五井が受けた「影響」について見ていこうとおもう。実際、ものごとの明るい（ポジティブな）側面のほうを見、こころに刻もうとする谷口の「光明思想」は、谷口の経典や著作の随所にみられる。そして、五井も、谷口の説いた「光一元《ひかりいちげん》、善一元《ぜんいちげん》、実相《じっそう》完全円満」という「光明思想」を教えの根底としている。谷口が生長の家の教えとして説いた、〝実相〟〔「本当の世界」の意〕においては「悪なし、闇なし、病なし」という考え方を、五井も共有した。この「光明思想」といわれる考え方は、生長の家の経典にも記され、「人間は光の子にして常に光の中にあれば暗きを知らず」「神は……かぎりなき善、……善のみ唯一の力、善のみ唯一の生命、善のみ唯一の實在《じつざい》、されば善ならざる力は決して在《あ》ることなし」〔谷口『甘露《かんろ》の法雨《ほうう》』、参照〕、という文言を見ることができる。

生長の家の「光明思想」は、五井の作成した「教義」のなかに記された「信念や善念《ぜんねん》」という言葉からも、うかがえる。五井は、みずからの「教義」において、苦悩は「消え去るのであるという強い信念」と「今からよくなるのであるという善念」を起《おこ》すように、と説いている。

谷口の言う「光明思想」は、他にも以下の教典の中にも散見できる。例えば、「信念を変うればまたその相《すがた》も変化せん」〔谷口「聖経　天使の言葉」『聖経　四部経』、一二九頁〕、「汝ら常に『健《けん》』を念じて『病《やまい》』を念ずること勿《なか》れ。」〔同経典、三四頁〕や、「五、常に人と事と物との光明面《こうみょうめん》を見て暗黒面を見るべからず。」〔『生長の家』信徒行持要目《ぎょうじようもく》、生長の家本部編『聖光録』、一〇三頁〕の言葉が挙げられよう。五井は、こうした「光明思想」を、生長の家・谷口の著作をとおして、のちに、みずからの思想のなかに取り込んでいくことになる。

さて、話をもとにもどし、ふたたび時間軸にそって、五井が谷口雅春から受けた「影響」について、順次、確認していきたい。

生長の家と五井昌久との出あいについて、そもそもの話は、以下のとおりだった。それは、五井が、戦後まもなく、世界救世教の岡田の弟子（Y氏）から「霊線《れいせん》療法」の講習を受けていたのと同じ頃、「音楽家の友人M君の家で、ふと眼《め》について借りて来た、ホルムスと云ふ英人の書いたものを谷口雅春と云ふ人が訳した百事如意《ひゃくじにょい》と云ふ[18]本を読んだ」ということである。「この本は非常に私〔五井昌久〕の興味をひいて、一気に読んでしまひ、何か眼の前が一度に開けたやうな深い感銘を受けた」「百事如意を読み終《おわ》ると、此《こ》の人の書いた別の本を読んでみたい、としきりに思つた」〔五井『天と地をつなぐ者』、二七頁、参照〕と五井は述べている。

この本は、「三界唯心《さんがいゆいしん》」を説くもので、谷口の教えが生まれる出発点となった本の一つである。谷口は「『三界唯心』であるが故《ゆえ》に、此の世界は何事も思ふまゝに成就《じょうじゅ》することを知り、人生に處《しょ》して百事如意の方法を獲得したのである。本書は此の百事如意法の紹介である。」〔谷口『新百事如意』、五頁〕といい、生長の家の基本的な教えの一つ「唯心所現《ゆいしんしょげん》」に結びついた。

そして、五井は、「私〔五井昌久〕は〔世界救世教から教えてもらった〕治療をつゞけながら、色々の宗教書や哲学書を読みあさりしてゐた。その中にAと云ふ友人から借りた谷口雅春氏の生命の実相があつた。全篇二十巻をまたくまに読み終つて、私の知らない別世界が如実に存在してゐる事、私たちの肉体は人間の一つの現はれでしかない事を、はつきり認識したのであつた」〔五井『天と地をつなぐ者』、二九頁〕と述懐している。

敗戦から間もなかった当時、五井は、岡田や谷口を「二人の超人《ちょうじん》」〔五井『天と地をつなぐ者』、三〇頁〕と思い、その二人が「共に霊界の存在を書き、魂の個性的存続を実証しようとしてゐる」「私は此の二人の実証によつてと云つても書物の上の事なのにころりと霊魂存続論者に一変してゐた」〔五井『天と地をつなぐ者』、三〇頁〕と前でも述べたように、書物からとはいえ、五井は自身の考えが変わったことを認めている。

五井は、生長の家本部で谷口の講話を聞き、「谷口雅春先生の講話の内容の素晴しさと、その話術の巧みさが、私の魂をしつかりと把《とら》へていつた」〔五井『天と地をつなぐ者』、四一頁〕、「此の日は感涙《かんるい》のうちに、最後の神想観《しんそうかん》と云ふ祈りの行事を終つて帰宅した」〔五井『天と地をつなぐ者』、四三頁〕という。谷口の教えに心酔《しんすい》し、生長の家の活動に熱心となった。「近辺の誌友に呼び掛けて支部結成に奔走し、葛飾信徒会をつくり、先輩を会長にして、私は副会長になり、生長の家光明思想普及に一身《いっしん》を捧げつくさうと、熱烈な意気で同志獲得に乗り出してゐた。谷口雅春の草履取《ぞうりと》りにならう、と言ふのが其《そ》の時の気持《きもち》であった」〔五井『天と地をつなぐ者』、四四頁〕というほどである。

谷口の書物を読んで、「生命《せいめい》の実相の根柢《(ママ)》〔根底〕を流れてゐる、人間神の子、実相円満完全《じっそうえんまんかんぜん》、人間の本来性には悪もなく悩みも病苦もないのだ、と喝破《かっぱ》してゐるその思想に深く打たれ」〔五井『天と地をつなぐ者』、四二頁〕て、彼は「信徒会」の副会長になり、生長の家の地方講師にまでなった。つまり、そうした生長の家の教えの普及活動に五井が熱心になったのは、谷口の光明思想の「影響」を受けてのことである。

◆「苦難の解釈」

右記において、世界救世教・岡田の「苦難の解釈」をみてきたように、この項では、生長の家・谷口の「苦難の解釈」について、みておきたい。

ここまでの記述によって、すでに承知のとおり、五井は、第二次世界大戦敗戦直後の頃から、世界救世教にくわえて、生長の家にも入信した。彼は、谷口雅春の主著『生命の實相』全巻を読み、熱心に生長の家信徒獲得のための普及活動を行った。そこで、生長の家の『生命の實相』にみられる「苦難の解釈」にもふれておこう。(19)

まず、註のなかの先行研究に掲げた「寺田論文」において一部引用された箇所に、

……過去世《かこせ》において悪業《あくごう》を作った人間の霊魂が苦行《くぎょう》によって罪《つみ》の消滅をはかるために、ことさら不治的悪疾《ふちてきあくしつ》を肉体にあらわしている場合も多いのであります。〔谷口『生命の實相　頭注版　第一巻』、三四頁〕

という谷口雅春の文がある。谷口も、病気は過去世の悪業が原因で、病で苦しむことをとおして罪〔悪業〕の消滅をはかっているという。

また、苦難は神罰《しんばつ》なのかという問題には、次のような谷口の記述がある。

……病気になるとかいうのはわれわれを反省せしめるために神が与えた神罰であるかと言いますと、……心の法則で、そうなるのであって、神が人間を罰するのではないのであります。〔谷口『類纂・生命の實相　人類無罪宣言』（楠本編）、二一七頁〕

谷口は「神罰は無い」と言い、病気は神罰によるのではなく、「心の法則」で病気になった、と述べた。その「心の法則」を、谷口は、次のように解説する。

……われわれの心の罪の意識が、罪の恐怖が、「三界《さんがい》は唯心《ゆいしん》の所現《しょげん》」の理により、相形《すがたかたち》に現われて、あるいは肉体の病気ともなり、あるいは不幸の境遇ともなり、あるいは災難ともなるというふうに現われてくると申します。……三界唯心所現の理を知れば……病気または不幸を観《み》て、どういう心の間違いからこの病気不幸が起こったかを知ることができるのであります。〔谷口『類纂・生命の實相　人類無罪宣言』（楠本編）、三二一頁〕

右のように、生長の家・谷口雅春は「三界は唯心の所現」の理といい、心の間違いが病気などのかたちに現れてくる、という。つまり、病気などの苦難は、自分の心の間違いによってもたらされたとする。心の間違いを直す、あるいは「心直《こころなお》し」をすれば病気などはよくなるという「理、法則」説でもある。

また、いっぽうで、五井の教説《きょうせつ》〔「業《ごう》が〝消えてゆく姿〟」という教え〕と似たものとして、以下のような谷口による説明もある。

……この悪いのは誰が悪いのであるかというと、自分が悪いのではない。過去の業《ごう》がもどけている〔解けている〕にすぎないのであります。言いかえると、業がもどけて業が滅しつつあるのであります。……腹が立ったりいろいろの悪い念《ねん》を起こしても、「自分が悪い」とは思わないで、「これで業が滅《めっ》しニセ物の自分が滅して本当の自分――円満完全な神の子たる自己の真性《しんせい》が顕現しつつある。……」と観《かん》じて業の力がもどけて自壊《じかい》するのにまかすのであります。

〔谷口『類纂・生命の實相　人類無罪宣言』(楠本編)、五七頁〕

このように谷口は、例えば、悪い感情が起こってくるのは、過去の業が時計のゼンマイがゆるんでいくように解《と》けているからで、業が消えつつあるのだという。だから、悪いものが出てきたら、これで業が消えて〝円満完全な神の子〟である真性が現れるのだから、業が〝自壊〟するのにまかせればいい、とした。

同じように、谷口雅春著『大和《だいわ》の国　日本』に掲載されている「終戦後の神示（一九四五年一一月二七日未明神示）」にも、

これから八十禍津日神《やそまがつびのかみ》、大禍津日神《おおまがつびのかみ》など色々の禍《まが》が出て來《く》るが、それは、日本が『穢《きたな》き』心になつてゐたときの汚《よご》れが落ちる働きであるから憂《うれ》ふることはない。この禊祓《みそぎはらい》によつて日本國《にっぽんこく》の業が消え、眞《しん》に浄《きよ》まつた日本國になるのである。

〔谷口『大和の国　日本』、一六頁〕

とある。禍《まが》が出ることによって国の業が消え、浄まる、というのは五井の「消えてゆく姿」の教えと似ている。ほかにも、谷口による苦難の説明として、祖先の霊の障《さわ》りが原因となって子孫に病気がおこるといった例が示され、谷口は次のように解説した。

……祖先の霊魂の念波《ねんぱ》は、現実世界にいる子孫の運命に影響を及ぼすということであります。……祖先または自分に関心ある縁者《えんじゃ》の霊魂の好まないところを子孫が行なえば、祖先または縁者の霊魂の反対観念《はんたいかんねん》を受けて、

その人の運命が妨げられます。

〔谷口『生命の實相　頭注版　第四巻』、五〇頁〕

谷口の説く教理によると、このように「祖先霊」等の影響によって、子孫が苦しみをうける場合もあるという。

◆白光真宏会・五井昌久における「苦難の解釈」

さて、世界救世教・岡田や生長の家・谷口の教えを学んだ五井昌久は、苦難をどのように解釈し、説いたのだろうか。これについて、あらためて、みていきたい。

五井は、みずから作成した「教義」において、苦悩を以下のように解釈し、説明した。

この世のなかのすべての苦悩は、人間の過去世《かこせ》から現在にいたる誤《あやま》てる想念が、その運命と現われて消えてゆく時に起《おこ》る姿である。／いかなる苦悩といえど現《あら》われれば必ず消えるものであるから、……

〔『白光』二〇一六年九月号、巻頭頁〕

この世でうける苦難（苦悩）の理由について、それは過去世からの悪業《あくごう》が原因となっている、と述べている。「誤てる想念」は、思いと同時に業[20]をあらわしている。

この教義に関して、五井が講話で語った内容をいくつか挙げてみよう。

……輪廻《りんね》する業はそのまま現わせしめて消すことです。業は現われれば必ず消えるのです。〝出て来た業は消えてゆく、これで業が消えて浄《きよ》まったのだ〟と思って、……

〔五井『生命光り輝け』、一二頁〕

と前掲「教義」のように、前世からの業が今生《こんじょう》において運命として現れて〝消えてゆく姿〟だといっている。

病気になるのも、災害の現われるのも、これで業が消えてゆく、消えてゆくのだ、これだけ自分が浄まったのだ、浄まるために業が出てくるのだ、どんな苦しみも、どんなつらさも、すべて消えてゆくのだ、と思って、……

〔五井『生命光り輝け』、一七頁〕

右のように、「病気、災害」といった苦難を経験することで過去世からの悪業が消え、自分の「霊魂」は浄まっている、これからよい方向に行くのだ、と現在の苦難を前向きにとらえ直すのが五井の考え方の特徴である。

……今現われている病気も不幸も、今できたのではなく、昔あった間違った想いが、今消えてゆく姿として現われたのです。

五井『生命光り輝け』、三七頁〕

……病気が出た、しめたこれで業が消えた。不幸が来た、よしこれで業が消えて浄まるのだ、有り難い、と思える勇気が必要ですね。

〔五井『生命光り輝け』、四六頁〕

以上のように、病気、不幸が起きてきたルーツを辿《たど》るならば、それは過去世からの悪業に起因《きいん》すると五井は言う。現在、悪いできごとのかたちで現われたということは、過去の〝借金〟である業が消えた、〝借金〟返済できる「好機」とさえとらえている。

そして、さまざまにふりかかる不幸は「運命」(21)なのか、もしそれが「運命」だとしたら、その「運命」は変えられるのか、との信者の問いにたいして、五井は、次のように答えた。

運命は変へられます。変《かわ》ります。……不幸の中にあっても、此《こ》の不幸は、今迄の間違った想念行為が消え去ってゆく為のものであって、これからは善くなるのだ、と想ひつづけるのです。そしてその想ひと共に、守護の神霊《しんれい》への感謝をつづけるのです。さうすれば、必ず運命は善《よ》い方向に変ってゆきます。

〔『白光』一九五六年一〇月号、一六―一七頁〕

五井は、みずからが作成した「教義」に「今からよくなるのであるという善念《ぜんねん》を起《おこ》し、」「守護霊、守護神《じん》への感謝の心をつねに想い、」と記したように各人が実践すれば、「運命」は変えられる、と説いた。

また、戦争による苦難については、

第二次大戦は両方の業のぶつかり合いでしたので、神さまは日本にたまった業を浄めるに丁度よい時機《じき》と思われて、神風を吹かせず、敗戦ということで日本を浄められたのです。

〔五井『生命光り輝け』、六四頁〕

といい、講演会でも五井は次のように述べている。

日本は明治の戦争で勝って相当《そうとう》人も殺しているし、おごりたかぶったこともあります。そうしたものがすっかり返って来て、昭和になって敗北を喫《きっ》したわけです。大きな国の業を払ったけれど小さい業は残っています。

〔五井『五井昌久全集1　講演編』、一四九頁〕

そして、白光真宏会の初期、機関誌『白光』のなかでも五井は、以下のように語っている。

戦争も天災地変も、すべて悪と現はれる姿は業想念《ごうそうねん》の消えてゆく姿なのです。〔『白光』一九五六年七月号、一六頁〕

右の引用のように、五井は、個人単位と同様、国家単位の業の浄化があるとし、第二次世界大戦敗戦の苦しみは、日本の業を浄化する意味あいがあったと述べた。

……どんな苦しみが出て来ても、……苦しみが終われば、魂は素晴しく飛躍するわけです。〔五井『生命光り輝け』、一三九頁〕

また、五井は、苦難は自分の魂を強化、訓練するための修行ともとらえている。苦しみを経ることをとおして魂が向上する、と五井はいう。五井は苦しみにあるとき、祈ることをすすめている。(22) なお、五井は、苦難を理解するうえで「霊界《れいかい》」の観念をとりこんで説明することもある。

人が貧乏や病気など、いわゆる不幸で苦しんでいるのは、……本当はかわいそうではないのです。……人間がこの世に生まれて来たのは、過去世からの悪業（間違った想いと行い）を消しながら、……もし子供が病気などになっても、〝あゝこれで悪いものが出て、浄まってよくなるのだ〟と思って、……そうした祈りをつづけていて、たとえ死んだとしても、……霊界《れいかい》の高い位置をしめることが出来るのです。〔五井『生命光り輝け』、八八―八九頁〕

最後の一文の「たとえ死んだとしても」という言葉が示すように、五井の場合、現世《げんせ》における死を人間の終わりと考えないため、死後の世界では苦難から解放され、業が浄まったぶん「霊界」の高い位置（より幸福感に満ちた

世界）に〝移行《いこう》〟[23]できる、とする。白光真宏会・五井の教えでは、

> ……過去世から今生《こんじょう》にかけての想いの結果でなるのです。今、悪いことが現われていても、あなたの心に悪が存在していても、それはあなたの悪ではなくて、過去世の悪が消えてゆく姿として現われてくる。
>
> 〔五井『生命光り輝け』、一五三頁〕

といい、「今の自分の心などが悪いから」というふうに〝現在〟に苦難の原因を帰《き》す、いわゆる「心直《こころなお》し」を強く求めるわけではない。そうではなく、「〝過去世〟が悪かったから」と、今の苦悩の原因を前世《ぜんせ》に転嫁《てんか》する。この思考法には、現世を苦悩のなかに生きる人が今の自分を責めないように、という教義的配慮がみられる。[24]

五井の法話[25]では、現在の苦難の原因を「過去世の業」と指摘することが多い。その業について、「教義」から正確に言うと次のような説明となる。信者（会員）の問いと五井の答えからなる「宗教問答」で五井は、

> 病気になったり不幸になったりするのは、確かに魂の因縁《いんねん》や、想念行為の誤りが表面に現われてきたことに違いありませんが、……この想念行為というのは、今生だけのものではなく、過去世プラス今生の想念行為というわけですからお間違えないように願います。
>
> 〔五井『宗教問答』、一二九―一三〇頁〕

と説明した。前掲の「教義」で「人間の過去世から現在にいたる誤《あやま》てる想念が、」とあるように、苦難の原因は「過去世の業プラス今生の業・想念行為」ということになる。しかし、対機説法《たいきせっぽう》だからだろう、ＴＰＯに応じて五井の言い方が微妙に変化する。そして、五井が、苦難の原因としての業について会員たちに言うときは、おもに「過去世でおかした悪業」をさして語る場合が一般的といえる。

◆「苦難の解釈」にかんする、まとめ（小括）

前述のとおり、ここまで、世界救世教（岡田茂吉）・生長の家（谷口雅春）・白光真宏会（五井昌久）の教理から、「苦難の解釈」にあたる考え方を抽出し、[26] 論じた。

五井の「苦難の解釈」は、同会の「教義」として、「すべての苦悩は、人間の過去世《かこせ》から現在にいたる誤《あやま》てる想念が、その運命と現われて消えてゆく時に起《おこ》る姿である。」〔「人間と真実の生き方」『白光』二〇一六年九月号、巻頭頁〕と書かれてある中に示されている。つまり、基本的には「過去世」の悪業が因《いん》となり、現在の苦難にあっているが、その苦難をとおして業が消えてゆく、との考え方である。

「苦難の解釈」における同様の言説は、五井が信仰において影響をうけた世界救世教の岡田や生長の家の谷口らの著作にも見られた。岡田は、それを〝浄化作用《じょうかさよう》〟といい、谷口は〝業《ごう》の自壊《じかい》〟といった。五井の「消えてゆく姿」という教説は、岡田や谷口の説と主旨においては変わらないものがある。ある程度、先行教団に所属するなかで、五井が意識するしないにかかわらず、教理上の影響を受けたとみるのが自然だろう。しかし、「苦難の解釈」において、五井は〝消えてゆく姿の教え〟で大半を説明したのにたいし、岡田は「霊の曇《くもり》」説、谷口も「先祖霊などの障《さわ》り」説を併用した。つまり、「苦難の解釈」についての説明法が、五井はシンプルだったのにたいし、岡田や谷口は五井よりも多くのパターンを用いたといえよう。他の直接的な救済法にも若干ふれると、五井は「お浄《きよ》め」、岡田は「浄霊《じょうれい》」、谷口は「聖経読誦《せいきょうどくじゅ》」が挙げられる。[27]

また、五井は、死という苦難さえ肯定的にとらえることがあった。五井のそのようなとらえ方の背景として、彼は、詳細で前向きな「霊界思想《れいかいしそう》」[28] を有していた、という点が指摘できる。

そして、「大本系《おおもとけい》」の教団（世界救世教、生長の家、白光真宏会、等）は神道系《しんとうけい》新宗教であるからか、「祝詞《のりと》」にある〝枉事罪穢《まがごとつみけがれ》〟を払い清めるという観念と〝苦難としての祓《はら》い（浄化作用など）〟が一部結びついているようにもみえる。業については、インドでいう行為よりも神道的《しんとうてき》な穢《けが》れの観念に近い捉《とら》え方をしている面がある。個や全体にふりかかる災いに対しその罪を浄化する意味で祓いが行われる神道的観念、あるいは「穢れと祓い」という神道的論理がいくらか関係しているのかもしれない〔山本『穢と大祓』、参照〕。ただし、そこには、インド的な「因《いん》果応報《がおうほう》」説や、近代スピリチュアリズムの「霊界思想」もとりこまれており、混交《こんこう》した「苦難の解釈」説といえよう。

五井は、苦難にたいして、その苦しみは〝過去世からの因縁《いんねん》・業が消えてゆく姿〟とシンプルに解釈、説明することで、それまで因縁にとらわれていた人たちに〝観《かん》の転換〟をもたらし解放するという「教導論《きょうどうろん》」[29]を提示した。こうした「苦難の解釈」についての共通する考え方は、神道系である大本系教団群の少なからぬ領域に広がり、大本系教団群からさらに派生・展開していった世界救世教系教団群の中においても同様の教理（「浄化作用」）が多く説かれているとおもわれる。[30]

二―三　日本心霊科学協会／心霊科学研究会（浅野和三郎・脇長生）からの「影響」

脇 長生（写真提供：伊藤直廣氏）

◆「霊界」思想

さて、ここからは、五井と日本心霊科学協会・心霊科学研究会との接点ならびに、これらの団体の創設者にあたる浅野和三郎《あさのわさぶろう》の著作から五井が受けた思想的影響についてみていきたい。

はじめに、前述の二つの論点、「論点①：「霊界」の構造およびその性質についての言説」ならびに「論点②：〝守護霊〟および〝守護神〟についての言説」を、浅野和三郎とその門人《もんじん》にあたる脇長生《わきたけお》がどのように述べているか、みていこう。

五井は、戦後まもなく、日本心霊科学協会の〝物理霊媒《ぶつりれいばい》〟による「物理現象実験会」にも参加していた。そこで、まずは、浅野和三郎の思想を受け継いだ脇長生と五井との接点について、明らかにしておきたい。

戦後、日本心霊科学協会そして心霊科学研究会で『心霊研究』誌、『心霊と人生』誌の編集をしていた脇長生は、後年、みずからが指導する心霊科学研究会の会員たちに向かって講話テープ(31)の中で次のように述べている。

……千葉県あたりの、どっか〔市川市〕にある新興宗教〔白光真宏会〕をよく言う。なんか、五とか、六とか言う、数字が出ておる〔五井のこと〕。あの教祖〔五井昌久〕は、うち〔心霊科学研究会〕の会員であったんだから。私〔脇長生〕にどれくらい質問したか。ありゃあ〔五井は〕、要するに、大本教《おおもときょう》の事に興味を持ちつつ、とうとう、「生長の家」にも入った。だから、うち〔心霊科学研究会〕の本で、随分、心霊科学的な知識は持ってる。……

〔脇長生の講話テープ、一九七五年一一月三〇日〕

この発言から、五井が脇と接触し色々な質問をしていたということ、心霊科学研究会刊行の本を五井が読んでいたことがわかる。また、一九七二年以降の脇長生の講話テープでも、五井について次のように述べていた。

死んだら……死んだ時の心持ちから段々、段々、向上して幽界《ゆうかい》から霊界《れいかい》、霊界から神界《しんかい》に行くんだから、これを考えてほしい。……何か千葉県にあれ何か、五み〔五井〕かなあ、何か、五か六か知らないが、そういう数字がついてる方《かた》がある。あしこ〔白光真宏会〕では、やっぱり霊界通信、霊界通信って言ってる。……で、いい事を言ってると思って調べてみたら、我々〔心霊科学研究会〕が霊界通信だと言って翻訳したり、言ったりしてるものをうまーく抜き書きしてるんです。そんな事ばっかりやってるですよ。……

〔脇長生の講話テープ、一九七二年以降〕

さらに脇は、同様の主旨のことを、一九七四年の講話のなかでも、以下のように述べた。

……新興宗教の教義の中には、神霊主義《しんれいしゅぎ》的なものが随分出てる。谷口さんのところ〔谷口雅春が創始した生長の家〕なんか、大いに出てる。天行居《てんこうきょ》〔神道天行居《しんどうてんこうきょ》〕でも出てる。／何か、谷口さんところの出店《でみせ》〔生長の家の分派《ぶんぱ》と言いたいのだろう〕みたいなの〔白光真宏会のこと〕が、千葉にある。なんとかって名前。これ〔白光真宏会〕なんかは、まったく、浅野先生〔浅野和三郎〕の本の敷き写しをやってるようなことをどんどん書いてる。よく、〔脇の講話を聴きに来た人が〕ここへ来て、〔五井と浅野の述べることが〕よく似てますねえっていう。／ところが、向こう〔白光真宏会〕のほうが盛んであると考えてる人は、あれ〔白光真宏会〕のほうが主《しゅ》でしょうとか、あれ〔白光真宏会〕のほうが正しいんでしょうなんて、こんな馬鹿なことを言ってる人がある。あんた、あれ、みんなねえ、うちの雑誌〔機関誌『心霊と人生』、機関誌『心霊研究』〕なり、うちのねえ、書物〔心霊科学研究会が刊行した書籍〕から、ひき写しやったりねえ、黙ってねえ、盗用《とうよう》してることをあんた知らないんだろう。／結局、みーんな、浅野先生の書物を台本にして、自分の都合のいいところの心霊学《しんれいがく》を述べ、台本にした。その上から、ある意味において宗教になりそうなものを宗教にし、かつ、その宗教の教義にしてるわけです。だから、よく似てますよ。

〔脇長生の講話テープ、一九七四年六月二日〕

このように、脇の言い分では、五井の言っていることは心霊科学研究会で言っていることの〝抜き書き〟だと批判的に語っている。脇の晩年の講話テープを聴くと、脇はおおむね他の新宗教教団に批判的だった。浅野和三郎を師とあおぐ脇にとっては、浅野の書いた本の内容が新宗教教団の教えの中で用いられていることに我慢がならなかったのだろう。さて、では、実際に、浅野と五井の互いの言説は〝抜き書き〟と述べるほど全く同じなのか、これから順次みていきたい。

五井の自叙伝によると、彼は日本心霊科学協会が開催する「物理現象実験会」に出席していた〔五井『天と地をつなぐ者』、八九頁、参照〕わけだから、日本心霊科学協会の機関誌『心霊研究』にも目を通していたとおもわれる。同協会では、一九四七年二月より機関誌『心霊研究』を刊行し、編集を担当していたのが脇長生だった(32)。

それでは、前述の「霊界」思想についての二つの論点を、日本心霊科学協会・心霊科学研究会(浅野、脇)において、見ていきたい。

脇は、「論点①」にかんして、英国のスピリチュアリスト、アーサー・フィンドレイ(一八八二―一九六四)の言説を参照し、「霊界」は振動《しんどう》の世界であり、「霊界」の環境は善と悪の心次第で定まる、といった説明を記している〔『心霊研究』一九四七年二月号、一二頁、参照〕。また、脇は一九六七年二月、新宿駅ビルで「質疑応答の会」を催しており、その時の記録が『心霊と人生』誌の付録小冊子(一九六七年一〇月刊)となっている。そこでは、私たちは「地上界」「幽界」「霊界」「神界」と順に向上していくいっぽうで、これら各界は同時存在的にあるのだと述べた〔脇・解説『(小冊子)霊魂の働きの正しい解明』、三八頁・七五頁、参照〕。

次に「論点②」にかんして脇は、「守護霊」とはその人の祖先霊の一人であり、「支配霊」とは「守護霊」の統制下、特殊の任務を担当して「守護霊」を助ける存在であると述べている〔『心霊研究』一九四七年三月号、四頁、参照〕。ただし、脇は『正しい健康・平和・繁栄への道』(一九九八年、初版は一九七〇年)にて、「守護霊」にたいする人間の態度として他力《たりき》的な気持をもつのは間違いであり、「守護霊」頼みでなく、まず自力《じりき》で努力すべきと説いた〔脇・口述『正しい健康・平和・繁栄への道』、一九三頁、脇・解説『(小冊子)霊魂の働きの正しい解明』、九〇頁、参照〕。

加えて、ここで、日本のスピリチュアリズム(「神霊主義」)の〝生みの親〟といえる浅野和三郎の考え方を見ておきたい。脇は、浅野のスピリチュアリズムの後継者であることを自任《じにん》していたので、浅野の本の内容と同様に語ることが多かった。脇が依拠《いきょ》した浅野の『神霊主義』（一九三四年）(33)を見ると、論点①「霊界の構造と性質」、論点②「守護霊、守護神思想」全般にわたり、おおよそ五井の「霊界」思想に近い内容をすでに述べていた。

すなわち、浅野は、人間を「肉体、幽体《ゆうたい》、霊体《れいたい》、本体《ほんたい》」の四つの機関に分け、これら四つの体は浸透《しんとう》的に互いに重なりあっている、とした。また、「界」を分類して、「物質界、幽界、霊界、神界」（「四大界」）と記している［浅野『神霊主義』、九―一〇頁・一五頁、参照］。

さらに、浅野は『神霊主義』において、「近代心霊研究の結果から帰納《きのう》し得べき条項」（一九七頁）として、一五の項目を書きつらねた。挙げられた項目のうち、五井の「霊界」思想との関連から、いくつかの項を抜粋して掲示すると次のとおりである。

（四）各自の個性は死後に存続する

……心霊学徒の主張する霊魂不滅は肉体放棄後に於《おい》てその人の個性が幽体、霊体等を機関として他界《たかい》に存続することを指すのである。……

［浅野『神霊主義』、一六六―一六七頁］

（六）死後の世界は内面の差別界《さべつかい》である

……死後の世界が本質的に階段を為《な》して居り、決して無差別平等の世界でない事、又それが内面の世界であって、従って距離や方角で測定はできない事、同時に又それが厳然たる実在の世界であって、従って過去現在の区別に捕えられない事である。……

［浅野『神霊主義』、一七〇頁］

（七）各自の背後には守護霊《しゅごれい》がある

……ここでその定義を下して置くことにする。私のいわゆる守護霊というのは先天的にその人の守護に任《にん》ずる所の他界の居住者のことである。……兎《と》に角《かく》私の実験した限りに於て、各人の背後には必《かな》らずその人に固有の守護霊がないのはない。……次《つ》ぎにいわゆる司《し》〔支〕配霊《はいれい》というのは守護霊の統制の下に或《あ》る特殊の任務を分担するところの補助霊と思えばよい。欧米の心霊家達は普通之《これ》をコントロール又はガイドなどと呼んでいる。きわめて稀《まれ》には、この司〔支〕配霊のない人もあるらしいが、しかし大部分の人々には先《ま》づ一人や二人の司〔支〕配霊のないのはないらしい。……

〔浅野『神霊主義』、一七一—一七二頁〕

（八）守護霊と本人とは不離《ふり》の関係を有《も》つ

……／私の調査の結果からいえば、各自の守護霊は通例二三百年前に帰幽《きゆう》した人の霊魂が最も多い。……肉体の親と魂の親（「守護霊」）との関係に至りては、……大体広い意味に於ての血族《けつぞく》関係を有《も》っているものと考えてよいらしい。

〔浅野『神霊主義』、一七三頁・一七七頁〕

右記引用を要約すると、浅野は、欧米の「心霊研究」の内容をふまえたうえで、次のことを述べた。つまり、肉体死後の霊魂は個性を存続し、死後の世界は死者の内面に応じた階層構造である。また、人間には先天的に「守護霊」という他界の居住者が背後に必ずついている。さらに、守護霊の統制下に「補助霊（支配霊）」もいる。そして、「守護霊」とは、過去に亡くなった人の「霊」であり、守護されている人間とは血族関係を有しているらしい、というわけである。

『神霊主義』に書かれた前述の浅野の言説は、五井のそれと同様であった。

五井は、浅野が著した『神霊主義』の内容をみずからの教えの中にかなり取り込んでおり、浅野の主唱《しゅしょう》した「スピリチュアリズム（「神霊主義」）」の影響を強く受けた、といえる。

なお、本項において、五井と脇とが接触した新たな事実をもとに、五井が浅野の「スピリチュアリズム」からの影響を強く受けたと指摘したことは、これまでの五井昌久の思想研究を筆者が補強するものである。

二—四　千鳥会（萩原真・塩谷信男ら）からの「影響」

◆「霊界」思想

そうして、浅野が起こした心霊科学研究会の教説を学んだ五井は、一九四八年あるいは一九四九年に、「神霊現象の会」が行われるという発足したばかりの千鳥会《ちどりかい》に入会した〔五井『天と地をつなぐ者』、八八—八九頁、参照〕。千鳥会の発足（結成）月日には諸説あるが一九四八年ということは確かである。[34] 日本心霊科学協会と千鳥会は、同じ「霊媒《れいばい》・萩原真《はぎわらまこと》」をもちいた「実験」をしていたことから、同様の会と受け止める人たちがいたようである。[35] しかし、五井は千鳥会をとおして、日本心霊科学協会では得られなかったものを手に入れたいと考えていた。五井の自叙伝によれば、

> ……心霊科学協会の物理現象実験会に出席していて……それだけの実験では何度見ても、霊界幽界《れいかいゆうかい》があり、あの世で人間は生きつづける、と云う認識を得るだけで、神の実体にふれる事は出来ない。もっと高度な神《しん》霊《れい》の出現するところを識《し》りたい、と思っていた。〔五井『天と地をつなぐ者』、八九頁〕

と述懐し、五井がその後、千鳥会入会にいたる動機をかいま見ることができる。

ここで、五井の千鳥会入会の動機に関連し、なぜ彼はもっと高度な神霊にふれたいと考えたのか等、当時の五井のおもいについて自叙伝を参考にして、次にまとめておこう。

その頃の五井は、日本心霊科学協会に入会後も引き続き、生長の家地方講師として活動していた。しかし、当時の五井は生長の家では「予言《よげん》能力、予知《よち》能力」といった神秘力《しんぴりょく》が無いと感じていたという。五井は、生長の家信

徒の相談にたいする指導において言葉で長々と説教するものの信徒は満足し得ないために、どこかの行者《ぎょうじゃ》や霊媒《れいばい》のところへ相談に行くようなことがあったと述べている。彼は、生長の家理論だけの指導に行き詰まり、具体的相談に対処できない辛《つら》さ、切なさを感じていたがゆえに、人を救うための超人的《ちょうじんてき》な力がほしい、と願った。その点、千鳥会は「交霊会」において「神霊」との交流をおこなう会とされていたから、千鳥会入会をとおして五井はどこからか自分にプラスする力が得られることを期待していたわけである〔五井『天と地をつなぐ者』、八九―九一頁、参照〕。

一般に、萩原霊媒を用いた場合をのぞいて、日本心霊科学協会の「実験会」において出てくる「霊魂」は、「人《じん》霊《れい》」が主であった。それにたいし、千鳥会の「交霊会」では大峰《おおみね》仙人という「神霊」とされる存在がたびたび登場し、また同会は「神界《しんかい》」を中心におく活動といわれていた。だから、まさに五井の「神の実体」や「もっと高度な神霊」にふれたいという思いに合致していたのである〔五井『天と地をつなぐ者』、九三頁、等、参照〕。

さて、「霊界」思想にかんして、前述の二つの論点、「論点①：「霊界」の構造およびその性質についての言説」ならびに「論点②：〝守護霊〟および〝守護神〟についての言説」を、千鳥会ではどのように述べているか、みていこう。五井が、戦後まもなく、世界救世教・生長の家・日本心霊科学協会などに続いてかかわり、入会することになった千鳥会は、「霊媒」の萩原真と医師・塩谷信男《しおやのぶお》によって発足した団体である。(36)千鳥会の会報では、主に塩谷が教理面の解説を行っていた。(37)

まず、千鳥会では「論点①」にかんして、塩谷が、「霊界」には多くの階層があって、悟りの程度によって住む世界が異なる、地獄に堕ちた霊でもいつかは向上して地獄を脱することが出来る、と述べている〔『千鳥』一九四九年六月号、三頁、参照〕。そして塩谷は、「現界、霊界、神界」という階層のこと、「絶対神」への帰一《きいつ》を目標とすることを記した〔『千鳥』一九四九年一二月号、二―三頁、参照〕。

また、萩原真の子で二代教え主《ぬし》・萩原真明《しんめい》は、『天命《てんめい》が見える』（一九九四年）の中で、人間は肉体、幽体、霊体などが重なってできている、死後は修行を経て幽界から霊界へと向上していく、と述べている〔萩原『天命が見える』、二八―二〇頁、参照〕。そして、萩原真明監修の『梶《かじ》さんの霊界通信』（一九九六年）には、「梶神霊《かじしんれい》」[38]からの通信として、初期の「交霊会」（一九四八年・一九四九年）における語録が収録されている。『梶さんの霊界通信』によれば、上の階の「霊界」ではコミュニケーションが想念《そうねん》の伝達によって行われる、神界に近づいた遠い先祖は次第に個性を失う、などと述べている〔萩原監修『梶さんの霊界通信』、二一〇―二一二頁、参照〕。右の説明は、「交霊会」における「梶神霊」の言葉とのことだが、この時期、五井は千鳥会の「交霊会」に行っていた可能性が高く[39]、こうした言葉を聞く機会があったかもしれない。

次の「論点②」は千鳥会で強調され、塩谷は、どんな人にも必ず「守り主《ぬし》」（守護霊）と「守り神《がみ》」（守護神）がついて守っている、「守り主」を助ける「み魂杖《たまづえ》」（副《ふく》守護霊）も何人か居る、という〔『千鳥』一九四九年六月号、四―五頁、参照〕。また、塩谷は、「守り主」の上には「守り神」も居る、「守り主」は「守り神」の命《めい》によってその「み魂末《たますえ》〔人間〕」に天命を授けている、人間が天職〔天命〕を遂行するためには「守り神・守り主・自分」の三者が一体となって働かねばならない、と述べた〔『千鳥』一九四九年九月号、一頁・三頁・五―六頁、参照〕。なお、千鳥会〔のちに真《まこと》の道《みち》と改称〕では、「守り主」は「守護霊」、「守り神」は「守護神」、「み魂杖」は「副守護霊」の別名が当てられる。塩谷は、人間＝「み魂末」の天命・天職遂行のために、「自分、守り主、守り神」が一体となって働くことを強調した。

このような千鳥会の「守り主、守り神」の考えは、五井の「守護霊、守護神《じん》」をセットでとらえる考え方と近い。つまり、白光真宏会・五井の「守護霊、守護神」によるまもりの体制という考え方については、五井が関係した教団の中では千鳥会からの思想的影響が濃いといえるだろう。

◆「フーチ」

ここでは、五井が当時の千鳥会において貰《もら》った「フーチ」からの影響を述べたい。

五井の前半生《ぜんはんせい》を記した『天と地をつなぐ者』では、千鳥会について五井は次のように記述した。

> 私〔五井〕は幸田さん〔「メシヤ教」を信じていた人〕からY氏〔岡田茂吉の弟子〕のところでC会〔千鳥会〕と云ふ神霊現象の会が行はれる事を聞き、その会〔千鳥会〕の会員となつた。C会〔千鳥会〕は、〔日本〕心霊科学協会から分《わか》れた会で、H〔萩原真〕霊媒とS〔塩谷信男〕博士を中心に発足したばかりの会であつた。
>
> 〔五井『天と地をつなぐ者』、八八―八九頁〕

そして、前述のように、五井は日本心霊科学協会に続いて、千鳥会の会員となった。

当時の千鳥会は、「会員の中には生長の家関係の人たちが、かなり顔をみせてゐた。」〔五井『天と地をつなぐ者』、九一頁〕というように、「生長の家関係」の人たちをも引きつけていた。五井も含めてこうした人たちは、「物理霊《れい》媒《ばい》実験会」といった「心霊（神霊）現象」に関心をもっていたようである。なお、戦前のことだが谷口雅春の主著『生命《せいめい》の實相《じっそう》』によれば、谷口は、生長の家を立ち上げた後も「ところで生長の家出版部でも昭和八年二月二十八日、この物理的心霊現象の霊媒〔亀井《かめい》三郎《さぶろう》[40]〕について招霊《しょうれい》実験を行なったのであります。」〔谷口『生命の實相　頭注版　第一〇巻』、一二二頁〕とあるように「心霊《しんれい》」に関心を持ち続けていた。つまり、当時、世界救世教、生長の家、日本心霊科学協会、千鳥会、そして白光真宏会（五井先生讃仰会）などの教団・団体においては、それぞれが「心霊」への関心をもっていたわけである。

五井が具体的に千鳥会から得たものは、「フーチ」だった。ちなみに、一九四九年頃の千鳥会の会誌には、「一、扶乱《ふうち》　当日御希望ノ方ニ扶乱ヲ行ヒマス。約十名内外ノ予定デス。」〔『千鳥』一九四九年六月号、表二頁〕とある。そして五井もフーチを受け、五井の貰《もら》ったフーチには、

百知不及一真実行／誠実真行勝万理識　〔五井『天と地をつなぐ者』、九二頁〕

と書かれてあった、という。五井は、「この言葉は私にとつて非常に有益なものであつた事を今にしてはつきり思ふのである」〔五井『天と地をつなぐ者』、九二頁〕と述懐している。

千鳥会で五井がもらったフーチのとおり、五井は、豊富な知識（百知、万理識）よりも、「愛と真《まこと》と赦《ゆる》しの言《げん》行《こう》」（一真実行、誠実真行）を重んじた。豊かな知識も大事だが、知識として語られた言葉が実際の自身の行動（愛・真・赦し）に結びついていること、日々の生活において言行を一致させること、を五井は白光真宏会の会員たちに指導していた。右に五井が述べたように、千鳥会でもらったフーチは、五井にとって「非常に有益なもの」として「影響」を与えた。

二―五　その他、心霊研究グループからの「影響」

岡田、谷口、萩原ら、「大本系《おおもとけい》」の流れにあった教祖は「心霊」の知識の吸収につとめていた。同様に「大本系」に位置付けられる五井も、国内外の心霊思想に関心を示し、学んでいた。そうして五井は、前述のように、「色々な霊媒を尋《たず》ねて、霊魂の存在を確めたり、心霊問題を取扱つた図書を探し歩いたりして」〔五井『天と地をつなぐ者』、四〇頁〕いたのである。

戦後まもなくの頃の五井の姿については、「私は其《そ》の頃〔一九四九年一月頃〕迄に種々の行者や霊媒にも会ひ、様々な霊現象を見たり、生長の家の本や、外国の翻訳本によつて、心霊に関する智識《ちしき》はかなりもつてゐるつもりでいた」〔五井『天と地をつなぐ者』、九四―九五頁〕、と記されるとおりである。

これらの記述を見れば、心霊思想の「影響」のもとにあったことは確かといえる。

五井の側近の一人だった清水勇《しみずいさむ》の著書〔回顧録〕をみると、五井は日本心霊科学協会の粕川章子《かすかわあきこ》(41)のほかに、心霊研究グループ「菊花会《きっかかい》」の小田秀人《おだひでと》(42)とも交流があった、という。五井と小田との交流について、清水は『ある日の五井先生』に、次のように記している。

> 五井先生からお呼びがかかって昱修庵《いくしゅうあん》のお部屋に伺ったのは、たしか一九七六年〔昭和五十一年〕の春先の頃でした。先生が白い角封筒をお示しになって、「ここへ行ってきなさい」とおっしゃいました。封筒の中を確認したところ一通の案内状が入っており、それは心霊研究会である菊花会の総会が深川の富岡八幡宮で開かれるという内容でした。／菊花会は小田秀人氏が主宰している日本で有数の心霊研究会で、五井先生がその会員になっておられたのです。先生は角封筒とは別に二つの祝儀袋もお出しになって私に託されました。一つは会費でしたが、もう一つはお祝い金でした。……／……まさか五井先生が菊花会の会員で心霊研究の応援をなさっていらっしゃり、私が先生のご指示で交霊《こうれい》会に出席したとは、村田長老〔村田正雄《まさお》〕には知る由《よし》もなかったのでしょう。／心霊研究を通して宗教的世界維新運動に生涯をかけておられる真摯《しんし》で誠実な小田秀人氏に、五井先生は惜しみない声援を送っておられたのです。昭和五十五年八月、五井先生がご帰神《きしん》になられた時の葬儀に、弔問者の一人として小田秀人氏の姿をお見かけいたしました。〔清水『ある日の五井先生』、一一二―一一五頁〕

入会の正確な時期は不明だが、右記のように、戦後、五井は菊花会の会員となり、菊花会および小田の「心霊研究」に物心両面の支援を行っていたようである。

また、日本心霊科学協会の役員だった粕川章子は、戦後、五井が提唱した「世界平和の祈り」の英訳を最初に行ったといわれる(43)。五井が粕川と交流を有していたという情報は、五井の側近・高橋英雄氏から書簡をとおして筆者が教えてもらったことである。心霊研究グループおよびそれらにつながる人脈を通して、五井の終生に至るまで、心霊思想（近代スピリチュアリズム／神霊主義）の「影響」が及んでいた、といえる。

◆白光真宏会・五井昌久の「霊界」思想

本書の第一章に記したように、五井の生涯の「遍歴期」の最後に、五井は千鳥会に入り、五井の自己流「霊修行」を経て、一九四九年六月、〝神我一体《しんがいったい》〟という「覚《さと》り」のようなある種の神秘体験を得たとされている。そうした戦後の数年にわたる宗教遍歴の果てに出来上がった五井の「霊界」思想の特徴には、以下のような内容があった。白光真宏会・五井の「霊界」思想にかんして、前述の二つの論点、「論点①：「霊界」の構造およびその性質についての言説」ならびに「論点②：〝守護霊〟および〝守護神《じん》〟についての言説」を見ていこう。

はじめの「論点①」にかんして、五井が最初に刊行した書籍『神と人間』（一九五三年）[44]において、五井は、「霊界・幽界・肉体界」といった世界観や、「波動《はどう》」によって出来た「霊体・幽体・肉体」という体に言及し、肉体の「波動」がもっとも粗《あら》い等と述べている〔五井『神と人間』、一三―一四頁、参照〕。そして、『宗教問答』で五井は、死後、その人の習慣性となっている〝想念《そうねん》〟にしたがって「幽界、霊界、神界」といった世界で生活する、同種類の〝想念〟の人が集まる、と「死後の生活」について語った〔五井『宗教問答』、四五―四六頁、参照〕。さらに、『続宗教問答』において五井は、「幽界」下部は「肉体界」と同じような〝想念の世界〟であり、例えば怒るとたちまち火炎が立ち昇るように、いわば、「想念」によって世界がつくられ、「想念」がそのまま形と現れる、と述べた〔五井『続宗教問答』、一七九頁、参照〕。また、同会の初期にあたる一九五四年から一九五八年にかけての五井の講話を収めた『五井昌久講話集』シリーズ[45]の第二巻『素直な心』で五井は、人間とはあたかも重《かさ》ね着《ぎ》しているように「肉体・幽体・霊体・本体」が重なり合った状態であり、人間は「肉体界・幽界・霊界・神界」のいずれの世界にも存在し得るのだという〔五井『素直な心』、四三―四四頁、参照〕。そして、「死後、個性が存続するかどうか」について、五井は、人間の個性は死後も失われることはない、という〔五井『続宗教問答』、一七七―一七八頁、参照〕。死んでのち、長期の年月を経ても各人の「霊魂」の個性は消滅しない、というのが五井の主張である。

次の「論点②」にかんして五井は、「守護霊、守護神」の存在をセットで強調した。五井自身が提唱し、広く唱えることをすすめた「世界平和の祈り」[46]に「守護霊、守護神」の文言が記されていることからもその位置付けの重さがうかがえよう。

五井の主著『神と人間』において、「守護霊、守護神」の存在について彼は言及した。通常、五井は「守護霊」と言うが、『神と人間』ではさらに詳しく「正《せい》・副《ふく》守護霊」の役割について説明している。『神と人間』の中で、「正守護霊」は一人の人間に専属で主運《しゅうん》を指導し、「副守護霊」はおおむね仕事について指導する、と「正・副守護霊」の分担領域を五井は記した。そして、彼は、これら「守護霊」の上にあって力を添えている存在が「守護神」である、とした〔五井『神と人間』、二二頁、参照〕。さらに、『五井昌久全集1　講演編』の中に収録された一九七〇年一〇月一四日の講演で五井は、「正守護霊」(一人)は運命を司《つかさど》り、「副守護霊」(少なくても二人)は職業・天《てん》分《ぶん》・生きる方法を教えてくれる、「守護神」は「神界」に属し「守護霊」は「霊界」に属す、と述べている〔五井『五井昌久全集1　講演編』、三二四頁、参照〕。また、前出『五井昌久講話集』シリーズの第三巻『光明の生活者』において、五井は、「守護霊」とは祖先であり〝魂の親〟、その上にいる「守護神」は〝魂の親の親〟、と語った〔五井『光明の生活者』、一一〇―一一一頁、参照〕。前述のように、五井は一九四九年六月、〝神我一体〟を経験して覚者となったとされ、信奉者たちにたいし、自身の体験として「守護霊、守護神」の存在を語っている。『素直な心』に収録されている一九五七年八月一一日の講話で五井は、自分たちの宗教・白光真宏会のことを「守護神宗教」と言った。五井は、「守護神」によって救われる、「守護神、守護霊、分霊〔人間〕」が〝三位一体《さんみいったい》〟となって「地上天国」を創《つく》るのだ、と説いた〔五井『素直な心』、八二―八三頁・八九頁、参照〕。

◆五井の「霊界」思想と他教団の「霊界」思想との比較

ここで、前述の他教団・団体の「霊界」思想の論点①②を、五井のそれと比較し、その異同《いどう》をまとめると以下のようにいえよう。

世界救世教・岡田のいう「霊界」構造は、「天国・八衢《やちまた》・地獄」に大別《たいべつ》され、合計一八〇段（一八一段）の階層、という。「神界」を「仏界」の上に位置付け、神道《しんとう》の神を天国の主宰神《しゅさいしん》にすえるなど、五井の「霊界」構造論にはないものである。また、岡田の「正《せい》守護神」が五井のいう「守護霊」に近いだろうが、岡田の「副《ふく》守護神」は後天的に憑依《ひょうい》した「動物霊」＝絶対悪の存在というから、五井の「副守護霊」とは性質が異なる。

次に、生長の家・谷口のいう「霊界」構造は「幽界、霊界」といい、「実相《じっそう》」の世界も説く。谷口は自著において近代スピリチュアリズムの思想を紹介的に説明し、基本的にその思想を受け容《い》れているが、「実相」世界など、自らの用語で語り直している。「守護霊、守護神」思想については、谷口の「正守護神」が五井の「正守護霊」、谷口の「副守護神」が五井の「副守護霊」に近い面がある。

日本心霊科学協会／心霊科学研究会・脇長生《わきたけお》の話によれば、五井は同会刊行の本を〝抜き書き〟している、とのことだった。同会のいう「霊界」構造では、「神界、霊界、幽界」といい、五井も同様である。また、「守護霊、守護神」思想にかんして、脇は「守護霊、支配霊」と記し、これらは五井の「守護霊、副守護霊」に相当する。いっぽう、脇は「守護霊」に他力《たりき》的な気持ちをもつのは間違いと述べたが、五井は「守護霊」を他力的に捉《とら》えた。

千鳥会における「霊界」構造の説明は、塩谷信男《しおやのぶお》が日本心霊科学協会の会員となっていたことから推察できるように、「神界、霊界、幽界」という浅野の説をほぼ継承していた。ただし、同会の「神示《しんじ》」にもとづき、「神界」など上級の界に行くほどに個性が薄くなってくると説いた。「守護霊、守護神」思想については、千鳥会の「守り主《ぬし》、守り神《がみ》」が五井の「守護霊、守護神」に該当する。千鳥会では、人間が「天命《てんめい》」を果たしていくために「守り主と守り神と自分」とが一体となる必要を説く。これは、五井の「祈り」の言葉と通ずるようにみえる。

これまで比較してきた各団体の「霊界」思想について、その比較の結果を約《やく》すと、次のとおりである。

論点①の「霊界構造と性質」については、「霊界」の呼称に若干違いがみられた教団（世界救世教、生長の家）はあったが、どの団体においても「霊界」が非常に多くの層に分かれ、亡くなった人間の「霊魂」はその心境の高低により「界《かい》」の所属が決まる、「霊界」は〝想念《そうねん》〟の世界である、との言説を有していた。これは五井の思想と共通する。また論点②の「守護霊、守護神思想」については、呼称は若干違うけれども（例：世界救世教・生長の家の「正守護神」）、その働きの内実《ないじつ》から判断すると、どの団体にあっても五井の言う「正守護霊」に相当する存在を説いていた。なお、「守護霊」とその上に位置づけられる「守護神」が一体となって人間を守護するとの教説は、本章で検討した団体の中では千鳥会と白光真宏会にのみ見られるものである。これは、五井が千鳥会から「守護霊、守護神」体制という「霊界」思想の影響を受けたことを示しているだろう。

各団体いずれもスピリチュアリズムの思想をベースにしているため、共通の「心霊」知識が随所《ずいしょ》に語られていた。ただし、「心霊」知識の枠《わく》をこえた概念として、「守護霊」の上の存在・「守護神」を、千鳥会と白光真宏会の五井は語った。この点は、思想において、千鳥会と白光真宏会がスピリチュアリズム（神霊主義）から一歩踏み出したところといえよう。

つまり、「霊界」思想の影響関係において、五井は大半の「心霊知識」は日本心霊科学協会・心霊科学研究会の浅野和三郎が整理した「スピリチュアリズム（神霊主義）」に依拠《いきょ》したが、「守護霊・守護神」思想は千鳥会からの影響がうかがえる。そして、これらの教団・団体遍歴のすえに、「守護霊」に加えて、「守護神」の存在を五井は強調することになった。すなわち、五井は、他の教団ではそれまで言われなかった新たな「守護神」像を、彼の解釈を加えて、信奉者たちの前に提示したわけである。

◆五井の「霊界」思想形成についてのまとめ

以下、まとめと筆者の考察を記す。

五井が語る「霊界」構造と「守護霊、守護神」思想を見る時、世界救世教《せかいきゅうせいきょう》・岡田からの影響はほとんど見られなかった。生長《せいちょう》の家《いえ》・谷口の場合、浅野同様、近代スピリチュアリズムにかんする書籍の翻訳を行い、浅野が発刊した心霊雑誌『心霊界』（一九二四年創刊）を編集・寄稿するなどしていたので、「心霊」関係の知識が豊富にあった。[47] 浅野の説もふまえながら、自らの言葉で「霊界」思想を語り、谷口は、「霊界」構造にかんしては浅野に近い多重《たじゅう》構造の説明をしている。しかし、究極を「実相《じっそう》」世界と表現したり、「四魂《しこん》（荒魂《あらみたま》、和魂《にぎみたま》、幸魂《さちみたま》、奇魂《くしみたま》）」と関連づけて説いたりした。

五井にとって、谷口の書籍は海外の「心霊」情報を知るうえで参考になっただろうが、五井の「霊界」思想を決定づけるまでには至らなかったと筆者はみている。また、谷口は「守護神、守護霊」を同列《どうれつ》に説いたのに対し、五井はそれらを上下《じょうげ》に分けた点でも違いがあった。

日本心霊科学協会・心霊科学研究会のうち、特に浅野の著作『神霊主義』に書かれた言説は、五井の「霊界」思想において、知識面で幹《みき》となっていた。ただし、浅野や脇の心霊科学研究会においても「守護霊」の説明はあるが、五井の言う「守護神」は語っていない。ゆえに、五井の言説《げんせつ》が浅野本の〝抜き書き〟のみとは言えない。ちなみに、のちに千鳥会をたちあげる萩原真《はぎわらまこと》は、一九四七年頃、「霊媒《れいばい》」として日本心霊科学協会でたびたび「物理的心霊現象実験」を行い、そこで脇は「審神者《さにわ》」の役《やく》をつとめていた。立会《たちあい》者の数は数十名の小規模なものである。[48] 五井と脇が出会った時期は不明だが、この頃、同協会の「実験」に出席していた五井が、その場で脇や萩原と面識を得たことは考えられよう。

千鳥会の「霊界」構造論は、「心霊科学」的であり、五井と似た考え方である。しかし「死後個性」のありようについては見解の違いがあった。「守護霊、守護神」思想にかんして、千鳥会は「守り主《ぬし》、守り神《がみ》」の重要性を強調する。この考え方は、五井の「守護霊、守護神」体制のまもり、と軌《き》を一《いつ》にする。五井が千鳥会に入会したのち、「守護神」という存在が彼の〝体験〟を経て、独得《どくとく》のリアリティをもった存在となっていく。その「守護霊、守護神」思想の形成過程、同思想完成・成立への道筋につき、以下、もうすこし言及しておく。

◆「守護霊、守護神」思想完成への道筋

五井はそのときの〝体験〟について、自叙伝において次のように語っている。

私が現在迄様々な宗教を通って来て、最後に守護神の指導による霊的直接体験の後、……これは私の背後に誕生以前より、私を守護し指導していた守護神、守護霊が厳然として控えていた事を、すべての修行の済んだ直後に、はっきり識《し》ったからである。……『神は愛である』と云う神は法則の神ではなく、守護神としての神である。宇宙に満ち充《み》ちている生命と云う神ではなく、人間と等しき愛念《あいねん》をもつ神である。……肉親的愛情の所有者である神が必要なのである。／私はこうした神を、守護神として改めて民衆に発表した。そしてその下に真実肉親として系図を見れば判《わか》る様《よう》な祖先を守護霊としてはっきり認識させる様に教えている。今迄何《な》んとなく漠然《ばくぜん》としていた守護神、守護霊を、各自が、自分のものとして温《あたたか》い思いでつかみ得るように示したのである。

〔五井『天と地をつなぐ者』、一四二―一四八頁〕

一九四九年六月、右記のような〝体験〟を得て、「守護霊、守護神」が五井にとってリアルなものとなった。特に、「守護神」について、〝大生命〟や〝法則〟といった漠《ばく》たる存在ではない、と五井が述べた点に重要性がある。(49)五井は「守護神」のなかに慈愛《じあい》・愛念をみとめ、「守護神」とは遠い存在でなく身近にあって人間の苦悩に手をさしのべ救済してくれる存在である、とした。この引用文における五井の主張の背景には、前述の数ヵ月におよぶ〝霊修行〟の過程で五井が身近に「守護神」からの内なる「声」を自覚していたことが大きい。祖先の悟った霊＝「守護霊」は、他教団でも説かれていたけれども、肉親的愛情をもつ「神」が各人に「守護神」の名でついて常時はたらいてくれている、と述べた点に五井の「守護霊、守護神」思想の新しさがある。「守護神」を抽象的でない、困った時にすがり、助けを求めてつかんでよい「愛の神」と位置付けたところが、五井の「霊界」思想において重要なポイントといえるだろう。五井は、「守護霊、守護神」は愛をもって常に人間をまもってくれていると語り、だからこそ「守護霊、守護神」への感謝の言葉を「世界平和の祈り」のなかで唱《とな》えよ、と強調したわけである。こうした道筋、経緯《けいい》を経て、五井の「守護霊、守護神」思想は完成した。

三　おわりに

五井は、これまで論述してきたように複数の教団・宗教家たちから思想的影響を受けた。例えば、最初に出合った世界救世教・岡田茂吉からは「浄化作用《じょうかさよう》」という教えを、生長の家・谷口雅春からは「光明思想《こうみょうしそう》」を、日本心霊科学協会／心霊科学研究会・浅野和三郎／脇長生からは「神霊主義《しんれい》（スピリチュアリズム）」を、千鳥会・萩原真／塩谷信男らからは「人間、守り主《ぬし》、守り神《がみ》」を一体とみる考え方を、五井はとりいれた。

そして、すでに大本《おおもと》をはじめ、世界救世教、生長の家などにもあった「苦難の解釈」を、五井は新しく「消えてゆく姿」という言葉で表した。つまり、苦しみを通して「業《ごう》」が消える、という五井の「消えてゆく姿」の教理は、主には世界救世教、そして生長の家、さらに近代スピリチュアリズム等の影響を受けながら、白光真宏会の特徴的な教えとして五井が整理したものと言える。特に、生長の家・谷口は、〝光一元《ひかりいちげん》〟の「光明思想」を説く一方で、苦難の原因を「精神分析」的に苦難にある人の心の問題に帰《き》する説き方もしていた。そのため、谷口の場合、その「教え」の一貫性において矛盾があった。それを五井は、「苦難の原因は、現在の心に問題があるのではなく、過去世《かこせ》からの業想念（カルマ）によるもので、いま苦しみが現われて苦しむことでその業想念は消え、これから善《よ》くなってゆくのだ」とポジティブ面のみにとらえなおした。このように、他教団において従来からあった「教え」を五井が整理したことで、彼の「消えてゆく姿」という教理は、新しく独自性を帯びたものになったともいえよう。

さらに、五井昌久の思想的実践的中心といえる「世界平和の祈り」について若干述べたい。

五井が遍歴した世界救世教、生長の家、千鳥会（真《まこと》の道《みち》）などの他にも、多くの宗教教団には「祈り」が多数存在する。しかし、五井は複雑・難解であることを避け、「祈り」を単純化し、「祈り」を一つとした。この「祈り」の大衆化の方向性は、生長の家・谷口らの「祈り」の煩瑣《はんさ》なところを解消した。五井が「単純化傾向」〔津城『鎮魂行法論』、八五頁〕へ向かったのは、反面教師的に谷口らの「影響」があってのことともいえるだろう[50]。

そして、『〔縮刷版〕新宗教事典　本文篇』の中で石井研士が執筆した「となえ言葉」の項を参照すると、新宗教教団ごとに様々な「となえ言葉」のあることが分かる。五井の「世界平和の祈り」は、石井のいう「頻繁《ひんぱん》に繰り返しとなえられる言葉」、「教団を端的《たんてき》に象徴するもの」〔石井研士「となえ言葉」、「井上ほか編『〔縮刷版〕新宗教事典　本文篇』、三六一頁〕に該当するだろう。しかしながら、五井が提唱した「となえ言葉」＝「世界平和の祈り」は、たとえば「南無妙法蓮華経《なむみょうほうれんげきょう》」や「南無阿弥陀仏《なむあみだぶつ》」といった、繰り返しとなえられる「となえ言葉」と一線を画《かく》する面も有している。それは、五井が提唱した「世界平和の祈り」は、信仰の所属や信仰の有無も問わない、としたところである。つまり、五井は、この「となえ言葉」を想《おも》うことで、誰でも個人・人類の平和に貢献できると説いた。

なお、「影響」というものは、数値で正確に定量化して表すことが難しいものである。しかしながら、五井が戦後、遍歴した教団・教祖らの諸文献から関連箇所を指摘することをとおして、おおかたの人が五井が受けた「思想的影響」として納得し得る論証は行えたとおもう。

とりわけ意義深いのは、五井の思想形成にあたり、特に世界救世教の「浄化作用」という考え方の「影響」が鮮明に見えてきたことである。世界救世教では、「浄化作用」がはっきりと説かれ、同様の教えは世界救世教から分《ぶん》派《ぱ》した教団群にも少なからず見られる。

　戦後まもなく、世界救世教の信者として「手かざし」を行っていた五井のことを、「世界救世教に近い人物」と見る心霊研究グループ関係者〔日本スピリチュアリスト協会の人〕もいる。筆者も同感で、分派の概念とは別に、白光真宏会・五井昌久の思想的実践的類似性の観点から、白光真宏会・五井昌久への〝影響関係〟が強い教団系統として、「大本系《おおもとけい》」に加えて「世界救世教系」にもさらに目を配るべきだろう。

　五井昌久への思想的影響を考えるとき、彼の幼少時より様々な「影響」が存在し、そのレベルの強弱もまちまちである。本章で論じた他教団以外にも、歴史上の偉人、種々《しゅじゅ》の聖典[51]、親族等、広くとれば数え切れないであろう。

　本章の最後に、五井をはじめ、教祖の思想形成の背景について少し考えてみたい。まず、新宗教教団の教祖がすべて「天啓《てんけい》」によって全《まった》く新しい独自の教えを生み出しているわけではない、ということである。教団および教祖がその独自性・独創性を主張したとしても、教祖が「教義」を打ち立てるには、それに先立つ思想からの「影響」が存在する。五井の場合もそうであった。

　教団の系統から見るならば、白光真宏会は「大本系」であり、「大本」の延長線上に位置する。このことは、逆に言えば、白光真宏会から源《みなもと》の「大本」教団に向かって遡《さかのぼ》っていくところに、〝大本ＤＮＡ〟あるいは〝世界救世教ＤＮＡ〟ともいえるような「思想的影響因子《いんし》」が存在する可能性を示唆《しさ》している。

　そこで今後は、五井が遍歴・所属した教団・団体や出会った人物たちに限らず、広く他の「大本系あるいは世界救世教系」教団との思想比較の中で、共通する「思想的因子」を見出《みいだ》していくつもりである。そして、「大本系あるいは世界救世教系」の他教団における、どういう思想が白光真宏会・五井の思想につながりをもつのか・もたないのか、さらに解明したい。本研究を進めていくことで、新宗教教団における「大本系あるいは世界救世教系」の思想的特徴を具体的に指摘出来るようになるだろう。

註

（1）五井あるいは白光真宏会にかんする先行研究（学術論文、等）については、本書の序章を参照されたい。「教団系統」の位置付けに関しては、次の三つの先行研究（書籍）に記された「系統図」を参照した。①村上重良『近代民衆宗教史の研究』法蔵館、一九七二年（第二版第二刷）（第二版第一刷は一九六三年）、②井上順孝・孝本貢・塩谷政憲・島薗進・対馬路人・西山茂・吉原和男・渡辺雅子共著『新宗教研究調査ハンドブック』雄山閣出版、一九八一年、③井上順孝・孝本貢・対馬路人・中牧弘允・西山茂編『新宗教教団・人物事典』弘文堂、一九九六年。

（2）宗教法人大本には二人の教祖がおり、出口なお（一八三六―一九一八）を「開祖《かいそ》」、出口王仁三郎《おにさぶろう》（一八七一―一九四八）を「聖《せい》師《し》」と呼ぶ。一八九二年のなおの「神がかり」を大本の歴史の始まりとする。同教団の信者あるいは同教団に関係のあった人物によって、「大本系」の新宗教教団群が生まれていった。

（3）出口王仁三郎。京都府（現在の亀岡市）生まれ。もとの姓名は上田喜三郎《うえだきさぶろう》。一九〇三年、上田姓から出口王仁三郎とあらためた。王仁三郎は、「大本」を大教団へと発展させ、「霊界体験」を口述して教典『霊界物語』をまとめ上げた［井上ほか編『新宗教教団・人物事典』五〇四―五〇五頁、参照］。

（4）「教義」の文は、以下のとおり。「人間と真実の生き方／人間は本来、神の分霊《わけみたま》であって、業生《ごうしょう》ではなく、つねに守護霊《しゅごれい》、守護神《しゅごじん》によって守られているものである。／この世のなかのすべての苦悩は、人間の過去世《かこせ》から現在にいたる誤《あやま》てる想念《そうねん》が、その運命と現われて消えてゆく時に起《おこ》る姿である。／いかなる苦悩といえど現われれば必ず消えるものであるから、消え去るのであるという強い信念と、今からよくなるのであるという善念《ぜんねん》を起し、どんな困難のなかにあっても、自分を赦《ゆる》し人を赦し、自分を愛し人を愛す、愛と真《まこと》と赦しの言行《げんこう》をなしつづけてゆくとともに、守護霊、守護神への感謝の心をつねに想い、世界平和の祈りを祈りつづけてゆけば、個人も人類も真《しん》の救《すく》いを体得《たいとく》出来るものである。」［『白光』二〇一八年七月一〇日号、八三頁］。

（5）五井昌久『天と地をつなぐ者』宗教法人五井先生讃仰会、一九五五年（初版本）（非売品）。五井の前半生《ぜんはんせい》が記された彼の自叙伝である。なお、後年に刊行された『天と地をつなぐ者』は、改版増《かいはんぞう》補《ほ》されたものである。そのため、改版（増補）本は、筆者が主に引用した初版本とは頁数が異なるので注意されたい。

（6）「霊界」思想に関連する主な先行研究を、一部だが挙げておこう。まず、様々な新宗教教団の「霊界」思想にかんして概括的《がいかつてき》に論じているのは、『新宗教事典』における〈対馬路人「世界観と救済観」〉の項だろう。他の論文等では、出口王仁三郎の『霊界物語』の著述内容を詳細に分析した窪田［二〇一五］があるが、大本から派生した教団群までは言及していない。日本を含むスピリチュアリズムの歴史を概観した渡辺［二〇〇七］は、同思想のキーマンである浅野和三郎《わさぶろう》、脇長生《わきたけお》の経歴等に若干触れている。津城［二〇〇七］は、西洋の近代スピリチュアリズムにおける「死後存続説」を論じた。田中［一九六五］には、「幽界《ゆうかい》」と「顕界《けんかい》」との関係性（「幽界と顕界とは重なり合っている」「両界は重なり合っているが厚さが無いから同じ所で重なり合っている」等）や神道家《しんとうか》・本田《ほんだ》親徳《ちかあつ》が説いた一八一階級の「神界」説など、日本のスピリチュアリズムに通ずる思想が紹介されている。菅野［二〇一一］は、平田篤《ひらたあつ》胤《たね》の著『霊能真柱《たまのみはしら》』における「幽冥論《ゆうめいろん》」として、死後霊魂は「顕国」と同国土にある「幽冥」へおもむき、墓上にとどまって子孫を見守る、との世界観について述べ、「神道」におけるある立場の霊魂観をしめした。前述した参照文献を列記すると、次のとおり。対馬路人「世界観と救済観」（井上順孝ほか編『新宗教事典』弘文堂、一九九〇年）。窪田高明「『霊界物語』における台湾」（『神田外語大学日本研究所紀要』第七号、二〇一五年六月）。渡部俊彦「心霊研究とスピリチュアリズムの発展史概観」（『Journal of International Society of Life Information Science』第二五巻一号、二〇〇七年三月）。津城寛文「マイヤーズ問題——近代スピリチュアリズムと心霊研究の間で」（『駒澤大学佛教学部論集』第三八号、二〇〇七年一〇月）。田中初夫「顕界と幽界——神道に於ける神の分類とその世界」（『東京家政学院大学紀要』第五号、一九六五年）。菅野倫太郎「『霊能真柱』の世界観と宗教的安心」（『皇学館論叢』第二六一号、二〇一一年八月）、ほか。

（7）世界救世教本部編『教修要綱《きょうしゅうようこう》』（一九五二年）には、「……更《さら》に最奥《さいおう》天国の一段が加わり合計百八十一の段階の層になっています故《ゆえ》、……」［世界救世教本部編『教修要綱』、四八頁］とある。

（8）一九四三年、「日本浄化療法」設立［世界救世教教学部編『世界救世教』、二二七頁］。

（9）正しい題は『明日《みょうにち》の醫術』。岡田茂吉『明日の醫術』（第一編・第二編・第三編）志保澤武、一九四三年（非売品）、参照。

（10）筆者が本稿を執筆するにあたり、「苦難の解釈」あるいは「神義《しんぎ》論《ろん》」について書かれた下記の論文・書籍を参照した。藤原聖子「大震災は〈神義論〉を引き起こしたか」（国際宗教研究所編『現代宗教』秋山書店、二〇一二年）。本多峰子「他者のための贖い——苦難の意味の積極的解釈にむかうヨブ記　一九章二三—二九節の一試論」（二松学舎大学国際政経学会編『国際政経』第一四号、二〇〇八年）。伊豆藏好美「ライプニッツ的オプティミズムの現代的可能性について」（『奈良教育大学紀要』第六二巻第一号、二〇一三年）。荒川敏彦「マックス・ヴェーバーにおける理解社会学と神義論問題——先行研究とその批判」（『千葉商大紀要』第五〇巻第二号、二〇一三年）。武井順介「新宗教における「病」の意味——世界救世教を事例として」（『立正大学文学部論叢』第一三四号、二〇一二年）。寺田喜朗「新宗教における幸福感とその追求法——生命主義的救済観と教導システム」（『宗教研究』第八八巻第二輯、二〇一四年）。横田理博『ウェーバーの倫理思想——比較宗教社会学に込められた倫理観』（未來社、二〇一一年）。M・ヴェーバー『ヒンドゥー教と仏教　宗教社会学論集Ⅱ』（古在由重訳）（大月書店、二〇一〇年）、ほか。

（11）岡田茂吉『明日の醫術　第一篇』志保澤武、一九四三年（初版は一九四二年）、八一頁以降（「病氣の眞因《しんいん》」の項）、参照。

（12）岡田茂吉は、『明日の醫術』執筆当時は、医薬批判を徹底していたが、のちに時代の流れや世論に順応するためか、まったく医薬を否定するような論調は控えられていった。例をあげると、『地上天国』第二号、一九四九年三月一日の文章「信徒諸氏に告ぐ」で、以下の注意事項が掲げられた。「本教徒の中に、浄霊の場合医師にかかること、薬を服むこと、注射をすること等について否定するごとき言葉ありやにて、……決して医療に反対するごとき事なきよう注意されたしとの大先生の思し召しを、ここにお伝えする次第である。」〔世界救世教いづのめ教団編『天国の礎　浄霊下』所収、一三七頁〕。

(13) 岡田茂吉の説明によれば、「靈衣《れいい》」とは「一種の光波《こうは》を保有してゐる……靈體《れいたい》の外殻に放射してゐる白色の一種の光線」とのこと〔岡田『明日の醫術　第三篇』、六四頁、参照〕。

(14) 岡田は「浄化」の働きをいう際、人体における〝腎臓〟と相応《そうおう》する存在として〝祓戸《はらいど》の四柱の神〟について言及した。岡田の説明では、前記の神は「天地間の汚濁《おだく》を清める神」という〔岡田『明日の醫術　第三篇』、七五頁、参照〕。なお、世界救世教の『天津《あまつ》祝詞《のりと》』の中にも「祓戸大神等《はらいどのおおかみたち》諸々《もろもろ》の枉事罪穢《まがごとつみけがれ》を祓《はら》ひ給へ浄《きよ》め賜へと……」のことばが見られる。これは神道《しんとう》の『身滌大祓《みそぎのおおはらい》』にもあることばである。

(15) 同様の考え方は、大本《おおもと》の教えにおける「四大主義」の〝清潔主義〟の項で語られている〔大本教学研鑽所編『大本のおしえ』、一六五―一七一頁、参照〕。

(16) 岡田茂吉も、人間の「再生《さいせい》、生まれ変わり」を前提として語っている。

(17) 「真毘」は、初版本における誤植である。直霊、直毘のこと。五井は法話において、「なおひ、なおび」「ちょくれい」などと言っている。五井は、「直霊」という語を用いて「神（〝実相《じっそう》〟、神性《しんせい》、本心《ほんしん》）」と結びつけて説明している。なお、改版本では、「直毘《なおび》」〔五井『天と地をつなぐ者』（改版本）、四七頁〕と訂正されている。

(18) 谷口の訳書とは、原著*Being and Becoming*を翻訳的に紹介した『新百事如意《しんひゃくじにょい》』のことであろう。谷口雅春『新百事如意』光明思想普及會、一九四〇年（普及廉價版再發行）（初版は一九三八年）、五―九頁、参照。

(19) 前掲の寺田論文（二〇一四年）では、生長の家の「災因論《さいいんろん》」についても引用が示されている。そこでは、「縦《たて》」の問題として、病気の原因が本人あるいは先祖の因縁、過去世の悪業によるものもあるとする。病気などによって苦しむことで、罪の消滅をはかり、過去世の罪の浄まるのを喜んでいるという〔寺田「新宗教における幸福感とその追求法」、一四四頁、参照〕。生長の家における「苦難の解釈」として、筆者の参考にした。

(20) 「教義」＝「人間と真実の生き方」の中に出てくる「誤《あやま》てる想念」という言葉には、過去世から現在までの、誤った、神のみこころから離れた「おもい・ことば・おこない」の意を含み、それらを五井昌久は「業《ごう》」といっているようである。

(21) 五井は、「今生《こんじょう》の運命はほとんど八〇％が過去世の業因縁によって現われてくる……」〔五井『宗教問答』、二三一頁〕と述べている。つまり、五井の教説によれば、運命は八割ほどは過去世からの業因縁で決まっているが、その他の要素で変更の余地はあるとした。

(22) 五井は、個人の小さな願いを祈るよりも〝大乗的《だいじょうてき》に〟祈ることを重視する。「世界、日本の平和」を祈ることが大切というのである〔五井『生命光り輝け』、一三七―一三八頁、参照〕。

(23) 白光真宏会では、亡くなることを〝移行《いこう》〟といい、「肉体界」から広義の「霊界」へ旅立つことをいう。ある界から別の界へ「移る」ことであり、死を悲しみのみとはみず、むしろ「霊界」のほうを本来いたところとみる。そのため、白光真宏会の信者は死を「霊界〔神界とも〕」に帰還《きかん》するよろこびとして語ることがある〔白光編集部編『輝ける死　安らかな瞬間』、参照〕。なお、生長の家でも、"移行"という語が用いられる〔谷口『人生を支配する先祖供養』、一三―一四頁、参照〕。

(24) 五井の作成した「教義」の後半に、「自分を赦し人を赦し、自分を愛し人を愛す、」〔『白光』二〇一九年八月一〇日号、五三頁〕の文言がある。前掲の「自分を赦し……」の部分は、白光真宏会の初期である一九五七年二月に追加された。その背景には、同会の会員たちのなかに、必要以上に自分を責めてしまう姿がみられたことがあった。それゆえに、五井は、自分を赦すこと、自分を愛することを「教義」の文言に加えたわけである。また、「教義」の文言の追加について、若干、付記しておきたい。それは、一九五九年五月、機関誌の「教義」の文言に二点、追加・変更があったことである。ひとつは、「守護霊、守護神への感謝の心を常に想い」のあとに「世界平和の祈りを祈り」の文言が追加され、「守護霊、守護神への感謝の心を常に想い世界平和の祈りを祈りつづけてゆけば、」となったこと。もうひとつは、「人間は真の救いを」が「個人も人類も真の救いを」と変更されたことである〔『白光』一九五九年五月号、表二頁、参照〕。同会では、「教義」にあらためてこうした文言を書き込むことで、「世界平和の祈り」が重要であること、そしてこの「祈り」が「個人も人類も」救うものであることを明確にしたと思われる。現在の機関誌でも、「……守護霊、守護神への感謝の心をつねに想い、世界平和の祈りを祈りつづけてゆけば、個人も人類も真の救いを体得出来るものである。」と表記されている〔『白光』二〇一九年八月一〇日号、五三頁、参照〕。

(25) 五井の法話は、カセットテープやCDとして、白光真宏会で頒《はん》布《ぷ》されている。いまでも、テープ『五井先生ご法話シリーズ（全四五巻）』、テープ『五井先生講演会集（全一九巻）』、テープ『五井先生聖ヶ丘講話（全一三巻）』、CD『五井昌久講話集（第一集〜第六集）』ほか、多数の法話・講話をきくことが出来る〔『白光』二〇一八年九月一〇日号、六〇―六一頁、参照〕。

(26) 本章では、現在の教団の解釈ではなく、教祖の考え方にしぼり、各教祖の主張が記された著述から「苦難の解釈」に該当する箇所を筆者が引用した。

(27) 「お浄め」は、五井が柏手《かしわで》をうち"口笛"をならし、業《ごう》を浄めるとされた。生長の家と世界救世教の「救済法」に関しては、前掲寺田論文（寺田「新宗教における幸福感とその追求法」）、一四四―一四五頁、参照。

(28) 五井は死後の世界観において、大きく「神界」「霊界」「幽界」を示し、苦しみをへて業《ごう》が浄まった霊魂は上位の世界にいくという。そして霊魂が浄まっているぶん、次の輪廻《りんね》ではよりよい環境への再《さい》生《せい》が期待される。

(29) 前掲寺田論文（寺田「新宗教における幸福感とその追求法」）で、西山茂《にしやましげる》が提示した「教導《きょうどう》システム」という概念と同じ意味で用いている。「教導システム」における信念体系の側面で、本稿は新たに白光真宏会の事例を追加したものである。

(30) 例えば、「世界救世教系教団」〔井上ほか編『新宗教事典』、八六頁〕に位置づけられている神慈秀明会《しんじしゅうめいかい》も、「……一切の苦しみは浄化作用《じょうかさよう》である。」〔神慈秀明会教学室編集室編集『聖教書』、三六一頁〕と世界救世教・岡田茂吉の「浄化作用」説をとっている。また、同じく、崇教真光《すうきょうまひかり》でも、岡田光玉《こうたま》（一九〇一―一九七四）は「人生には悩み、苦痛がある。しかし、その悩み、苦痛があるから先祖からの罪穢が消えるわけです。……その痛み、苦しみのたびに一つ一つの罪穢が消えていくという問題です。／……どこまでも悩み、苦しみ、痛みというものが出なければ罪穢は消えないということです。……」〔岡田光玉述、崇教真光編集『寸教』、三五八―三五九頁〕と述べた。さらに、世界真光文明教団《せかいまひかりぶんめいきょうだん》（一九六三年設立。初代教え主《ぬし》は、岡田光玉）でも、同様の教えを説いている。世界真光文明教団三代教え主・関口勝利《かつとし》（一九三九―）の著書によると、「いっさいの苦しみ悩みは、霊細胞の曇《くも》りの解消作業である。」といい、世界真光文明教団の関口勝利も病気・災害・戦争などを罪穢の「清浄化（クリーニング）」ととらえている〔関口『手かざしのすすめ』、六六頁・七〇頁、等、参照〕。

（31）心霊科学研究会の浅野和三郎や脇長生の著作から学ぶ勉強会が東京都内において行われており、筆者も何度か参加した。本資料（テープ起こし）は同勉強会にて龍稚会《みずちかい》の代表・中野雅博（一九五一―）氏より提供してもらった。脇の講話の音声を筆者も聞いて確認した。なお、かつて心霊科学研究会で学んでいた中野雅博氏や伊藤直廣（一九四七―）氏からの情報をとおして、脇の講話日を特定できた。講話日について、中野雅博氏によれば、「私〔中野氏のこと〕が、なぜ、〔脇の講話日を〕一九七五年一一月三〇日と特定したかといいますと、最初の司会の挨拶のところで、司会の人が『最後の例会を開きたいと思います。……明日は、はや一二月でございます。』と述べていたから。そこで、〔脇の晩年にあたる時期の〕二、三年間の暦を調べて、一一月三〇日が日曜日〔脇が講話する例会は、日曜日に開催されていた〕なのは、一九七五年しかなかったので。」とのことであった。ちなみに、このテープ起こしには、「〔司会者　挨拶〕最後の例会を開きたいと思います。今日は、ストの関係か、だいぶ少ないようでございますが。明日は、はや一二月でございます。師走でございまして、この間《あいだ》、先生〔脇長生のこと〕を囲みまして、向こうの大広間で新年会を開きましたが、もはや一年でございます。」〔脇長生の講話テープ〕とある。実際、脇長生の晩年にあたる一九七〇年から逝去した一九七八年までの一一月三〇日の曜日を筆者も調べたところ、中野雅博氏がいうように一九七五年一一月三〇日のみが日曜日となっていた。

（32）日本心霊科学協会「本会役員」をみると、常任理事に脇長男〔脇長生、わきたけお、と同一人物〕の名が確認出来る。戦後に刊行された日本心霊科学協会の機関誌『心霊研究』第一号の編集長は、脇長男となっている。そして、同誌第一号の表四頁には、「心霊科学研究会出版書籍目録」として浅野の著訳書、『神霊主義』『死後の世界』『心霊学より日本神道を観る』などが広告的に紹介されている〔『心霊研究』一九四七年二月号、表三頁・表四頁、参照〕。

（33）浅野和三郎『神霊主義―事実と理論』嵩山房、一九三四年。脇長生は、『神霊主義』の改題版『心霊研究とその帰趨《きすう》』（心霊科学研究会、一九五〇年）を読むことを心霊科学研究会の会員らに薦めたという〔心霊科学研究会で脇長生から教えを受けた人たちからの筆者による聞き取り〕。

（34）千鳥会は一九四八年七月四日に結成し、翌一九四九年八月に宗教法人となったという〔『千鳥』一九四九年一二月号、二頁、参照〕。なお、千鳥会の結成時期は、萩原真の記述では「一九四八年節分」〔『真報』第三七号、一頁、参照〕とある。また、萩原真の自伝本に付された「略年譜」には、「一九四八年六月に結成」〔真の道出版部編『真を求めて　萩原真自伝』、巻末「略年譜」、参照〕と記されている。

（35）日本心霊科学協会と千鳥会は相互に情報を共有・提供し合っていた時期があり、『心霊研究』誌に萩原真編『霊界物語』の広告と共に千鳥会の紹介も行っている〔『心霊研究』一九四九年二月号、表三頁、参照〕。

（36）千鳥会の会報『千鳥《ちどり》』は、一九四八年六月に第一号を刊行した〔『千鳥』第一号、一頁、参照〕。

（37）千鳥会の会報で教理面の執筆を担った塩谷《しおや》は、千鳥会を結成する前から日本心霊科学協会とも関係をもっていた。『心霊研究』誌によれば、一九四八年二月頃、塩谷は日本心霊科学協会の「普通賛助会員」になった〔『心霊研究』一九四八年二月号、一六頁・表四頁、参照〕。

(38)「梶《かじ》神霊」とは、萩原真《はぎわらまこと》の親友で、梶光之のこと。一九三四年、梶は旧満州で他界したが、二年後の一九三六年から萩原真のもとに「霊界」から通信してきたという。千鳥会《ちどりかい》・真《まこと》の道《みち》によれば、梶は「霊界」で修行を積み、「神格《しんかく》」を得たとされている〔萩原監修『梶さんの霊界通信』、四四―四五頁、参照〕。

(39) 五井は自叙伝の中で、「……C会〔千鳥会〕の交霊会には何処《どこ》へでも出掛けていった。」〔五井『天と地をつなぐ者』、九七頁〕と記している。千鳥会主催の「交霊会(萩原霊媒)」は、一九四八年四月には行われていた〔『千鳥』一九四八年六月号、二頁、参照〕。

(40) 亀井三郎。この姓名は、仮名である。「物理霊媒者《れいばいしゃ》」。浅野和三郎と一九二九年に接触した際、当時二七歳ぐらいだった亀井は浅野にいくつかの「心霊現象」を披露した、という〔春川編『心霊研究辞典』、六〇―六一頁、参照〕。小田秀人《おだひでと》によれば、一九三〇年一一月三日、亀井が小田に話を持ちかける形で一緒に「菊花会《きっかかい》」を組織することになった、という〔小田『四次元の不思議』、六三頁、参照〕。

(41) 粕川章子(一八八七―一九六九)は、一九四六年一二月一日から、粕川が逝去した一九六九年四月一二日まで、日本心霊科学協会の理事であった〔日本心霊科学協会『創立五十周年記念特集』、四一五頁、参照〕。海外の「心霊」関係書の翻訳、等を手がけた。ワアド『幽界行脚《ゆうかいあんぎゃ》』(浅野和三郎・粕川章子訳、嵩山房、一九三一年)や粕川章子『大霊媒ホーム』(日本心霊科学協会出版部、一九五七年)などがある。白光真宏会元副理事長の高橋英雄氏によると、日本心霊科学協会の粕川と五井との交流は、粕川が亡くなる一九六九年まで続いたそうである。

(42) 小田秀人(一八九六―一九八九)。広島県生まれ。旧制第一高等学校から京都帝大卒。のち東京帝大に入り同大学院卒業、とある。大学在学中から「心霊研究」に取り組む。東大大学院では、姉崎《あねさき》正治《まさはる》、宇野円空《うのえんくう》の指導を受けていた、という〔小田『四次元の不思議』、八〇頁・奥付頁、参照〕。また、小田は、詩人としても『先《ま》づ生きん』〔一九一九〕、『本能の声』〔一九二八〕などを出版している。そして、小田は、「心霊」研究の目的で、一九三〇、一九三一年に「菊花会」を創立し、機関誌『心霊知識』を発行した。その後、一九六七年に単独で「菊花会」を再興《さいこう》し、機関誌『いのち』を発行した〔小田『四次元の不思議』、「はしがき」の頁、参照〕。なお、小田のこうした「心霊」関係の活動にあたって、経済的には大本の三代教主補の出口日出麿《ひでまる》が適時ピンチを救ってくれた、と小田は述べている〔小田『四次元の不思議』、六四頁、参照〕。また、五井も、小田にたいして、いくらかの「支援」をしたそうである。

(43) 五井の側近・髙橋英雄によれば、機関誌『白光』一九五八年三月号誌上に、粕川章子の英訳による「世界平和の祈り(Our Prayer)」が掲載された〔『白光』一九五八年三月号、三二頁、参照〕。粕川が作ったという「世界平和の祈り」の英訳文は、以下のとおり。**"Our Prayer / May peace prevail on earth! / May peace be in Japan! / May our missions be accomplished! / We thank thee; / Our Guardian Spirits and / Our Guardian Angels!"**〔『白光』一九五八年三月号、三二頁〕。一九五八年四月、白光誌四月号でも「世界平和の祈り」の英訳をカコミで掲載。同年の白光誌六月号にもカコミで、「世界平和の祈り」の英訳 **"OUR PRAYER"** が掲載されている〔『白光』一九五八年六月号、一一頁、参照〕。

(44) 五井昌久『神と人間――安心立命への道しるべ』五井先生讃仰会、一九五三年。(初版本)(非売品)。本書では、五井昌久の主著『神と人間』からの引用頁は、初版本をもとに示した。後年刊行され入手しやすいものに改版本およびそ改版文庫本がある。しかし、それらは、初版本とは該当ページがずれているので注意されたい。

(45)『五井昌久講話集』は全五巻刊行されているが、本章では、以下の三つの巻を参照した。五井昌久『生命光り輝け　五井昌久講話集1』、五井昌久『素直な心　五井昌久講話集2』、五井昌久『光明の生活者　五井昌久講話集3』。

(46)『白光』の創刊前、一九五四年頃に、五井は、ある程度定型化された「祈り言葉」を会員に提示している。翌一九五五年中に祈りの形が定まっており、一九五六年には定着、一九五七年二月号では巻頭で「教義」と並べて、「世界平和の祈り」を注釈付きで掲載している。現在の「世界平和の祈り」の文言は次のとおり。「世界人類が平和でありますように／日本が平和でありますように／私達《わたくしたち》の天命《てんめい》が完《まっと》うされますように／守護霊様《しゅごれいさま》ありがとうございます／守《しゅ》護神様《ごじんさま》ありがとうございます」。そして、この「祈り」の〝はたらき〟を説明する文章として、ただし書きを添えている。そのただし書きの文言は、次のとおり。「この祈りは五井先生《ごいせんせい》と神界《しんかい》との約束事で、この祈りをするところに必ず救世《きゅうせ》の大光明《だいこうみょう》が輝き、自分が救われるとともに、世界人類の光明化《こうみょうか》、大調和に絶大なる力を発揮するのです。」〔『白光』二〇一九年八月一〇日号、五二頁〕。

(47)大正末から昭和初期、谷口雅春は、浅野和三郎が創刊した『心霊と人生』誌（心霊科学研究会発行）にも寄稿していた。谷口の寄稿については、『心霊と人生』誌のバックナンバーを筆者が閲覧し、確認した。例えば、一九二八年には、谷口は、「セオソフヰーの靈《れい》學《がく》」の題で記事を連載していた〔『心靈と人生』一九二八年一〇月号、同誌同年一一月号、参照〕。

(48)機関誌『心霊研究』一九四七年二月号～一九四九年一月号を閲覧、参照。なお、日本心霊科学協会の『心霊研究』誌への脇長生《わきたけお》の寄稿は、一九四九年一月号で終わっている。脇は、その後、考え方の違いを理由に日本心霊科学協会と行動を別にした。

(49)対馬路人・西山茂・島薗進・白水寛子「新宗教における生命主義的救済観」（『思想』第六六五号、一九七九年一一月）によれば、生長の家など一一教団を研究した結果、新宗教の教えの中核には根源的生命という概念があるという。五井も、根源にあたる〝神〟をこのような意味で語ることもあった。しかし、五井は、会員たちに語るときはむしろ、情愛《じょうあい》をもつ「守護霊、守護神《じん》」のほうを中心に語り、人々にはもっぱら、これら「守護霊、守護神」に常に感謝するように、と指導していた。この「根源的生命」は茫漠《ぼうばく》とした概念であるが、五井の場合は、そうした存在を「法則（として）の神」といった。五井は、この「法則（として）の神」には、人間的情愛の要素は無いという。それゆえに、五井は、一般の人々がすがる対象として、人間的情愛の要素を有する「守護霊、守護神」に頼ることを、ことさらすすめた。

(50)石井研士「となえ言葉」、井上順孝・孝本貢・対馬路人・中牧弘允・西山茂編『〔縮刷版〕新宗教事典　本文篇』弘文堂、一九九四年、三六一―三六三頁、参照。

(51)五井が受けたであろう聖典からの「影響」のひとつとして、「新約聖書」からの影響について、ふれておきたい。五井昌久の著作『聖書講義』における五井の話から見えてくるものについて、以下に記す。五井は、全三巻の『聖書講義』を刊行し、第一巻で、新約聖書の「山上《さんじょう》の垂訓《すいくん》」に多くの頁（一〇二―一九一頁）をさいている。「汝《なんじ》の敵を愛せよ」の項では、五井は、聖書の「マタイ伝」文語訳から、「……悪しき者に抵抗《てむか》ふな。人もし汝の右の頬《ほほ》をうたば、左をも向けよ。なんぢを訟《うった》へて下着を取らんとする者には、上衣をも取らせよ。……汝らの仇《あだ》を愛し、汝らを責むる者のために祈れ。……（マタイ伝第五章三八～四八）」〔五井『聖書講義（第一巻）』、一二九頁〕を引用した。これについて、五井は、「この教《おしえ》を読むたびに、真理を行《ぎょう》ずることのむずかしさが心に沁《し》みて思われます。どんなにむずかしくとも、行いにくくとも、これは真理（キリスト）の言葉であり、神のみ心であることは、私の経験からしても確かです。」〔五井『聖書講義（第一巻）』、一三〇頁〕／「……できなくても、聖書の言葉通りにしてゆかなくてはならないのです。」〔五井『聖書講義（第一巻）』、一三三頁〕と述べている。要するに、聖書の文字通りの、「絶対的な非暴力」が五井自身の態度であったといえる。五井個人のそうした絶対平和主義の態度は、いくらかは聖書からの「影響」もかんがえられよう。五井は、みずからの提唱した「世界平和の祈り」＝「世界人類が平和でありますように／日本が平和でありますように／私たちの天命が完《まっと》うされますように／神様（守護霊守護神）ありがとうございます」〔五井『聖書講義（第一巻）』、五頁〕をとなえることを、クリスチャンにも、キリスト教の祈りとともに、ぜひ実行してほしい、と述べている〔五井『聖書講義』（第二巻）、一三五頁、等、参照〕。さらに、五井は『聖書講義』で「主《しゅ》の祈り」をとりあげ、次の引用を掲出した。「この故《ゆえ》に汝らはかく祈れ。「天にいます我らの父よ、願はくば御名《みな》の崇《あが》められんことを。御国《みくに》の来たらんことを。御意《みこころ》の天のごとく地にも行なはれんことを。我らの日用《にちよう》の糧《かて》を今日もあたへ給へ。我らに負債《おいめ》ある者を我らの免《ゆる》したる如く、我らの負債《おいめ》をも免《ゆる》し給へ。我らを嘗試《こころみ》に遇《あわ》せず、悪より救ひ出《いだ》し給へ。」汝らもし人の過失《あやまち》を免《ゆる》さば、天の父も汝らを免《ゆる》し給はん。もし人を免《ゆる》さずば、汝らの父も汝らの過失《あやまち》を免《ゆる》し給はじ。（マタイ伝第六章九〜一五）」〔五井『聖書講義（第一巻）』、一五〇—一五一頁〕。この引用に続けて五井は、「私も若い頃毎日この祈りをつづけたものでした。実に素晴らしいひびきをもった祈り言《ごと》です。」〔五井『聖書講義（第一巻）』、一五一頁〕と述懐している。五井自身、若い頃毎日この「主の祈り」をつづけた、と述べている部分が、キリスト教の新訳聖書からの「影響」を考察するうえで重要だろう。そして彼は「私が常に説いております〝世界人類が平和でありますように〟の一行《いちぎょう》は、この主の祈りを、もっとも今日《こんにち》的にわかりやすく、老人にも幼児にも唱えられるように説いたものです。／この主の祈りは、前半は、ひたすら、神のみ心そのものである、大調和世界がこの世に顕現《けんげん》されるように、という祈りです。これは今日的に要約すれば、世界人類が平和でありますように、であり、日本（祖国）が平和でありますように、ということになるのです。／「我らの日用の糧《かて》を今日もあたへ給へ」という所は〔世界〕平和の祈りの〝私達の天命を完《まっと》うさせ給え〟の中に含まれてしまいます。」〔五井『聖書講義（第一巻）』、一五三—一五四頁〕／「主の祈りの現代版が世界平和の祈りであって、本質的に少しも変《かわ》るところはないのです。」〔五井『聖書講義（第一巻）』、一五九頁〕と述べた。この五井の『聖書講義』では、聖書の言葉を五井流に解釈していくわけだが、彼は聖書の「主の祈り」がもつエッセンスが「世界平和の祈り」の中に継承されている、と主張している。五井が若い頃からくり返し読み、祈ったという「主の祈り」の主意が五井の「世界平和の祈り」に反映されている、ということをもって、キリスト教の新訳聖書からの「影響」を部分的にみることも可能だろう。

第三章　社会事象が五井昌久の平和運動に与えた影響

一　はじめに

第一章の「五井昌久《ごいまさひさ》の生涯と活動」で記したように、五井は、終戦までは人並みに平和をねがう心はあったとはいえ、戦時中は愛国精神を発揮し、日立製作所の工場で日本の勝利を信じて勤労に励んでいた。ところが、戦後、五井が宗教活動をおこなう頃には、「平和思想」を説くようになっていた。五井が戦後、平和運動を推進していった背景として、〝社会状況（社会事象）との関係〟を見ておくことは不可欠だろう。

そこで、まず、五井昌久の生涯（一九一六―一九八〇）の時間のなかで、とくに戦後の「社会」において、およそどのような出来事があったのかにつき、以下、「戦後の社会　簡易年表」を掲げておく〔成田『近現代日本史と歴史学』、二四三頁、等、参照〕。

そののち、順次、戦後の社会情勢と五井らの平和運動との関係について、考察していきたい。

「戦後の社会　簡易年表」

一九四五年三月　東京大空襲／**一九四五年八月**　広島・長崎に原子爆弾／**一九四五年九月**　降伏文書調印／**一九四六年**

一月　天皇人間宣言／一九四六年五月　極東国際軍事裁判（東京裁判）開廷（〜一九四八年一一月）／一九四六年一一月　日本国憲法公布（一九四七年五月　施行）／一九五〇年六月　朝鮮戦争勃発（〜一九五三年七月　停戦協定）／一九五〇年八月　警察予備隊《けいさつよびたい》設置／一九五一年九月　サンフランシスコ平和条約・日米安全保障条約調印（一九五二年四月　発効）／一九五四年三月　ビキニ水爆で第五福竜丸被災／一九五四年七月　防衛庁・自衛隊《じえいたい》発足／一九五四年八月　原水爆禁止署名全国協議会結成／一九五四年頃〜　日本でも、アダムスキーらの「空飛ぶ円盤」にかんする書籍が刊行されはじめる／一九五五年八月　第一回原水爆禁止世界大会／一九五六年一〇月　日ソ共同宣言／一九五六年一二月　日本、国際連合に加盟／一九五七年　国連安全保障理事会非常任理事国当選／一九五九年四月　皇太子結婚／一九五九年　キューバ革命／一九五九年四月　安保改定阻止運動始まる／一九六〇年五月　新安保条約強行採決（六月自然承認）、日米新安全保障条約調印／一九六〇年　安保闘争激化／一九六一年　ベルリンの壁／一九六二年　中印国境紛争、キューバ危機／一九六三年　部分的核実験停止条約に調印／一九六四年一〇月　東京オリンピック開催／一九六五年　ベトナム戦争激化、米軍、北爆《ほくばく》開始／一九六五年四月　ベトナムに平和を！市民文化団体連合（ベ平連）、初のデモ行進／一九六五年六月　家長三郎《いえながさぶろう》による第一次教科書裁判／一九六五年六月　日韓基本条約調印／一九六六年一〇月　総評五四単産〔単一産業別組合〕、ヴェトナム反戦統一スト／一九六七年八月　公害基本法公布／一九六八年四月　小笠原返還協定（六月　小笠原諸島返還実現）／一九六八年　GNP、資本主義国第二位に／一九六八〜一九六九年　全国で大学紛争激化／一九六九年一月　東大安田講堂封鎖解除／一九六九年　中ソ国境紛争／一九七〇年二月　核拡散防止条約調印／一九七〇年六月　（日米）安保条約、自動延長／一九七一年六月　沖縄返還協定調印（一九七二年五月　沖縄返還実現）／一九七二年二月　浅間山荘事件／一九七二年九月　日中共同声明により、日中国交回復／一九七三年　ベトナム和平。第四次中東戦争／一九七四年四月　日本《にほん》を守る会、結成／一九七四年五月　インド、核実験／一九七五年八月　日本赤軍メンバーがマレーシアでテロ事件／一九七六年　ベトナム社会主義共和国成立（南北統一）／一九七八年　イラン革命開始／一九七八年　日中平和友好条約調印／一九七九年　米中国交正常化

／一九七九年一二月　ソ連軍、アフガニスタン侵攻

〔成田『近現代日本史と歴史学』、二四三頁、鳥海ほか『現代の日本史　改訂版』、一八八―一九一頁、藤村『世界現代史1　日本現代史』の年表、二八―三六頁、等、参照〕

右の「簡易年表」のように、一九四五年の日本敗戦後も、一九五〇年、朝鮮戦争勃発、一九六〇年、安保闘争激化、一九六二年、中印国境紛争、キューバ危機、一九六五年、ベトナム戦争激化、米軍、北爆開始、一九六九年、中ソ国境紛争、など紛争・闘争が絶えない社会情勢があった。そして、五井昌久が死去した一九八〇年は、まだ冷戦が終結していなかった。

なお、五井昌久が戦後にはじめた平和運動や平和についての考えが記された資料に、一九五五年一月から宗教誌として本格的に毎月刊行されるようになった機関誌『白光《びゃっこう》』がある。この『白光』誌の創刊号（一九五四年一〇月発行〔最初の号は、文芸誌の趣の雑誌だった〕）から五井が死去する年（一九八〇年）あたりまでを通覧し、次節以降、社会情勢などが五井の平和運動にどのような影響を与えた可能性があるか、検討していきたいとおもう。

二　五井昌久の「平和運動」――当時の時代・社会情勢から受けた「影響」の検討

二―一　昭和二〇・三〇年代（一九四五／一九五五～一九六四）の五井の発言

五井は、創刊まもない機関誌『白光』（一九五五年三月号）掲載の「講演会法話」において、次のように述べてい

る。それは、米ソが競い合うようにして原爆・水爆をつくっている世界情勢にあって、

> 私たちは、あくまで宗教的な生き方を主にしてゆきたい、と思ふのです。行動として、かうした問題にタッチ出来るのは選挙によることだけで、他に具体的な行動は出来ません。……それはどうするかと言ふと、……それらの神霊《しんれい》に日本の平和、世界人類の平和を全託《ぜんたく》してしまふのです。／常に守護霊さん、守護神《じん》さん、と祈るやうな気持で、どうぞ日本が平和であります様《よう》に、世界人類が平和であります様《よう》に、とひたむきに祈るのです。……
>
> 〔『白光』一九五五年三月号、一二〇頁〕

と述べている。つまり、五井は、会を設立した初期から一貫して、具体的なデモやストなどの〝行動〟による平和運動よりは、「世界平和の祈り」を主にした「想念《そうねん》」による平和運動を押し通していくスタイルだった。

また、共産主義の勢力が及んでいた当時（昭和三〇年頃）、五井は共産主義では平和にならない理由を宗教者の立場から以下のように語っている。

> 共産主義者達の叫び、唱へる平和は自分達の主義、主張に賛成する人にだけのものであって、資本家はいらない、あんな奴等《やつら》はやっつけろ、と彼等《かれら》に反対する者は殺してしまへと言ふのです。相手をやっつける平和、人を殺し、人を倒す平和は本当の平和ではないのです。……
>
> 〔『白光』一九五五年三月号、一二一頁〕

右記引用文のように、五井は、相手が資本家であれ、誰であれ、あらゆる人に敵対する〝想い〟をもたないことが「平和」への道だと主張した。だから、「平和運動」と称する行動であっても、闘争的な姿勢の左翼的な平和運動とは一線《いっせん》を画《かく》していた。つまり、共産主義者の平和運動とは立場を異にしていたといえる。

五井が、会の活動の初期から「世界平和の祈り」一本で、平和運動を推進しようとしていたことが、以下の文章からもわかるだろう。

一人一人が世界の平和、人類の平和、日本の平和を思はねばどうにかならないのです。どうにかするにはこの祈りより他にないのです。必ず日本、人類、世界の平和に役立つもので、大平和を実現させるのにはこの大悲《だいひ》願《がん》より他にありません。

〔『白光』一九五五年三月号、一二頁〕

このように五井は、「世界人類」「日本」の平和のために、多くの人がこの「祈り」をすることをすすめた。五井は、前掲の「簡易年表」で原水爆禁止運動がおこなわれていた頃、そうした「行動」で平和をもとめることには賛同していなかった。五井は、機関誌に掲載された法話のなかで次のように述べた。

原爆はいかぬ、水爆を禁止せよ、と今さかんに叫ばれてゐます。……禁止の約束などは表面上一寸安心させるだけで、破らうと思へばいつでも破れます。……原水爆の禁止運動も真の世界平和に役立つと云ふ事にはなりません。……／私は一体どんな風《ふう》に考へてゐるかと云ひますと、あく迄《まで》純粋的に宗教面から考へてゐます。つまり私の持論の人類の業生《ごうしょう》である肉体人間の因縁的想念《いんねんてきそうねん》をひと先《ま》づ相手にせず、肉体人間の本心《ほんしん》（直霊《ちょくれい》）並びに守護霊、守護神《じん》のみを相手として世界平和、人類平和、日本の平和を祈りつづける事を主眼目《しゅがんもく》にしてゐるのです。

〔『白光』一九五五年八月号、二五―二六頁〕

つまり五井は、世界平和にいたる方法論として、原水爆禁止運動という「行動」によるのではなく、「祈り」のほうを重視していた。さらに、同日の法話で五井は、以下のように、より明確にみずからの立場を語った。

現在は種々な思想宣伝が行はれてゐます。〔一般の人は、〕右《みぎ》の話をきけばそれもさうだと思はれ、左《ひだり》の話をきけば、それも肯《うなず》ける、と云ふ事が多いのです。……ですから、うかうかと人の話にのって、署名運動に加わったり、デモ行進に加わったりする事は極力さけて、ひたすら心の世界の真理活動に専念する事を私は皆さんにお勧めしたいのです。／……／肉体的行動にうつした活躍は、派手《はで》でもあり、如何《いか》にも働いてゐると云ふ自己満足を得るのですが、私は、さうした肉体的行動、活躍は、自己の職分《しょくぶん》を通してやればよいと思ってゐます。自己の職場に真剣に打ち込んでゐる事は、天命《てんめい》を完《まっと》うしてゐる姿であって、浮《うわ》ついた社会運動や、愛国《あいこく》運動、真理（神）を識《し》らない思想活動より数等勝《すうとうまさ》った行動であるのです。／……／自分の心が乱れてゐては、社会の為《ため》も、国家の為も、人類の為もありません。乱れた心をもった人の活動は、どうしても片寄った極端な行動になり易《やす》く、却《かえ》って社会を乱し、国を乱す事になってくるのです。／世界の平和を欲《ほっ》するならば、まづ己《おの》れの心を平和にしなければなりません。／……世界人類の平和の祈念《きねん》を致しませう。

〔『白光』一九五五年八月号、二八―二九頁〕

ここで五井は、原水爆反対の「署名運動」や「デモ行進」といった行動的な平和活動に否定的見方を示した。五井の立場は、一貫して、心の中の「祈り」による平和運動を推奨するものだった。五井が会員たちに願ったのは、右派・左派のどちらの活動でもなく、まずは目前の自分の職分を果たすことであり、左派の社会運動や右派の愛国運動、神をみとめない共産主義思想による活動の価値を低く見た。

そして、なによりも、平和運動の根幹は〝まず自分の心を平和にすること〟との原則を一貫して述べているのが、五井の平和思想の特徴といえる。

五井は、世俗からの視点ではない、神への信仰による平和運動をめざしていた。五井の平和運動は、みずからが提唱した「世界平和の祈り」に働くとされる「神々の力」にゆだねている。彼は、政治的次元で話をしているのではなく、神信仰《かみしんこう》の次元から「祈り」をすすめ、その「祈り」が世界を平和にする、と本気で信じている。それが、以下の引用文からも読みとれるだろう。

……再軍備論が生《うま》れ、軍備反対が唱へられたりしてゐるのですが、私〔五井〕は、再軍備も反軍備も、親米も、親ソも、中立もそんな事は一切《いっさい》問題にしてゐないのです。／……／私たちは今、此《こ》の現象界《げんしょうかい》の二大国〔米ソ〕や他国に依存する想ひをやめて、只《ただ》ひたすら、只一念《いちねん》、神に対して、世界平和の祈りをするより他に、日本を救ひ、世界を救ふ方法が無いのだ、と云ふ事を知らねばなりません。業生《ごうしょう》の二大国〔米ソ〕の上に神の力を置くのです。神を頭に頂《いただ》くのです。　〔『白光』一九五七年一月号、八―九頁〕

前掲の「簡易年表」では、一九五四年七月に自衛隊が発足、一九五六年一〇月に日ソ共同宣言、などの出来事があった政治状況だったが、五井が政治活動に直接コミットすることはこの当時も、これ以降も、彼の人生の大半においてなかったようである。五井は、あくまで宗教家として、宗教の土俵で、神を頂点に各人が「祈り」を実践するようにと説いている。それが、白光真宏会《びゃっこうしんこうかい》・五井昌久《ごいまさひさ》の一貫した「平和運動」であった。

そのように五井は、直接的な政治活動は行わなかったが、機関誌上で、世界の政治状況や国際問題について、持《じ》論《ろん》は執筆している。以下の引用文でも、冷戦下におけるソ連の暴虐《ぼうぎゃく》を批判し、共産主義について次のように記した。

近頃の世界の話題の中で、ソ連のハンガリアに於《お》て行った暴虐行為〔ハンガリー動乱〕程《ほど》、世界人の心に、嫌悪《けんお》の想ひを抱《いだ》かせた事はなかったでせう。／……／共産主義が何故いけないのか、それは前にも申して居りますように、現在では、その最高指揮をソ連より受けてゐるからであり、ソ連を中心にした世界統一運動であるからです。／……／日本の共産主義や社会主義の人々は、……いわゆる善《よ》い人が多い様《よう》なのです。然《しか》し私はその人たちが、どの様《よう》に善良な人たちであっても、根本の思想、根本の生き方に誤りがある様《よう》では、到底《とうてい》その人たちの運動に賛意《さんい》を表《ひょう》するわけにはゆかぬと思ひます。

〔『白光』一九五七年四月号、四―七頁〕

五井は、昭和二〇年代前半の頃にはすでに共産主義や社会主義に賛同しない考えをもっていた。
そして、五井は、なぜそうした左翼運動などが誤っているかについて、その理由を次のように述べた。

……自分たちの反対側の階級や、国や民族に対して、敵視《てきし》する感情があっては、決して、その運動は正しいものではない、真理に沿《そ》ったものではない、その国、その民族を平和に為《な》し得るものでなく、人類の幸福を創りあげる運動ではない、と云ふ事であります。……／私がソ連の行為が不可〔いけ〕ないと云ふのは、常に自国家の為に、他国家、他民族を傷つけ痛めつづけてゐるからです。そして、その同調者である共産主義者を批判するのは、同民族、同国家内に自《みずか》ら敵をつくって、闘争《とうそう》を繰り返《か》へしてゐるからであります。……／これは同時に、右翼《うよく》と称される愛国者《あいこくしゃ》にも云へる言葉なのです。右翼と称される愛国者も、自己に反する団体を敵視し、憎悪《ぞうお》の眼をもって、隙《すき》あらば実力行為に出かねないのであります。／古代の聖者たちの云ふ、「汝《なんじ》の敵を愛せよ」とか、「剣《つるぎ》に剣をもってしてはいけない」「恨みには恨みをもってしてはいけない」とか云ふ言葉は真理の言葉であって、お互ひの間に敵対行為がある以上は、その民族、その国家は真の幸福、真の平和には到底成《な》り得ないし、従って、真の平和人類世界の出来る筈《はず》がないのです。

〔『白光』一九五七年四月号、七―九頁〕

ここで五井は、相手を〝敵〟とみること、敵視感情をもつことが誤りであり、そうした想《おも》いがあるうちは平和は成らない、という。その五井の理念は、左翼（共産主義者）・右翼（愛国主義者）ともに適用するものだといっている。五井個人の立場には、イエスの言葉にあるような〝平和主義〟によって平和が成るとの信念がうかがえよう。
また、他の団体などが行っている平和運動について、五井は評価していなかった。以下のように、白光真宏会の幹事《かんじ》総会での法話で、五井は自分たちの運動だけが力を持つと主張していた。

世界人類の平和運動を行っている団体は、随分《ずいぶん》あります。しかし中心が確立していて、そのやり方がはっきりしているのは、この私達の祈りの会よりありません。／……／日本は原水爆の禁止を提唱《ていしょう》して来ました。ソ連は実験を止めました。けれど米国や英国はやりました。米国は黙ってかくれて実験してしまった。こういうことをする時が一番戦争の危機があるのです。……／世界平和のためにみな手をつなぎましょう、署名して下さい、署名しただけで世界が平和になりますか。甚《はなは》だ甘い考えです。／……／原水爆禁止運動も駄目《だめ》、あらゆる平和運動もだめ。どんな手段方法も平和を築くものとはならないのです。／真に平和を地上にもたらすものは、ただ一つ、世界平和の祈りよりないのです。……力とは武器ではありません。私達は軍備とか武器とかを一切問題にしないのです。この世の力でどうやっても平和は築けません。力とは神の力です。／それには、武器をすて裸《はだか》になった空っぽの心構えで、世界平和の祈りをすることです。……／何も原水爆やミサイルがなくとも、神の力の防衛があればよい。それが世界平和の祈りなのです。そしてその援助をしてくれるのが宇宙人なのです。援助してくれる者がなければ出来ないことなのです。

〔『白光』一九五八年七月号、三九—四一頁〕

五井は、「世界平和の祈り」をとおして〝神の力の防衛〟が得られると信じていた。そして、この頃から次第に、「宇宙人」との提携《ていけい》というような五井の持論が展開されるようになっていった。
白光真宏会がＳＦ的とみられることがあるのは、五井が「宇宙人」との交流などを法話のなかで説くようになったことが、その理由だろう。一九五九年頃、世間に流通していた出版物の中には、そうした「宇宙人」を話題にとりあげたものがあった。実際、一九五四年頃から日本においても、アダムスキー（George Adamski　一八九一—一九六五）らの「空飛ぶ円盤《えんばん》」にかんする書籍が刊行されはじめている〔国立国会図書館サーチ　https://iss.ndl.go.jp/　参照〕。そして、五井は、世界平和には「宇宙人」の力が必要、との主張をしている。

近頃は宇宙人に関する著書や談話が、そこここで出版され、話されるようになりましたが、一体宇宙人《いったい》という者が実際存在するのかどうなのか、存在したとしたらどのような形で存在しているのか、ということが非常に問題になってまいります。／……／私はどちらの部類《ぶるい》であるかと申しますと今更《いまさら》申し上げるまでもなく、宇宙人の存在を確信し、確言《かくげん》している者であります。／……／この肯定論者の中の大きな二つの分《わか》れは、唯《ゆい》物論的《ぶつろんてき》に、心霊《しんれい》や心の動きの重要性を問題にせずに、宇宙船を只《ただ》単なる優れた科学力によって生《うま》れた物的《ぶってき》存在と見、宇宙人をこの地球人と等しい範疇《はんちゅう》の肉的《にくてき》（物的）存在者として見ている人々と、心霊的《しんれいてき》な面から宇宙船や宇宙人を考察しようとしている人々とであります。／私は勿論《もちろん》宗教者であり、心《しん》（神）霊主義者《れいしゅぎしゃ》でもありますから、後者《こうしゃ》の立場に立っております。……／ところが今日《こんにち》のように宇宙人との交流をつづけておりますと、肉体人間と神霊《しんれい》と宇宙人とこの三者の協力がなければ、この地球人類が絶対に救われないということが判ってきたのであります。

〔『白光』一九五九年四月号、四—七頁〕

五井は、その当時、世間で「宇宙人」が話題になっていたからという理由だけで「宇宙人」をもちだすようになったわけではない。だが、たしかに右記引用の記述にみられるように、五井は一九五九年頃までにはすでに、「宇宙人」にかんする情報を書籍などから得ていたようである。

しかし、いっぽうで、前にも記したように、彼は、戦後まもない昭和二〇年代前半から「心霊」に関心をもち、こうした他の惑星《わくせい》との交流などの説についても、すでに学んでいた。右の引用文で、五井はみずからを「心（神）霊主義者」であると明言《めいげん》したように、浅野和三郎《わさぶろう》らの「神霊主義《しんれいしゅぎ》（スピリチュアリズム）」を基本的立場にしているといえる。その立場から、「神霊」や「宇宙人」とは、〝波長《はちょう》（波、ひびき、律動《りつどう》、波動《はどう》、などとも五井はいう）〟が「精妙な、波が細かい状態の存在」だと五井は説明している。

そして、この頃からだんだん表《おもて》だって、世界平和のため「宇宙人」も協力してくれている、とたびたび語るようになった。五井は、「宇宙人」のことを言い始めた理由について、

……宇宙人の方《ほう》から私たちに縁《えん》を結んでこられ、種々《しゅじゅ》と交流しはじめたのであります。／……私たちの世界平和の祈りの光《ひかり》の波《なみ》が、宇宙人のもっている心の波と全く等しい律動《ひびき》であったから、自ずと一つに結ばれたのであります。

〔『白光』一九五九年四月号、五頁〕

と述べている。つまり、五井は、自分たちの「世界平和の祈り」と「宇宙人」の〝波、律動〟は、互いに高尚《こうしょう》で細かな〝波、律動〟同士だったから、互いに「波長」が合うようになった、と言っているのだろう。

これまでの世界平和に至るための五井の教説においては、守護の「神霊（守護神《じん》、守護霊）」を主に語っていたが、それらに「宇宙人」の協力というものが加えられたのは、一つの節目《ふしめ》だった。

白光真宏会は、この頃（昭和三〇年代）から「祈り」の普及を行っていくわけだが、以下の「日本よ今こそ起《た》て」と題する五井の詩は、同会の普及用リーフレットに掲載された。その言葉は「祈りによる世界平和運動」の趣旨をしめしたものといえるだろう。

日本よ　今こそ起《た》たねばならぬ／今日起たねばいつ起つ時があるのか／日本よ　今こそ起たねばならぬ／だが

日本は剣を持って起つのではない／九千万の心を一つに／平和の祈りをもって起つのだ／日本は核爆弾の洗礼を受けた唯一の国／真実平和を絶叫できる唯一の国だ／何者だ今頃になって武器を持とうと言うのは／剣をもって防ぎ得るのは一時のこと／永遠の平和は剣を持つ手に来ることはない／日本の天命《てんめい》は大和の精神《こころ》を海外に示すにあるのだ／日本は今こそ世界平和の祈りによってのみ起ち得る／世界平和の祈りは／大救世主の光り輝く言葉だ／救世《きゅうせ》の大光明《だいこうみょう》は日本国の平和の祈りに結ばれて／地球の隅々《すみずみ》にまでその光明を顕現《けんげん》するのだ／サラリーマンの家庭から／農家の主婦の心から／機械に踊る職場から／世界平和の祈りは光《ひか》りとなって／世界中にひろがってゆくのだ

〔『白光』一九六〇年一月号、一二―一三頁〕

文字通り、武器によらず「世界平和の祈り」によって平和をつくる、と五井は宣言している。彼のなかでは、日本から世界へと、この「祈り」の光がひろがっていくイメージを描いていることがわかる。

さらに、五井は自分の提唱した「世界平和の祈り」に、唯物《ゆいぶつ》論者さえ取り込もうとしている姿勢が次の言葉から知られるのである。

私の提唱しているのは、／世界人類が平和でありますように／日本が平和でありますように／私たちの天命《てんめい》が完《まっと》うされますように／守護霊さん／守護神《じん》さん／ありがとうございます／という祈り言《ごと》でありますが、守護霊、守護神の存在を信ぜぬ方や、唯物《ゆいぶつ》論の人は、守護霊、守護神への感謝の言葉を入れなくとも、最初の三《さん》行《ぎょう》の言葉だけでもよいでしょう。／最初の三行だけなら、唯物論の人であっても常に心で想《おも》っていることなのですから、なんの抵抗も感じないことと思います。

〔『白光』一九六〇年一月号、二四―二五頁〕

このように、五井は「世界平和の祈り」の言葉を、かなり柔軟にとらえる姿勢も示した。本来は「守護霊、守護神」の箇所を重視するが、あらゆる人にこの「祈り」を実践してもらうため、次善《じぜん》の策《さく》も用意したわけである。国民の思想動向をふまえつつ、誰もが行える平和運動とするのが五井の目的であったようである。

また、五井は生長の家の教えをかなり多く受け継いでいるが、谷口雅春の政治に関する考え方には、その矛盾を五井は幾度も指摘した。五井は、「敵を認めない」との教えを谷口に貫いてほしかったのだろうが、実際には谷口はソ連中共などを敵視し、日本の軍備増強を主張した。そうした谷口の姿勢・論調を、当時の五井は受け入れられなかった。谷口が安保改定促進を主張したことは、敵対する相手を認めていることだ、と五井は言う。その後も、政治の動きと連動して、谷口と五井の見解は隔たりをみせる。生長の家の分派《ぶんぱ》である白光真宏会であるが、両教団は、政治に関してはまったく別の論調となっていた。そして五井は、以下のように語った。

……ですから私は、まず想念《そうねん》の世界から、すべての敵を無くし、すべての悪を無くし、すべての不幸を無くしてしまおうと思っているのです。……私は、消えてゆく姿という真理の言葉を、すべてに応用しはじめたのです。……神力を信ぜず、いまだに武力に頼ろうとしている宗教者が存在することは、実に嘆かわしいと思うのです。

〔『白光』一九六〇年七月号、六頁・一一頁〕

五井の場合、現実の世界に向かって行動をするよりは、すべて〝想念〟の世界から解決をはかろうという考え方で徹底した。端的《たんてき》に、生長の家の教えは分裂してしまっている、と五井は述べた。その生長の家にたいし、白光真宏会の教えのほうでは「神ひとすじ、神一元《かみいちげん》」という生長の家が本来主張してきた一側面《いちそくめん》のみを採用し、それを押し通していく、と五井は言っている〔『白光』一九六〇年八月号、一一頁、参照〕。

さて、先にも「世界平和の祈り」の言葉の柔軟性にふれたが、五井は「法話」のなかで、「祈り」について次のような説き方をしている。

……〝世界人類が平和でありますように〟という時には、自分の平和もそこに入っているわけです。だから世界人類が平和でありますように、だけでよいのだけれども、それじゃね小さい方《ほう》の自分が気が済まない。世界人類のことばかり、家のことも願わなければつまらない、と思う心があるから、そこで〝日本が平和でありますように、私共《ども》の天命《てんめい》が完《まっと》うされますように〟と私はくっつけている。それで守護霊さん守護神《じん》さん有難うございますって、それじゃなんか物足りない、南無《なむ》妙法蓮華経《みょうほうれんげきょう》をつけた方《ほう》がよい、それじゃつけなさい。南無《なむ》阿弥陀仏《あみだぶつ》をつけてもよい、ナムカラタンノトラヤーヤでも、なんでもつけなさいというの。／世界平和の祈りをしたら、あとなんでもつけたらいい、……なんでも好きにつけたらいい。実際は同じことだから。

〔『白光』一九六一年四月号、一二頁〕

右記引用文で筆者が注目したのは、極端な場合、〝世界人類が平和でありますように〟の一行《いちぎょう》だけでもいい、と五井が語っている箇所である。五井は、「世界平和の祈り」の定型を示し、それを基本としながらも、唱える人の信仰に応じて祈りの言葉を加えてもいい、という。結局、五井は、できるだけ多くの人を、この「祈りによる世界平和運動」に巻き込みたかったから、右記のような方便《ほうべん》も用意して説いたのであろう。

なお、当時、白光真宏会では、すでに「世界平和の祈り」の英訳版を作成し、機関誌『白光』の表二頁や表三頁などに掲載していた。五井は、祈りの活動の「国際化」を強く意識していたように筆者にはおもわれる。国際化の時代にあって、白光真宏会の「世界平和の祈り」も日本人だけでなく、世界じゅうで唱えられるようにしよう、と五井はかんがえていたことだろう。彼は、国際情勢が危機感を増すなか、少数の「祈り」の力ではどうにもならない、世界中の多くの人々の「祈り」の力が世界平和のためには必要となっている、と述べていた。

また、当時、どんどん進歩する「情報化」によって、世界が身近に感じられるようになってきたということが、白光真宏会・五井に「世界平和の祈り」を海外にも広めようとさせた一因だったのかもしれない。日本にいながら世界の情報がすぐにわかるような時代になってきたからこそ、誰もが唱えられる「世界平和の祈り」によって、世界平和という目的のもと、世界各国の人々が結束することを目指したのだろう。

そして、各所でさまざまな団体が平和運動をおこなっていたその頃の様子をふまえて、五井は次のように、みずからの見解を述べている。

> 平和運動というと、衆《しゅう》を集めて会を開き、討論をし、決議案を出して、声明《せいめい》したり、反対賛成の抗議をしたり、あるいはデモをしたりすることのように考えられがちですが、本当の平和運動というのは、業想念を消し去る運動が一番で、業想念の波《なみ》つまり神様のみ心に反する、愛と真《まこと》というものに反する想《おも》いが一杯この世の中にはある。争いの想い、憎しみの想いという不調和な想いが一杯ある。そういう想いがあるうちは、どんな決議を出してもだめなんですね。／……／現在〔白光真宏会による〕世界平和を祈る会の第一段階としては、自分の業想念も周囲の業想念も、世界人類《せかいじんるい》の業想念も全部含めて、業《ごう》の世界を浄《きよ》めてしまおうという運動なのですよ。／それにはどうしたらよいか。只《ただ》抗議をしたってだめだし、鉢巻《はちまき》をして坐りこんでもだめでしょ。只プラカードをもって歩いたってだめです。ただ祈ることより他にないです。／……／他の平和運動のように、声明を出し反対だ、デモだとやったって、そういうものは、業消滅《ごうしょうめつ》という根本的働きに、なんの力にもなりはしない、と私は思うんですよね。／私たちの運動というものは、原水協《げんすいきょう》〔原水爆禁止日本協議会〕やその他の平和団体のやり方とは全然違う。祈りが根本というより、祈りがすべてですよ。祈りからすべてが発生するという、そういう運動なのです。
>
> 〔『白光』一九六一年一二月号、一八―二〇頁〕

他の平和運動から影響を受けて白光真宏会・五井の運動のやり方が変わるということはなく、同会は前記のような団体とは別の路線で、唯心的《ゆいしんてき》な独自の平和運動の道をあゆんでいた、ともいえよう。

五井は、労働組合の運動などについて想像で語ったわけではなく、戦後すぐに彼が勤めた実際の職場において左翼の人たちの心持や、労使《ろうし》の対立の様相《ようそう》を体感していた。そのうえで、五井は考えに考えたすえ、相対《そうたい》の世界＝個人が敵対《てきたい》の想念《そうねん》をもっている状況ではだめだ、と気づいた。これは、彼の社会経験をとおして得られた考え方である。つまり、「相手を敵視するなかでは、平和は実現できない」という五井の観念は、社会経験から影響を受けて強化されたもの、と見てもよいだろう。

一九六二年頃は、五井の「祈り」を普及する活動が大きく広がってきていた。五井は、「世界平和の祈り」の普及について、以下のように語っている。

……大体、白光真宏会とか何《な》んとか会とか会《かい》なんていうのを私は問題にしていない。只《ただ》会を維持してゆく会員の人がいて、維持してればそれでいいと思っている。只世界平和の祈りがうんと広まるように、みんながどこにいても、インドのすみでもアメリカのすみでも、世界平和の祈りをしているという風《ふう》にもっていこうと思ってます。ちっぽけな形《かたち》の世界の上の会なんて問題にしていない。そのつもりで皆さん祈りのリーフレットを配って下さい。構わず配って下さればいいんだ。世界平和の祈りをして下さればいいんだ。／私の本意《ほんい》というのは、繰り返しますが、みんな世界中が世界平和の祈りをしてくれればいい、ということだけなのです。……

〔『白光』一九六二年九月号、三七頁〕

五井は、祈りのリーフレットを受け取って読んだ人が、白光真宏会の会員にならなくてもいいから、世界中で「世界平和の祈り」をとなえるようになることを願っていたようである。彼は、ゆくゆくは、世界のいたる所でこの「祈り」がとなえられることを描いており、これはまさに「世界平和の祈り」を国際化してゆく考えを示しているといえよう。そして、五井の「祈りによる平和運動」は、次のように、海外のすべての人々を射程《しゃてい》にしていた。

……〔唱える祈りについて、〕そのグループにしかわからぬ唱え方は一宗一派《いっしゅういっぱ》です。／世界人類が平和でありますように、という祈りは誰《だ》れがわからないでしょうか。誰れにでもわかる。世界中がわかるでしょ。言葉だってわけがない。英語に変えればいい、スペイン語に変えればいい。ドイツ語、フランス語……に翻訳《ほんやく》すればいい。それだけの話でしょ。〝世界人類が平和でありますように〟だけでいいのだから、あとの〝私共《ども》の天命《てんめい》が完《まっと》うされますように〟というのは、どんな言葉で云ったっていいですよ。自分が幸せになりますように、と思ったっていいし、その国の人々の気持《きもち》に一番あてはまる言葉を使えばいいのだから。要するに想《おも》いが〝世界人類が平和でありますように〟という祈り言《ごと》に乗りさえすればいいのです。そしてお経《きょう》の代《かわ》りにして唱えるわけです。これは一宗一派ではない。……／〝世界人類が平和でありますように〟という世界平和の祈りにすべての宗教の宗祖《しゅうそ》が結集《けっしゅう》したわけです。この世界平和の祈りに、すべての宗教が集まるようになっている。各宗教、各国が全部世界平和の祈りをやらなければならなくなりますよ。絶対になる。……そうしない限りは、この地球は滅びてしまうのです。だからみんなが平和の祈りをしなければならないのは、最も自然なのです。

〔『白光』一九六二年一〇月号、一九―二〇頁・二二頁〕

彼は、〝世界人類が平和でありますように〟の言葉を各国語に翻訳して広めよう、と言っている。他のフレーズは臨機応変《りんきおうへん》にして、最初の一フレーズが世界各国・各宗教でとなえられるようになることを目指した。国際的な、宗派の垣根《かきね》をこえた「祈り」による平和運動を遂行しようという五井の意気込みが伝わってくる。

また、前掲の「簡易年表」に一九六四年一〇月　東京オリンピック開催、とあるように、この東京オリンピックを機会として、白光真宏会でも「世界平和の祈り」の各国語版がつくられるようになる。五井は、聖《ひじり》ケ丘《おか》講話の中で、次のように呼びかけた。

ああこんなにも日本人は世界平和を願っている。無理もない。水爆や原爆の難《なん》にあっている国だから無理もない。日本が願うのは本当だと誰《だ》れでも思いますよ。その運動が一番だと思います。／なんの運動、どんな思想運動よりも、国中《くにじゅう》どこへ行っても、世界人類が平和でありますように、という旗印《はたじるし》がかかっていてごらんなさいよ。オリンピックで日本に来た人たちが、東京駅でも「世界人類が平和でありますように」上野駅へ行っても「世界人類が平和でありますように」どこの駅でも「世界人類が平和でありますように」という祈り言《ごと》が英語で、ドイツ語で、フランス語で、イタリー語で、世界民族のあらゆる言葉で歓迎の旗印としてかかげられてごらんなさい。来た人たちが、日本はこんなにも平和を願っているのかな、と思いますよ。／その運動をやりましょう！　／日本中《にほんじゅう》にまず、世界平和の祈りの旗印をかかげちゃうんです。隣近所、みんなそうしましょう。／そういう為には、やっぱり自分の心も少しは平和にしておかなきゃね。だから自分の心を平和にすると同時に、世界平和を念願しましょう。そういう運動が私の運動です。〔『白光』一九六四年七月号、一二頁〕

このように、一九六四年一〇月の東京オリンピックを前に、同年五月一四日の講話で五井は、一つの運動方針を示した。それは、「世界人類が平和でありますように」という祈りの言葉を日本の各所《かくしょ》に、あらゆる言語で掲示しようとする運動である。オリンピック（東京開催）という社会の出来事が、こうした五井の発案《はつあん》に「影響」を与えたとみることもできよう。そして五井は、「平和の祭典」としてのオリンピックを平和運動にうまく活用した、ともいえるだろう。この講話を掲載した機関誌には、さっそく一七カ国（日本を除く）の言語による[1]「世界人類が平和でありますように！」の訳文（原語とカタカナ併記）が集録《しゅうろく》されている〔『白光』一九六四年七月号、七七頁、参照〕。

五井はひたすら「世界平和の祈り」の普及活動に専心するわけだが、その背景には、終戦にいたる過程で日本に原爆が投下されたこと、そして多くの犠牲者を出したという事実があった。彼の戦争体験は、武器や武力の使用を否定する態度につながっていただろう。彼は、次のように語っている。

> 今日まで核爆弾の悲惨《ひさん》な洗礼を受けたのは日本が唯一《ゆいいつ》の国です。何故日本だけが唯一の原爆洗礼国となったのか。それはいうまでもなく、日本の天命《てんめい》を日本人にはっきり示すが為《ため》の神のみ心でなくてなんでありましょう。／こんな悲惨なこんな悪魔的な武器を、絶対に人類に使わせてはいけない、という神の慈愛《じあい》のみ心を、いやという程《ほど》、日本人の心に沁《し》みこませる為であったのです。日本こそ日本人こそ、真《しん》に完全平和を望み、世界平和の為に、如何《いか》なる武力《ぶりょく》の威嚇《いかく》も、武力の誘惑にも把《とら》われず、真《ま》っしぐらに、天命の道を突き進んでゆかねば、日本も世界も滅亡の淵《ふち》に追いやられてしまうのであります。
> 〔『白光』一九六四年一二月号、七頁〕

この時、五井は、武力によらない世界平和の道をリードできるのは日本だけだ、と述べた。ここで五井の言う日本の天命とは、日本が世界平和樹立の指導国・大調《だいちょう》和《わ》達成の中心国《ちゅうしんこく》になることを意味している〔『白光』一九六四年一二月号、七頁、参照〕。

◆五井の見解の要点（昭和二〇・三〇年代）

五井は、原水爆反対の署名運動やデモなどの平和運動にたいしては、次のようにかんがえた。つまり、そうした運動に参加する人たちの「想《おも》い、想念《そうねん》波動《はどう》」に〝敵対《てきたい》的〟なものや〝闘争《とうそう》的〟なものがあり、それでは、平和にならないと述べた。まず、平和運動をする人、個人個人の心が、平和な・平安な・安らぎのある状態でなければならない、とした。

また、国際化、情報化社会の進展に応じて、五井はみずから提唱した「世界平和の祈り」を世界じゅうに広げようとかんがえ、実行に移しはじめた。五井の「世界平和の祈り」や教説の外国語への翻訳事業の開始は、彼のそうした国際化・情報化社会への応答《おうとう》と見ることができよう。特に、一九六四年の東京オリンピックを機《き》に、その〝平和の祭典〟を迎えるにあたって、五井は、東京にやって来る外国人たちに「世界平和の祈り」を主要な外国語で掲示して「祈り」の言葉を知らせよう、と白光真宏会の会員たちに呼びかけた。

時代的・社会的に、その発達段階が、ちょうど五井らが「祈り」を外国人に向けて普及させるのに都合のよい状況だった、ということはいえるだろう。

二―二　昭和四〇年代（一九六五～一九七四）の五井の発言

アメリカ、ソ連、中国ら軍事大国が互いに一歩も譲らないという国際情勢のなか、五井は次のように言う。

……それなら一体、誰《だ》れが仲《なか》に立って口をきいたらいいか。日本のような国が一番いいわけです。／原爆の被害を受けている。水爆の災害も蒙《こうむ》っている。核爆弾の恐ろしさを一番先《さ》きに知り、一番深く知っている日本が仲立《なかだ》ちして、大調和と世界平和という大信念に基《もと》づいて、アメリカさんこれは譲《ゆず》らなければいけませんよ、ソ連さんはこれ、中共《ちゅうきょう》さんはこれ、というように一歩一歩少しずつ譲らせるようなことの音頭《おんど》をとるのが一番いいのです。日本より他にない。／だけども、日本の今迄の政治家は力がなかった。或《あ》るいは今までは時期ではなかったのかもしれない。そこで政治家だけに頼らないで、国民運動として、日本の国民はみんな戦争なんか一つもしたくない、軍備をしたくないんだ、世界が平和になることだけを願っているんだ、という想《おも》いを世界中に知らせなければいけません。

〔『白光』一九六五年二月号、二〇頁〕

世界平和のために、日本は大国の間にはいって調整するのが理想としながらも、これまでの日本の政治家にはその力がなかった、と五井はいう。そこで、そうした状況をふまえて、政治家だけに頼らない国民運動として、五井はみずからの提唱する「祈りによる世界平和運動」に人々を結集させようとしたわけである。

本章の冒頭に掲げた「簡易年表」に、「一九六五年　ベトナム戦争激化、米軍、北爆《ほくばく》開始、一九六五年四月　ベトナムに平和を！　市民文化団体連合（ベ平連）、初のデモ行進」とあるように、この頃の国際情勢を五井は以下のように記した。

南ベトナムを間《あいだ》にはさんで、米国対北ベトナム、中共《ちゅうきょう》、ソ連等の対立、中共の核実験による西欧側の衝撃などによって、日本の運命も生易《なまやさ》しい生き方では、安心してはいられぬ情勢になっています。

〔『白光』一九六五年四月号、七頁〕

そうしたなか、五井は以前に彼が所属していた宗教教団の教祖・谷口雅春《たにぐちまさはる》の発言にたいして明らかに反発し、以下のような批判を述べている。

或《あ》る光明《こうみょう》思想家〔谷口雅春〕は、……雨が降ったら傘《かさ》をさす、と同じように、敵が襲ってくるような事態になった今日、日本が丸腰《まるごし》では侵略されてしまう。早速憲法を改正して軍備を持つべきだ、と強く主張しているのであります。……／この光明思想家は、遂《つ》いに祈りの本質を忘れてしまったのです。大調和なる神のみ心、完全円満《かんぜんえんまん》なる神のみ心が信じられなくなってしまったのです。右の頬《ほお》を打たれたら、左の頬をも打たせよ、とイエスはいいました。それはなかなかむずかしいことです。しかし、宗教の道を行く者は、そうなるべく心がけなければなりません。

〔『白光』一九六五年四月号、一〇―一一頁〕

右記のように、かつては同じ信仰の道（「光明思想《こうみょうしそう》」）を歩んでいた二人が、この当時の社会情勢の認識と対応をめぐって全《まった》く異なる見解をとるようになっていた。当時の五井は、谷口の相手国を「敵《てき》」とみて軍備増強をさけぶ態度とは逆に、軍備は不要、「祈り」に徹するという平和主義の態度を示した。

つまり、白光真宏会では世界の平和を願っているから、政治がどうあろうと、自分たちは「世界平和の祈り」を広めるのだ、という。そして、南北ベトナムの戦争をみれば、自然と「世界人類が平和でありますように……」と祈らずにはいられなくなるものである、というように五井は述べた〔『白光』一九六五年四月号、二〇頁、参照〕。

また、五井は、木村毅『ドゥホボール教徒の話』（一九六五年）から引きながら、「殺すなかれ」について、「法話」の中で言及した。そして、米国政府や中国政府を意識しつつ、

人を殺すことが、どうして正義《せいぎ》に通じることでしょう。〔ベトナムなどを〕爆撃したり、人を騙《だま》したり、自国の都合のよいことのみに人を動かそうとすることが、果《はた》して平和をこの世にもたらすもののやることでしょうか。

〔『白光』一九六五年七月号、一〇頁〕

と五井は述べた。モーゼの十戒《じっかい》に「殺すなかれ」とあるから、人を殺すための軍事教練《きょうれん》を受けるわけにいかないと兵役《へいえき》を拒否したドゥホボールの人たちの信仰態度に、五井は心を打たれたようである。とはいえ、こうした徹底した非暴力の態度をとることは容易ではないので、五井は、ドゥホボールの人たちと同様の行為を一般の人々にすすめてはいない〔『白光』一九六五年七月号、六―一一頁、参照〕。

当時の五井当人の信念としては、軍備に賛成せず、非暴力の立場であり、彼は次のように述べている。

……あらゆる武器を捨てる、という思いきった行動に出ない限り、この世の争いはつきないし、やがては地球世界の滅亡をまねいてしまいます。……それができるのは、平和憲法を現在もっている、日本をおいて他にはありません。日本こそ世界中に向《むか》って声高々《こえたかだか》と、地球世界の人類よ、すべての武器を捨てて話し合おう、と叫《さけ》び得る唯一の国なのです。……／そう〔軍備増強〕しなければ日本が滅びるというのなら、この日本という国が地球上に必要でないということなので、霊界《れいかい》で存続すればよいことなのです。しかし、……世界平和を旗《はた》印《じるし》にして、殺す勿《なか》れを実行してゆこうとする国が滅びるわけのあろう筈《はず》がありません。

〔『白光』一九六五年七月号、一一頁〕

右のように、当時の五井は、武器の放棄を提案している。そして、軍備をしないために滅ぼされても、肉体消滅後に存在すると五井が信じる「霊界」に行って存続すればいい、との彼の世界観をしめした。

また当時、五井はベトナム戦争の状況を念頭に、以下のように語っている。

米国と全面協力をしてゆこうという一グループの人々は、米国の北ベトナムの爆撃をも是認《ぜにん》しているのですし、憲法改正して、軍隊をはっきり認めることにも賛同《さんどう》しているわけなのですが、果《はた》して、神のみ心に照《てら》し合わせて、こうした行為が是認し得る行為でありましょうか。……／……共産主義に味方するわけではないけれど、必然的に米国のやり方に反対することになってしまうので、……

〔『白光』一九六五年八月号、九頁〕

その当時、日本において、いろんな意見が出ているなかで、米国のベトナム北爆などは多くの人を殺傷《さっしょう》し、土地を痛《いた》め、戦争の恐怖を世界中にまき散らすことになるから、と五井は米国の戦闘行為に反対の考えを示唆《しさ》した

〔『白光』一九六五年八月号、一〇頁、参照〕。そして、ベトナム戦争は「神のみ心でない」との信念が五井にはあった。白光真宏会においては、「政治的働きかけはしない」、「世界平和の祈り」に専念する、との意思《いし》を五井は表明《ひょうめい》していた。その態度は、当時、政治的働きかけを行っていた生長《せいちょう》の家《いえ》などの他の宗教教団と一線《いっせん》を画《かく》する、白光真宏会の独自路線を示すものといえた〔『白光』一九六五年八月号、一二―一三頁、参照〕。五井は、日本国憲法の第九条をめぐっても、暗《あん》に生長の家・谷口雅春の主張を批判した。当時の谷口の言動を受けて、五井は以下のように述べた。

……太平洋戦争が日本に最悪の事態をもたらしたと同時に、日本をして真《しん》の世界平和創設《そうせつ》の中心国《ちゅうしんこく》としての立場を与えて下さったようなものです。そういう意味で、日本国憲法の第九条（戦争放棄、軍備撤廃）は神の降し給わった大切な箇条だと思います。／今日になって、今こそ一番この第九条が大事なのに、これを改定《かいてい》しようなどという論がしきりに出ているのは、神の大愛《たいあい》のみ心を知らぬ大愚者です。しかもこの改定論者の中には、この憲法が発布《はっぷ》された時には、これこそ神の降し給わった平和憲法である、と今私が言っているそのままの言葉で、その機関誌にも特筆大書《とくひつたいしょ》していた宗教者もいて、現在では掌《てのひら》をかえすように、憲法改定論者になっており、米国の北ベトナム爆撃さえも、大《おお》いに肯定《こうてい》しているのであります。こういう人が、光明《こうみょう》思想家でしかも多くの信者を持っている、影響力の強い立場にいるのでありますから、世の中は大変なものです。

〔『白光』一九六五年九月号、八―九頁〕

この時の五井は、日本国憲法の第九条を「神の降し給わった大切な箇条」とこの条文の内容に賛同している。戦後まもなくから昭和二〇年代半ばころまで生長の家の信徒だった五井は、同教団初代総裁・谷口雅春の変節《へんせつ》に憤《いきどお》りをもって批判した。谷口と五井は、互いに宗教家として、同様に「光明《こうみょう》思想《しそう》」を説く立場にあった。だからこそ、とくに師《し》であった谷口雅春が〝武器をもって相手を叩《たた》く〟という行為を肯定したことに、五井は納得がいかなかったのだろう。
また、宗教が理想論《りそうろん》を語り、五井の「祈り」の活動にたいしても社会から実証性《じっしょうせい》を問われていた時代でもあった。たとえば、「祈りで平和になるのか？」というものである。こうした世間からの声に明らかな答えをしめすためには、五井たちの活動が「科学」である必要があったのだろう。五井は、白光真宏会で始めた「宇宙子波動科《うちゅうしはどう》学」について、次のように説明している。

……宇宙子波動科学は、あくまで純然《じゅんぜん》たる科学でありまして、直観《ちょっかん》によってなされるのではなく、今日までの科学の道と同様な方法で研究を進めてゆくのであります。／……／どうせ宗教家のはじめたものだから、神がかった変《へん》てこな、言葉だけのものだろうぐらいに思われる人たちも随分《ずいぶん》あると思うのですが、そう思っている人たちが〔将来的に、「宇宙子波動科学」の〕研究成果を見たら、眼《め》を円《まる》くして、暫《しば》らくは言葉もでないということになるでありましょう。

〔『白光』一九六五年一二月号、四—五頁〕

五井は、自分たちの「宇宙子波動科学」なるものが、世間からどんなふうに思われているかを、よくわかっていた。そうした世間の人たちの見方をくつがえすつもりで、とくに優秀な会員を集めて、五井らはこの「科学」に熱心に取り組んだ。そして、同会ではこの「宇宙子科学」の取り組みと並行《へいこう》して、以下のように、会員たちによる「普及《ふきゅう》活動」を推進した。

そうしたこと〔天変地変《てんぺんちへん》や大戦争〕がなくて、世界が大調和するために、神々が結集し、世界平和の祈りとなって現われているのです。だから、皆さんが世界平和の祈りをし、これを宣布《せんぷ》することは、滅びるか滅びないかという危機にある人類を救うわけです。それが皆さんのリーフレット配りでもあり、白光《びゃっこう》誌や白光新聞の配布でもあるし、いろいろな運動となってくるわけです。皆さんの運動がなければ人類は亡びます。それにカバーして宇宙子波動生命物理学が出来てゆきますから、二本立《にほんだ》てでいくわけです。ですから皆さんの祈りによる世界平和運動がとても大事なのだということになるのです。

〔『白光』一九六六年五月号、一二頁〕

彼は、人類存亡の危機を救うために「祈りのリーフレット」などの普及媒体を広めるとともに、白光真宏会独自の「宇宙子波動生命物理学」という研究をすすめる、と述べた。このようにして、次第に、「祈りによる世界平和運動」に五井は拍車《はくしゃ》を加えていった。

また、五井は、アメリカが北ベトナムを爆撃している現状についての考えを、一九六六年五月二六日の東京講演会で次のように語っている。

私もジッとそれ〔アメリカ軍の北ベトナム爆撃のこと〕を考えました。何遍《なんべん》も考えて神意《しんい》に伺《うかが》ってみますと、私の中にその答えが出てくる、その答えは「いかなる場合があっても人を殺《あや》めていいことはない」「どんな理屈《りくつ》がつこうとも爆撃していいことはない」とハッキリと神様の中から出てくるのです。

〔『白光』一九六六年七月号、一二頁〕

ベトナム戦争にたいして、五井は右記のように〝神意〟に問うた答えとして、誤りだと述べた。どんな場合でも殺人はいけない、というのが五井の立場である。

五井の平和思想への影響を考えるうえで、五井自身の戦争体験、戦後の「平和憲法」の制定も、いくらか関係がありそうである。五井は、法話で次のように述べている。

日本は幸《さいわい》に、幸《さいわい》にというより、天命成就《てんめいじょうじゅ》の為《ため》に神がなさしめ給うたと考えられる敗戦に伴《ともな》う平和憲法の樹立。この平和憲法が定まりまして、日本は本格的に聖徳太子の大和《だいわ》の精神中心に活動し得る立場に、はっきり立たされたのであります。／それもあいまいな敗戦ではなく、世界を一挙に滅亡に導き得る、原爆によって、完全なる敗戦を味わったのです。戦うことの愚《おろ》かさを心の底から噛《か》みしめたのは、被爆地に当った広島長崎の人々だけではありますまい。／原爆を再び何処《どこ》の国にも落《おと》させますまい。この想いは、多かれ少なかれ、日本人の誰《だれ》もの心に沁《し》みこんでいるのであります。〔『白光』一九六六年一二月号、八頁〕

敗戦後に制定された「平和憲法」（日本国憲法第九条）には、戦争放棄《せんそうほうき》、戦力不保持《せんりょくふほじ》、交戦権否認《こうせんけんひにん》の内容が記され、当時の五井の主張はこれと軌《き》を一《いつ》にする。五井は、「平和憲法」を根拠《こんきょ》として、徹底した平和国としての日本の立場を内外《ないがい》に宣布《せんぷ》すべき、と語っている[2]〔『白光』一九六六年一二月号、九頁、参照〕。

また、右記の引用文で、被爆、敗戦をとおして、五井自身も戦争の愚かさを痛感したことがうかがえる。

そして五井は、現代人の誰が読んでもその意味がすっかりわかる祈りの言葉として、「世界人類が平和でありますように」の一文《いちぶん》を掲げた。さらに、白光真宏会では、国際化社会となっている現代に、他国の言語に翻訳してもすっかりわかる祈りの言葉として、この一文を海外へも普及していった〔『白光』一九六七年二月号、一〇頁、参照〕。

当時の世界情勢が危機的であるとの強い自覚があったからこそ、同会・五井は「祈りのリーフレット」などの普及活動を推進していた。五井は、この普及活動について以下のように語った。

私達はうまずたゆまず、日々世界平和の祈りのリーフレットやパンフレットを無料でまきつづけております。今日までに何千万枚配布したか判《わか》りません。私共《ども》の人類愛《じんるいあい》の想《おも》いが、そうせずにはいられないのです。そして感謝の投書や、激励や同感のハガキがきたりしますと、みんなは活気づいて更《さら》にリーフレットまきに走り廻《まわ》るのです。

〔『白光』一九六七年七月号、一二頁〕

白光真宏会では、「世界平和の祈り」を一人でも多くの人に伝えて、実際に祈ってもらうことをめざした。そのリーフレットを受け取り、読んだ人は同会の信者（会員）にならなくてもよいから共に祈ってほしい、との考えがあった。この頃は、「祈りのリーフレット」を配布したい人は、世界平和を祈る会（千葉県市川市新田《しんでん》）に申し込めば、何部でも無料で希望する宛先に送ってもらえた〔『白光』一九六七年七月号、一二頁、等、参照〕。

その後、五井は、一九六八年五月末に「新宗連《しんしゅうれん》」からの要請をうけて、「新宗連」への加盟を表明した。また、世界連邦《せかいれんぽう》運動についても、機関誌で以下のように若干ふれるようになっていた。

そこで人はいろいろ考えて、世界連邦を作ろう、世界を一つの国にすれば戦争がなくなるだろうと、働きはじめている。いい考えですが、なかなか簡単にいかない。個人の業《ごう》、国家民族の業というのがある以上、世界連邦にして一つに手をつなごうというわけにいかない。

〔『白光』一九六八年八月号、三二頁〕

右記のように、五井は、世界連邦という考えはいい、と賛意《さんい》をしめしながらも、実際にそれを実現するには困難がある、と述べている。そこで、五井の場合は、全世界が一つにつながる方法として、どんな国の人、どんな宗教の人も、「世界人類が平和でありますように」という五井が提唱《ていしょう》する祈りの言葉を唱えることをすすめた〔『白光』一九六八年八月号、三二頁、参照〕。

この頃には、外国人にも五井の「祈り」の運動が理解されてきていたことから、五井はさらに海外へ教えを普及する考えを、五井の誕生記念祝賀大会での講演で以下のように述べている。

……それで私はこれから日本だけではなくて、外国へもどんどん普及しようと思っている。やがてはアメリカにもヨーロッパにも行かなければならないでしょう。行かなきゃならないんではなくて、向こうからきっときて下さいというにきまっているんです。そうなったら私もゆくつもりでおります。

〔『白光』一九六九年一月号、一二〇頁〕

このように、白光真宏会の「祈り」の活動を海外にも広めていく意思《いし》が五井によって語られた。そして、当時の日本政府首脳部へ向けても、五井は自分の考えを次のように述べた。

現在の国際情勢では、どちらを向いても危険性のないことはありません。どちらを向いても危険性はあるのです。……／……／平和憲法を変えぬなら変えぬように、日本は平和憲法を持つ唯一の国であることを、何事《なにごと》にかけても表面に出して、米国とでもソ連とでも中共《ちゅうきょう》とでも話合《はなしあ》って、その点にかけては一歩も退《ひ》かぬ、という気位《きぐらい》を持たねば、後の交渉全部がなめられてしまうことになります。また平和憲法に変える個所《かしょ》があるなら、その変える個所をはっきり国民に明示《めいじ》して、国民の世論に問うてみたらいかがなのです。／……／……保守党の評判が極端に悪くなって、国民が左翼化してゆくことが、日本にとっても世界にとっても、一番の悲劇であるのです。……／国民だとて馬鹿ではないのですから、どちらを取るかという瀬戸際《せとぎわ》になれば、保守派《ほしゅは》の政策を取る人が多いと思います。……

〔『白光』一九六九年六月号、一七—一八頁〕

右記の言葉は、当時の日本政府首脳、つまり保守派（自民党議員）に向けて五井が語っている言葉である。この頃には、政治家や財界人、文化人などと五井が面談することは増えていた。そして当時は、ソ連など共産主義陣営の国々の脅威が高まり、左翼《さよく》運動がはげしくなっていた時期だった。

五井は平和憲法を重視していたから、日本国の政府首脳には、平和憲法を表面に出して東西の大国とも交渉してほしいと考えていたのだろう。そして、当時の時局《じきょく》を五井は考えて、日本が共産主義化する事態よりも、それまでの保守派政権のほうに期待をかけていたようである。

そののち、五井はアメリカに行き、白光真宏会が研究している「宇宙子科学」や「祈りによる世界平和運動」をさらに進めるためには、英語を身につけることが大事と考えるようになる。そして、今後、同会が「世界的立場で働く」ために、白光真宏会の平和運動を国際化していく必要を感じていたようである〔『白光』一九七〇年六月号、二五頁、参照〕。

ちなみに、一九七〇年四月にアメリカを旅してみて、五井は次のような見通しを語っている。


アメリカでも世界平和の祈りを祈るようにして来ましたが、やがてアメリカでも世界平和の祈りがさかんになってくる。日本でもさかんになってくる。ほうぼうでさかんになってくるでしょう。……その中心《ちゅうしん》はやっぱり日本だということを、私はアメリカへ行ってきて本当に感じました。〔『白光』一九七〇年七月号、三二頁〕

自分たちの「祈り」の運動は世界にひろがる、と五井はかんがえ、その活動の中心的役割は日本が担うのだと五井は述べている。この「中心は日本に」という五井の言葉の背景には、アメリカは多国籍、多様な人たちが一緒に住んでおり、一つにまとめる難しさがある反面、日本は経済的にも学力や精神的にも比較的めぐまれた状態で安定している、との感覚を五井がもっていたことがあった〔『白光』一九七〇年七月号、三二―三三頁、参照〕。

また、武力をもってにらみをきかせている国家（アメリカ、ソ連、中共など）とは異なる日本の立場として、戦後の「平和憲法」の趣旨でいくことを、五井は説いた。彼は、以下のように述べている。

ですからあくまで日本はこの平和憲法の意《い》にそった生き方をしなければならぬので、いちいち他国の顔色をみては、平和憲法を各国並《な》みの憲法に改めようなどという気持を起こさぬことが大事なのです。日本はあく迄《まで》軍国主義《ぐんこくしゅぎ》には反対なのだ、平和憲法を護《まも》りぬくのだ、という根本《こんぽん》精神を堅持《けんじ》して、各国にもその真意《しんい》を了解させる運動をつづけることが必要なのです。

〔『白光』一九七〇年八月号、一三頁〕

五井は、「平和憲法」に修正を加えたいという世論もあるのを承知のうえで、この「平和憲法」を護《まも》りぬくという根本精神を堅持すべき、との意見をもっていた。

この頃には、白光真宏会は、諸宗教による平和会議にも参加するようになり、一九七〇年一〇月の世界宗教者平和会議（於：京都）に五井は出席した。この会議の事務当局の要望により五井が提出した原稿から、彼の提言がわかる。以下に、一部引用する。

……まず、神仏のみ心の愛であることを信ずる宗教者の方々から実行してゆくことをお願いしたいのであります。まず世界の宗教者の、世界平和達成の第一段階の目標として「世界人類が平和でありますように」「May Peace prevail on earth」という誰にでも納得できる素朴《そぼく》な言葉を定め、この言葉を、宗教者全員の祈り言《ごと》として、実践していったらどうかと思うのです。／……／この祈り言を、各宗派の祈り言や唱え言《ごと》は勿論《もちろん》そのままでよいのですから、その根本として、素朴な心に立ちかえって、心を揃《そろ》えてやってゆく時、枝葉での考えの相違《そうい》は種々《しゅじゅ》ありましょうが、世界平和を祈るというところにおいては、全員一致するわけで、この祈り言の中で、お互いの心が溶《と》け合い、大光明《だいこうみょう》波動《はどう》となって、各界をリードしてゆくことになります。／……どうぞ、このたびの世界宗教者平和会議を意義あらしめるために、この世界平和の祈りを、取り上げて下さい。全員の目標を一つにするために是非是非《ぜひぜひ》お願い致します。

〔『白光』一九七〇年一一月号、七頁〕

以上のように世界の宗教指導者へアピールし、宗派の違いこえて一緒に「世界平和の祈り」をやろう、と五井は呼びかけた。この五井のアピールに対して、当時、同会議に出席していた宗教指導者たちの反応は、あまり肯定的ではなかったらしい〔筆者による関係者への聞き取り〕。そして、前記の世界宗教者平和会議に出席して五井が感じたことを、機関誌の巻頭言で五井は次のように記している。

……先日の宗教者世界平和会議〔第一回世界宗教者平和会議（ＷＣＲＰＩ）〕の人々ではないが、宗教者そのものが、この重大なる祈り心《いのごころ》というものをわかっていないのである。実に困ったものである。／宗教者が、社会や国家の圧迫された民衆を救うというのも、勿論《もちろん》結構なことだが、……現象的《げんしょうてき》経済問題はその場《ば》、その場の一時的現象にしか過ぎない。……／……そこで、世界平和の合言葉《あいことば》として「世界人類が平和でありますように」という、祈り言葉に、世界平和を願う、すべての人々の想《おも》いを結集させ、世界平和ということを、日本から外国にむけて働きかけるようにしてゆきたいと思うのである。／……／……宗教者が、世界平和運動の中心《ちゅうしん》に起《た》たねばならぬのであって、経済問題のことは、その道《みち》の人々に任せて置《お》いたほうがよいのである。

〔『白光』一九七〇年一二月号、二—三頁〕

五井は世界宗教者平和会議の開発をテーマにした研究部会に参加したが、そこでの議論が主に発展途上国への経済援助の問題のみに終始《しゅうし》していたことに納得できなかった〔『白光』一九七〇年一二月号、巻頭口絵頁、参照〕。

「低開発国援助の決議す宗教者会議さながら世界経済会議のごと」／「宗教者とては奇怪《きかい》なり祈りなき発言つ

づく世界平和会議」　〔『白光』一九七〇年一二月号、一四頁〕

右の五井の歌に詠《よ》まれたように、むしろ、宗教者は世界平和を祈ることのほうに力を注ぐべき、と五井は考えた。「世界人類が平和でありますように」という祈りの言葉が、日本で世界で唱えられるようになることを五井は願っていた。しかし、彼はこの「会議」に参加して、宗教界には祈りが足りない、と実感する。

そして、一九七一年当時も、米ソ冷戦下、宗教家によっても政治論、平和論が語られていた。前にも生長《せいちょう》の家《いえ》・谷口雅春《たにぐちまさはる》の論にふれたが、あらためて社会を反映した谷口雅春初代総裁の持論とそれに対する当時の五井の見解を見ておこう。五井は、以下のように言う。

……私の主張する平和論は、そうした左にも右にも片寄らぬ、純然《じゅんぜん》たる平和精神で、日本を守り、人類に平和を築《きず》きあげようというので、非常に地味《じみ》に見えながら、実は神のみ心をそのままこの世に現わすための、一大平和運動なのである。／宗教者のうちにも武器をもって共産圏《きょうさんけん》を叩《たた》け、と主張している人もある。日本は自由主義陣営であり、共産圏は敵《てき》なのである、とこの人ははっきり割《わ》りきっている。／日本が共産主義国に侵《おか》されたら大変だ、という気持《きもち》は私にもよくわかるが、だからといって、神の大愛《たいあい》を信ずる宗教者が、軍事力で世界に対《たい》そうということが不思議である。……／……真実にこの世界に平和を欲《ほっ》するならば、徹頭徹尾《てっとうてつび》平和精神でゆくべきであり、日本にどうしても軍隊が必要であると思うなら、自分の子供や孫や親族《しんぞく》の者を自衛《じえい》隊《たい》に入れたり、防衛《ぼうえい》大学に入れて率先《そっせん》して範《はん》を示さなければいけない。自分たちは常に安全圏《あんぜんけん》にいて、他人の子供たちを軍隊に送りこむ奨励《しょうれい》をしていて、てんとして、恥《は》じないような人ではとても本物とはいえない。／……そこで私は徹底した平和論のほうに自分の進む道をおいている。〔五井は〕世界平和達成のためにすでに神に生命を捧《ささ》げている身《み》である。といっても、もうすでに出来上がっている、自衛隊に文句をつける気など毛頭《もうとう》ないし、そうなったのも自然の成り行《なりゆ》きとみている。……ただ偽善《ぎぜん》的な卑怯《ひきょう》な生き方をすることだけは止《や》めないと、その人の後生が苦しいものなってしまう。『白光』一九七一年三月号、一二―一三頁〕

右記引用では、名《な》が伏《ふ》せられているが、「宗教者のうちの、この人」とは、生長の家の谷口雅春を指しているといえる。五井は、谷口が共産圏を適視《てきし》し日本の軍備増強をもって共産圏に対抗することを叫《さけ》んでいる、と理解していた。当時の五井としては、軍事評論家などが軍備増強などを言うのはわかるが、平和をめざす宗教家が軍備云々《うんぬん》を言うのはおかしい、との考えがあったのだろう。口でそのように言うのならば、行動で例えば親族を国防のために働かせるなどせよ、と五井は辛辣《しんらつ》に語っている。五井はすでに出来てしまった自衛隊の存在自体は否定していない。災害救助などで自衛隊は役に立ってくれている、と五井は自衛隊を評価していた。ただし、五井が元所属していた生長の家の総裁・谷口については、その博識《はくしき》を敬《うやま》いつつも、言行《げんこう》が一致していないとして、右の引用では〝偽善〟〝卑怯〟という強い言葉を記している。

また、第三回世界連邦平和促進宗教者大会が、神奈川・鶴見《つるみ》の總持寺《そうじじ》であり、五井も代表者の一人として参加したが、五井の感想としては、前年の一九七〇年に参加した世界宗教者平和会議と同様だった。つまり、会議で宗教者たちの中から、宗教者が真剣に祈ることや祈りの重要性など、祈りについての話が出なかったことに五井たちはがっかりした、ということである〔『白光』一九七一年七月号、一二―一三頁、参照〕。そして、別の法話でも、宗教者にとっての祈りの大切さを、「宗教者会議」に出席した経験をふまえて、五井は次のように語った。

今日まで、宗教者は祈りつづけていたけれど、世界はよくならなかった、だから実際行動《じっさいこうどう》による世界平和運動より仕方がない、という宗教者もあり、神だの、祈りだのといってたって世界はよくなりっこない、といっている宗教者もあります。しかし、宗教者は誰がなんといおうと、祈りを根底《こんてい》にして行動することがその天《てん》命《めい》なのですから、その線を崩すことはできません。……／……祈り心《ごころ》というものは、常に継続して持ちつづけていることが必要なのです。或《あ》る一定時《いっていじ》だけ祈って、後《あと》は祈り心のない唯物論的《ゆいぶつろんてき》な生き方をしていて、祈りの効果云々《うんぬん》といったとて、その人は真実の祈りを実行していないのですから、祈りを云々する資格はないのです。／……／こうした祈りによる世界平和運動を基盤にして、各種の運動や行動を起こせばよいので、祈りのない運動では、すぐに対立抗争《たいりつこうそう》の渦《うず》の中に溺《おぼ》れてしまうのです。〔『白光』一九七一年一二月号、一〇頁・一一頁〕

五井は、宗教者は祈りを基盤しなくてはならないし、一定時だけ平和などを祈って、あとは祈りから離れた（唯物的）生活ではいけない、と述べた。彼の提唱する祈りによる世界平和運動では、できるだけ頻繁《ひんぱん》に世界の平和を祈る。そうした祈りがベースにあった上で、さまざまな実際行動による世界平和運動をすればいい、と五井は主張した。神も祈りもない平和運動ならば、共産主義系の人たちなどによる平和運動と同じであり、デモなどで参加者たちは対立抗争、闘争《とうそう》の想《おも》いとなってしまうだろう、と五井はいう。彼は一貫して、平和運動において、対立や闘争の想いを出すことを戒《いまし》めていた。

五井の祈りについての態度は、首尾一貫《しゅびいっかん》しており、例えば、会員に向けて、五井は以下のように述べている。

「〔世界〕平和の祈りなんかして救われるか、平和になるか」といわれたって「そう思うのはあなたの勝手でしょう。私たちは平和になると思って、一生懸命〔世界〕平和の祈りをやっています。何もしないより一生懸命平和を祈り、人類の幸福を祈っているほうがいいじゃないですか。そこで私たちはやっているのです。大《おお》勢《ぜい》やっていますよ」とニコニコしていれば、向《む》うはなんだか気持《きもち》が悪いような、なんだか偉いのかな、と思う。／人の言葉で動かされないようにしなさい。〔世界〕平和の祈りが絶対に世界を平和にするんです。〔世界〕平和の祈り以外に世界を平和にするものはありませんよ。〔『白光』一九七一年一二月号、一二〇頁〕

このように五井は、「世界平和の祈り」を唱えることが世界平和につながる、と強い確信を持っていた。五井は、宗教者の平和会議において、具体的な経済援助、貧困救済の方法や行動のみを話しても「神の国〔世界平和〕」を現わすことは出来ないという。宗教者は、「神・仏・祈り」を根底《こんてい》にして、そこから議論しなければ、世界平和は成《な》らないと信じていた。五井の場合は、その主張が簡単で、「祈り〔「世界人類が平和でありますように」という合言葉《あいことば》〕」によって世界の宗教者が一つになることを願い、これまでに、そのように宗教界にも提言していた。

そして一九七四年五月には、インドで核実験が行われた。この事態をうけて、五井は以下のように述べている。

……先日の核爆発の実験は、〔インド政府は〕核の平和利用のためといっておりますが、平和利用のためなら、実験してみる必要はないのであります。／インドが核をもったということは、日本の右傾《うけい》の人々にとっては、日本も持たねば、というそういう気持《きもち》を強めてゆく、ということになりかねないのであります。／日本は絶対に核兵器をもってはなりません。お金だけ使って、これはなんにもならぬ、マイナスの面だけ出てくることだからです。核をもつからには、地球滅亡覚悟で、持たねばならぬのですから、そんなことなら、そんなものを持たずに、それで滅びるなら、それも運命《うんめい》だと割りきって、すっぱり武力と縁《えん》をきったほうがよいのです。

〔『白光』一九七四年七月号、九頁〕

核兵器は言うまでもなく、日本政府は、武力と縁をきるべき、というのがこの頃までの五井の一貫した考えだった。核兵器をもたないために日本が滅びるなら、それも「運命」とおもえばいい、と五井は割り切っていた。この発言の背景には、肉体が死んでも後に「霊界《れいかい》」が存在し「霊」として生き続ける、との五井の信念があった。

◆五井の見解の要点（昭和四〇年代）

米国軍によるベトナム北爆《ほくばく》がつづくなか、そうした武力行使は、〝神意《しんい》〟に反する、と五井はかんがえた。そして、この頃までの五井は、表立ったところでは、基本的に、武力や軍備を否定する立場をしめしていた。

白光真宏会は、「新宗連《しんしゅうれん》」に加盟し、五井は京都で開催された「世界宗教者平和会議」や世界連邦運動関係の会議にも参加した。しかし、そこで議論されていた内容が、世界の貧困国救済のための経済援助などが主だったといい、真正面から「祈り」についての議論がなされなかったことに五井は失望したという。こうした世界の宗教者たちの会議への出席を機《き》に、よりいっそう「世界平和の祈り」を主とした白光真宏会会員たちによる運動の推進が必要と五井は考えたようである。

冷戦下、戦争・紛争・核実験など世界情勢は緊張がつづき、いつ大国同士による大戦争が起こってもおかしくないとの危機感が五井にはあった。そうした中、五井は初めてアメリカなどに行き、海外に滞在する体験を得た。そこで、今後とくに英語学習の必要を感じたという。それで、実際、五井自身や彼の側近、娘・昌美らは、英語を学んだ。そして、娘・昌美の米国語学留学など、白光真宏会の主要メンバーが外国に出かける機会も増えていった。こうした動きの理由として、一つには「宇宙子科学《うちゅうしかがく》」という白光真宏会の独特なプロジェクトの遂行《すいこう》のために英語が必要とされていたことがある。「宇宙子科学」の研究を進めるためには、英語の習得が欠かせないとの認識が五井たちにはあった。

また、世界平和のためには、五井提唱の「世界平和の祈り」を世界じゅうに広める必要がある、との彼の考えから、白光真宏会会員たちの手によって「祈りのリーフレット」（日本語版、外国語版）などが国内外で大量に配布される運動へと展開していった〔本書の第一章、等、参照〕。そして、この当時も五井は、核実験や核保有に反対の姿勢を貫いていた。

二―三　昭和五〇年代（一九七五～一九八〇）の五井の発言

祈りによって平和を、という考えは、五井が戦後まもなく宗教家として立った頃から在《あ》ったようである。五井は、次のように言う。

日本を救うものは、主義運動ではなくて、平和の心そのものなのである。平和をつくる根本は、神のみ心にあるのだから、私は祈りによる平和運動をこの三十年来実践し続けているのである。

〔『白光』一九七五年六月号、六頁〕

五井は、講話などで、〝神のみ心〟という言葉をしばしば用いる。この〝神のみ心〟とは、「神」が世界人類に平和であれと願っていること、世界人類が〝調和〟した状態にあることを意味する。そうした〝神のみ心〟である平和状態をつくりだすためには、各人が平和をねがうこと、そしてまず、各人が平和の心となること、との主張を五井は戦後まもなくからずっと続けてきたという。

つまり、移り変わる社会情勢のなかにあっても、基本的に五井のこの主張は同じで、一貫していたといえる。そして、これまでに述べられているとおり、白光真宏会の基本姿勢は政治運動には関わらない、ということである。ただし、当時の五井個人の見解としては、「今、軍備しようなんていっているのは、頭が狂っているとより考えられません。自然に出来た自衛隊はいいでしょう。業《ごう》の流れで出来てしまったものを、つぶせなどとはいわないのです。」〔『白光』一九七五年六月号、一二四頁〕と言っている。この頃までの五井は、積極的な「軍備」や「軍備増強」に反対という見解だった。

要するに、五井たち白光真宏会の運動は、祈りによる世界平和運動であって、「世界平和の祈り」を通して個人と人類の平和をめざす〝心の運動〟だと五井はいう。

一九七五年当時、日本赤軍のメンバーが外国でテロ事件を起こすなどしていた。そうした情勢をみて、五井は次のように考え、ある提案をした。

マレーシアのクアラルンプールにおける、赤軍《せきぐん》派〔日本赤軍メンバー〕の米〔米国とスウェーデン〕大使館占拠事件〔クアラルンプール事件〕は、世界中に、日本人への不信感をまき散らすことになってしまった。何回かの赤軍派のこうした行動は、世界における日本人の信用を、かなり下落《げらく》させてしまっているのである。／……／そこで、こうしたことを逆に考えて、日本の世界に対する態度が、世界中から好感をもって迎えられるようなことを、次々としていったら、赤軍派のまき散らした日本人不信感を打ち消してしまう、大きな日本人信頼感《しんらいかん》が打ちたてられてゆくのではなかろうか。〔『白光』一九七五年一〇月号、一二頁〕

玄関ドアに平和の祈りのステッカー、東京の寺院境内に建つ「ピースポール」の一例（撮影：著者）

右記のように五井は考え、貧しい国や被災国への金品の援助、科学技術の指導もいいだろうが、五井は特に、日本人は世界の平和を考えているということを世界中に宣布《せんぷ》しよう、と提案したわけである〔『白光』一九七五年一〇月号、三頁、参照〕。それが、本書の第一章にも記した「世界平和の祈り」の言葉を国内・海外のいたるところに掲示しようというプランだった。

こうして、日本人は世界の平和を常にねがっている信頼できる国民なのだ、と宣布する白光真宏会の普及活動が、今後さらに推進されていくことになる。そのかたちとしては、「世界人類が平和でありますように　May Peace Prevail On Earth」と印刷された「ピースポール（世界平和祈願柱）」や「ピース・ステッカー」などで、現在も広く知られているであろう。急速に展開したその普及活動の元が、前掲の五井の発言にあった。

五井は、〝世界人類が平和でありますように〟という祈りの言葉は、誰でも、どこの教団の人でもそれぞれの教団などの祈りに加えることが出来るものだ、と述べた。白光真宏会専属の祈りではないので、誰でも、どこの団体がやろうと結構なのだからと言い、世界平和の祈りをすすめている〔『白光』一九七六年二月号、四―五頁、参照〕。

そして、不調和な社会を調和した社会としていくため、白光真宏会では政治活動をしないかわりに、祈りの言葉＝「世界平和の祈り」を書いたビラなどを広めていこう、と彼は提言した〔『白光』一九七六年二月号、六頁、参照〕。

しかし、一九七六年一一月頃、機関誌『白光』における五井の発言のなかに、これまでもっぱら否定していた「兵力《へいりょく》」を若干容認する言葉も見られた。当時の日本は、アメリカの助力を得て資本主義側の国として経済的恩恵を受け、戦前にはなかった自由な発言ができ、国民の中から「愛国心」がうすれていた時代だった。そこで五井は、次のように述べた。

……日本はご存知のように原爆被害の唯一の国で、その悲惨な状況をまざまざとみせつけられた国です。ですから、当然世界に先がけて原爆反対の運動を強力に押《お》し進め、それにともなう戦争反対の運動を展開してゆく立場に立っているのは勿論《もちろん》当然のことです。……／ただここでむずかしいことは、平和利用に使っている核の力〔原子力発電のことか〕をも恐れて、その反対を唱えたり、戦争反対、平和一本で日本は進まなければならないのだからといって、真実自分達の心の中に闘争心《とうそうしん》や、恐怖心《きょうふしん》がなくなってもいないのに、周囲がすべて武力で固めている国々に囲まれながら、一切の兵力はいらないのだ、と叫《さけ》んでいたりするのは、間違っているのです。／……そういう平和の祈りのできる人達ばかりなら、全《まった》く一切の武力を持たなくとも、自分たちも国家も傷つくことはないのでありますが、残念ながら、まだ今日の人間の行き方では、とてもそういう理想《りそう》の形《かたち》は現われてはまいりません。／そこで、アメリカとの安保《あんぽ》条約も必要になり、自衛隊のように、最少限度の守りの兵力も必要になってくるのです。この世のことは、ただ理想主義だけではやってゆけないので、理想と現実とを巧《たく》みにまぜ合せて、生きてゆかねばならないのです。

〔『白光』一九七六年一一月号、一〇―一一頁〕

右記引用の前半は、日本共産党をはじめとする革新側《かくしんがわ》の主張を指しているのであろう。五井の考えも、原爆反対・戦争反対・平和一本なのだが、闘争・憤懣《ふんまん》・恐怖などの「想《おも》い」があっては平和にならないと言う点は革新側と異なる。しかし、五井はこれまで、武力を否定する言説がほとんどであったから、ここで一部「兵力」を容認する発言をしていることは注目できよう。五井の提唱した「世界平和の祈り」を唱える人ばかりになれば、「武力」は無用《むよう》という。そうなっていない現実をふまえ、安保条約によるアメリカの防衛力、自衛隊という最小限の「兵力」も必要になってくると五井は述べた。そして、この世のことは、「理想と現実とを巧みにまぜ合せて」といい、従来の「武力、兵力」絶対反対の一本《いっぽん》やりではない言い方も出てきた。また、右記引用文をみると、一九七六年一一月当時の五井の見解には、「核の平和利用〔原子力発電などのことか〕」を容認する意味合いがうかがえるだろう。

さらに、右に述べた「軍備」や安保条約について、五井はあらためて機関誌で、以下のように説明している。

……日本の国内では目下《もっか》、軍備はいらないという組《くみ》と、軍備をしっかり持たなければいけないという人たちとがありますが、どちらが一体よいのか、これも亦《また》むずかしい問題です。／理想論《りそうろん》としては、軍備など当然もたないほうがよいので、現在の自衛隊でさえいらないということになるのですが、現在の日本の置かれた立場からして、もう自衛隊を廃止することはおろか、まともの軍備をしなければならぬようなところにきているのです。……／私は、祈りによる世界平和運動をやり続けておりまして、まず日本が憲法そのままに武力を排除し、やがて世界中の軍備を撤廃《てっぱい》させなければならぬと思っているのですが、今日《こんにち》のように、まだ世界平和の祈りに徹《てっ》している人達の少ない日本が、私の理想通り武力なしで、日本の国策《こくさく》を遂行《すいこう》してゆくことは、とても危険でできないことです。……ですから、一歩退いて最少《さいしょう》の軍備ともいうべき現在の自衛隊を承認《しょうにん》し、一日も早く自衛隊も安保条約もいらない、〔世界〕平和の祈り一念《いちねん》の、日本に仕上《しあ》げてゆきたいと思っているのです。／そういうことで、私たちは日本を自由主義国でおきたいため、どうしても社会、共産主義の政治体制を善としないのであります。そういう意味で、自衛隊の存在も必要悪《ひつようあく》といえるのかもしれないのです。

〔『白光』一九七七年一月号、九―一一頁〕

五井の理想は、軍備のない平和な状態だが、当時の日本が置かれていた社会状況では最少の「軍備」としての自衛隊を認めるという。しかし、ゆくゆくは「世界平和の祈り」を広めて、「軍備」も安保条約も必要ない日本にしたい、と述べた。その頃の共産圏では粛正《しゅくせい》がおこなわれており、五井の考えとしては日本の自由を守ろうとしている自由主義陣営の政治家たちに協力していく必要を感じていたようである〔『白光』一九七七年一月号、一一頁、参照〕。この頃の五井には、これまで主張してきた平和主義の理想と現実の世界情勢との間で、その考え方に「揺《ゆ》れ」あるいは「譲歩《じょうほ》、後退《こうたい》」がみられる。

さらに五井のそうした考え方の変化とかかわる社会背景として、井上順孝〔井上〈解説〉、井上編『社会の変容と宗教の諸相』、三〇三―三三八頁、参照〕が、一九七〇年代半ば～一九八〇年代にかけて「精神世界とナショナリズムへの傾斜」「揺り戻し現象」があった、と指摘する見方も考えられよう(3)。

たしかに、前掲〈解説〉で井上順孝の指摘した一九七〇年代半ば、つまり一九七五年には「ナショナリズムへの傾斜」といえる社会の動きがあった。たとえば、「天皇陛下即位五〇年」を記念して、前年（一九七四年）に結成した「日本《にほん》を守る会」によって「昭和五十年を祝う国民の集い」（祝賀行事）が挙行されることになった、という。こうした記述からも、当時の社会にあった〝愛国的空気《あいこくてきくうき》〟の一端《いったん》がうかがえる〔日本を守る会編『昭和史の天皇・日本』、一一三頁・二〇五―二〇六頁、参照〕。五井が、当時の社会に漂《ただよ》っていた「ナショナリズムへの傾斜」や〝愛国的空気〟の影響下にあって、現実的「軍備」を考える方向に揺れたという見方もできるだろう。

原則として、日本は平和主義の国であり、戦前のように武力をもって他国に侵攻《しんこう》することはない、平和一筋《ひとすじ》の国であることを自分たち民間人《みんかんじん》によって世界中に知らしていこうと五井は言う。そのために、主に白光真宏会会員たちがなすべき行動として、五井は、世界中に「祈りのポスター」や「祈りのリーフレット」などを配布し、「世界平和の祈り」を広く知らせようとした。彼は、それによって日本が平和に徹《てっ》した国であることを世界各国に知ってもらおうと願ったわけである〔『白光』一九七七年一〇月号、八頁、参照〕。この五井の願いに応《こた》えて、同会会員たちは、祈りの言葉のポスターを貼《は》り、祈りの言葉が書かれた「たすき」をかけて全国各地で平和行進《へいわこうしん》を重ねていった。

しかし当時は、各種平和団体や国連などにおいて、原水爆実験停止、核兵器縮小を迫《せま》っても、大国《たいこく》は相変わらず核実験をし、核兵器増大競争をしていた〔『白光』一九七八年九月号、五頁、参照〕。そうした、平和運動家たちの声が届かない実状《じつじょう》にあった。

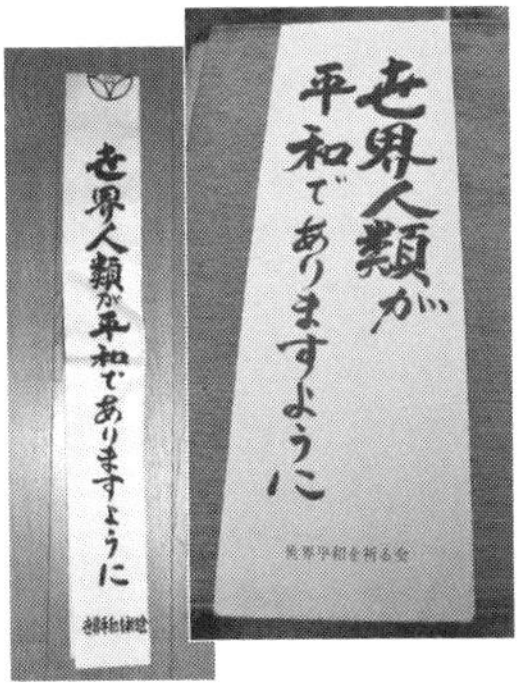

左が「祈りのたすき」、右が「祈りのポスター」（撮影：著者）

当時の世論において、日本の政界・財界のなかにも軍事力をもって日本を守ろうとする人は随分《ずいぶん》あったという。また、アメリカなどは日本の軍備を強化して守らせようという意向だと五井はみていた〔『白光』一九七九年二月号、一二―一三頁、参照〕。そうした時代の趨勢《すうせい》のなか、五井は自分たちの平和運動の立場を次のよう整理して明確に語った。

われわれの平和運動はどういうことを考えているかというと、左翼《さよく》でもなければ、右翼《うよく》でもありません。大調和主義《だいちょうわしゅぎ》です。自衛隊の廃止とか、軍備増強とかいわない。今のあり方は、政府なら政府にまかせておいて、政治にまかせておいて、われわれは、政治とは無関係に、時《とき》の流れとは全然関係なく（軍備をすること、裸になることなど）全然別個《べっこ》な次元《じげん》において、別個な立場《たちば》において、日本人はすべて平和を欲《ほっ》しているんだ、という熱烈《ねつれつ》な気持《きもち》を一つにまとめていって、だんだん、だんだん熱烈な気持の人を増やしていこうという運動なのです。

〔『白光』一九七九年二月号、一四頁〕

このように、五井は政治の次元から離れて、日本人は平和を欲している国民であることを「世界平和の祈り」を通して世界中に広めようとした。

ただし、現実的には、日米安保《にちべいあんぽ》の関係性のなかで、「祈りによる世界平和運動」を五井は進めた。当時の五井の心境が、彼のつくった次の歌にも表れている。

「米国の武力日本の和《わ》に融けて地球の調和保たむとする」／「米国としかと手を組み日本の大和の心生かさむぞ今」

〔『白光』一九七九年六月号、一三頁〕

すでに、五井の「軍備、武装」にたいする考えに若干の変化がみられたことについては指摘したが、あらためて五井の以下の詩「早く世界平和の祈りを国中《くにじゅう》のものに」（一部分、引用）から、彼の自説《じせつ》をみておこう。

世界唯一の平和憲法は／確かに天與《てんよ》のものであり日本の象徴《しょうちょう》だが／国家の安全を守ってはいけないなどとはどこにも書かれてはいない／世界平和の祈りで／国中が一つの心になってしまえば／武装も軍備もいらないが／祈りも調和理論《ちょうわりろん》もない政党〔ここでは社会党〕の／非武装論《ひぶそうろん》など侵略《しんりゃく》するには最も好都合／……／世界平和の

祈りが国中のものになって／どんな侵略の波《なみ》も入《はい》りこむ隙《すき》のないような／そんな日本になるまでは／日本も米国に同調《どうちょう》して武装をしておく必要があるのだろう／……

〔『白光』一九八〇年七月号、一二一―一二三頁〕

要するに、五井の考えは、当時の社会党の「非武装中立、日米安保反対も自衛隊の存在もみてみぬふり」〔『白光』一九八〇年七月号、一二頁、参照〕という態度とは異なる、ということである。五井と社会党の間の最も大きな違いとは、五井をはじめとする白光真宏会の人たちには「世界平和の祈り」があり「祈りによる調和」という〝理論〟があるのに対し、社会党にはそれがない、ということになろう。

みずから提唱した「世界平和の祈り」が日本・世界に広まれば、武装や軍備は要《い》らなくなるが、まだ日本にも十分に「世界平和の祈り」が浸透《しんとう》していない現状では、日米安保も自衛隊の武装も国家の安全を守るために必要なのであろう、と五井は述べている。

このような五井自身の考えはあるけれども、白光真宏会の会員たちには、五井は別の言い方をしている。つまり、日米安保や自衛隊の容認というようなことは言わなくていい、という。「敵が攻めてきたら？」「軍備は要るのでは？」と問いつめられたら、次のように答えなさい、と五井は白光真宏会会員にたいして言っている。

『そういうことは自分にはよくわからない、私のところは只《ただ》世界平和を祈っているだけでございます。その他のことはどっちがいいか私どもにはわかりません。私どもがわかることは、みんな人間というものは神さまのみ心においては兄弟姉妹《きょうだいしまい》であって、みんな手を取り合わなければいけない、仲良くしなければいけない、ということだけわかっています。だから私どもはその線だけを一生懸命守って、世界人類が平和でありますように、みんなが幸せでありますように、私どもの天命《てんめい》が完《まっと》うされますように、と祈りつづけ、神さまに感謝しながら生きているのでございますよ』／こういう返辞《へんじ》を皆さまがすればいいわけなのです。

〔『白光』一九八〇年七月号、一九頁〕

右のように、同会の会員たちには、国防問題をめぐってさまざまな意見が出ている中、神ならぬ身《み》でどっちがいいか知る由《よし》もないもないのだから、わからないのにわかった顔をしないでいい。ひたすら「世界平和の祈り」をする以外に私たちは生きる道を知らないと言えばいい、と五井は語った〔『白光』一九八〇年七月号、一九頁、参照〕。右記の答えかたは、国防問題をめぐって白光真宏会会員がだれかから問われた際の対応法《たいおうほう》を、五井が教示《きょうじ》したものである。おそらく、当時において、そのような問いが白光真宏会会員に投げかけられていたのだろう。

五井は、機関誌で国際情勢についての自分個人の見解を記したが、「それはそれ」ということである。白光真宏会会員たちの実際の「現場」においては、右記のような対応をすすめ、①「五井自身の場合」と②「一般会員の場合」で、話の〝使い分け〟を五井は行っていた。

その理由として、白光真宏会会員たちには何事《なにごと》も「無理をさせない」という考えが五井にあったことが指摘できる。つまり、五井自身は、困難な事も実行するけれども、会員たちにはもっぱら無理のない〝易行《いぎょう》〟の道を歩ませようとしていた、といえる。これに関連して、五井は、次のように述べた。

私の教えは決して無理をしてはいけないというんです。無理をすれば必ず反動《はんどう》がある、無理せず世界平和の祈りを根本にして、人のために尽《つく》す。どんなに世界情勢が変《かわ》ろうと、左派《さは》が出ようと右派《うは》が出ようと、そんなことは関係なく、われわれは世界平和の祈りの道をまっしぐらに、ひたすら進むだけです。

〔『白光』一九八〇年七月号、一二頁〕

白光真宏会では、会員はどこに居《い》ても、けっして無理をしないで、ただ「世界平和の祈り」を、ひとすじに行《ぎょう》じていくということである。それゆえ、一般の会員は、むずかしい世界情勢について、特定の立場から意見を述べる必要がなかった。

この頃の五井は、世界情勢をみて、国内では大平《おおひら》総理〔大平正芳《まさよし》（一九一〇―一九八〇、六月一二日死去）〕の死去後の選挙で保守側（自民党）が勝ったことに安堵《あんど》し、米国の武力による日本の擁護《ようご》に恩義《おんぎ》をかんじている、という発言をしている。一九八〇年六月二二日の衆参同日《しゅうさんどうじつ》選挙で、衆参共《とも》に革新側《かくしんがわ》（野党）の票が伸びなかったことは、日本にとってはプラスだった、と彼はいう。五井には、日本がソ連のような共産主義になることなく、これまでのように米国と協力関係を保ち自由主義社会でありつづけることをのぞむ、というスタンスがみえる〔『白光』一九八〇年八月号、四―一〇頁、等、参照〕。そして、「軍備」についても、五井は、白光真宏会設立の当初には言わなかった、やや踏み込んだ、以下のような発言をしている。

> 私たちは、米国は勿論《もちろん》、ソ連に対しても、敵視する眼をもってはいませんけれど、私たちの世界平和の祈りに応《こた》えて、神々の力が、大国《たいこく》の武力や、天変地変を超える力を出して頂くまでは、普通の常識的な在《あ》り方として、我が身《み》や我が国の守りの為に智慧《ちえ》をしぼる必要があるのでして、軍備をも加えた対外政策に真剣な力を尽《つく》してゆくべきなのです。
> 〔『白光』一九八〇年八月号、一〇頁〕

五井の基本姿勢として、「世界平和の祈り」をとなえつづける、ということは全く変わらないが、現実的に自衛隊のことや一般国民の命を守るための「軍備」にも目を向けないといけない、と語るようになった。五井の場合、自分（彼個人）の生命を守ることとは別に、一般の国民の命は守られなければならない、と考えた。そのために、自衛隊に代表されるような最小限の「軍備」について言及しはじめていた。つまり、①「五井本人のこと」と②「国民一般のこと」、この二つを、五井は別に論じており、五井の言説にみられる〝使い分け〟の例として筆者はみている。もっと具体的に言うと、仮に目の前で戦闘が起こったとして、五井自身は「祈り」の中で死んだとしても構わないという。だが、他の人たち（一般国民）の命は守られるように、という〝使い分け〟の考え方＝「二つの基準」が、彼には見られるのである。

◆五井の見解の要点（昭和五〇年代）

相変わらずの冷戦下にあって、五井の主張・見解に若干《じゃっかん》変化が出てくる。日本は、米国との同盟関係のおかげで、自由主義の国として、共産主義国では得られない「自由」を手にしていた。

五井は、これまでも政治運動には関わらないと言い、この当時もやはり政治運動はおこなっていない。しかし、彼個人の世界情勢にたいする見解としては、日米安保および自衛隊をみとめる、最小限の「兵力《へいりょく》」は必要、との見方を語るようになった。自衛隊については、当時のような形に自衛隊が出来てしまったものは〝天意《てんい》〟でもあろうから仕方ない、というように語っていたものの、昭和五〇年代になってからは明確に最小限の「軍備」としての自衛隊をみとめる、と述べた。

一九七九年一二月当時、ソ連のアフガニスタン侵攻があり、大国ソ連が小国を攻撃するあり様を五井はみていた。そして、機関誌の「法話」のなかで、日本国民の命を守るための最小限の「軍備」として自衛隊を位置づけた。かつては、「軍備」「武装」「武器」「武力」といった言葉を一切否定していた五井であっただけに、『白光』誌上における昭和五〇年代頃の晩年《ばんねん》の彼の発言は、社会党が言う〝非武装〟とは一線《いっせん》を画《かく》すものとなった。

ただし、これは五井昌久という宗教家一個人の考えであり、五井のその発言によって白光真宏会会員の行動が変化するものではなかった。五井は、白光真宏会会員にたいし、「政治問題はよくわからない」「世界平和の祈りをするだけ」というスタンスでやればよい、と語った。五井が、「ただひたすら、世界平和の祈りをとなえつづけよう」といい、白光真宏会会員たちはそれをつらぬいていた。つまり、「世界平和の祈り」をおこなうという白光真宏会会員たちの信仰実践面においては、ぶれはなかった。

また、一九七五年八月、日本赤軍のメンバーがマレーシアでテロ事件を起こし、海外の国々において日本のイメージが悪くなってきていた。その後、五井の「法話」での言葉を受けて、瀬木《せき》白光真宏会理事長の旗振《はたふ》りのもと、一九七六年頃から、〝世界人類が平和でありますように May Peace Prevail On Earth〟を合言葉《あいことば》とする「祈りのリーフレット」配布・「祈りのポスター」貼付・世界平和祈願柱＝「ピースポール」建立などの活動がひときわ促《うなが》された［本書の第一章、等、参照］。つまり、こうした祈りの言葉の普及を通して、〝日本人は世界平和を心からねがっている国民なのだ〟と海外の国々にもアピールする運動が展開されたのだった。

三　おわりに

戦後、昭和二〇・三〇年代から原水爆禁止の運動が盛んになるなか、そうした社会運動においては「平和」を叫びながら闘争《とうそう》の〝想《おも》い〟を発している、と五井はいう。「平和運動」をしている人たちの心が、そのような不調和な〝想い〟である限り、世界が平和になることはない、と彼は述べた。五井は、まず各人の心を平和にすることが大事だとし、そのために、「世界平和の祈り」をとなえることを勧めた。

そして、右派《うは》・左派《さは》両側から「平和運動」がみられるが、白光真宏会は、右派でも左派でもない、政治運動には関与しない、との立場であることを表明した。つまり、同会では、宗教者の立場から、ただひたすら「世界平和の祈り」を念ずるのみであるという。

安保《あんぽ》条約改定《じょうやくかいてい》が争点《そうてん》となったときには、生長《せいちょう》の家《いえ》・谷口雅春《たにぐちまさはる》が改定に賛成し日本の軍備増強を主張していることに五井は反論した。白光真宏会・五井は、政治運動に関与しないが、世界情勢については機関誌のなかでしばしば彼の持論を述べていた。その当時の五井は、まったくの「平和主義」であり、他人を殺傷《さっしょう》する武器を持つことや軍備増強などに真《ま》っ向《こう》から反対の意をあらわしていた。

五井のいう白光真宏会の平和運動は、「世界平和の祈り」一筋《ひとすじ》であることが特徴といえる。そこで、一九六四年の東京オリンピックを機《き》に、来日の外国人に「世界平和の祈り」を知ってもらおうと、〝世界人類が平和でありますように〟という祈りの言葉を、英語をはじめとして主要な外国語に翻訳・掲示する運動を実施した。

昭和四〇年代には、ベトナムにおいて米軍の北爆《ほくばく》が始まり、これに対して五井は「米軍の北爆は〝神意《しんい》〟に反している」と述べた。五井の戦争反対の姿勢は一貫している。当時の五井は、日本国憲法第九条の平和主義の精神に沿《そ》った考えを述べていた。そのため、生長の家の谷口雅春総裁《そうさい》が〝憲法を改正して軍備を持ち、その武力でもって相手を叩《たた》く〟と主張したことに対して、師《し》・谷口雅春の考えの矛盾を説いた。宗教家で「敵《てき》は無い、光一元《ひかりいちげん》」との〝光明思想《こうみょうしそう》〟を説いている谷口師《し》が敵をたたくと発言するのは理解できない、と五井は嫌悪感をあらわにした。

そして、五井たちは、昭和四〇年代半ばには海外に行き、英語への関心を高めることになった。英語の習得は、同会の教えを海外に普及するとともに、同会独自の「宇宙子《うちゅうし》科学」の進展《しんてん》に必要とされていた。

また、白光真宏会は一九六八年、「新宗連《しんしゅうれん》」に加盟し、一九七〇年には第一回世界宗教者平和会議などに、五井が出席した。世界の宗教者が集《つど》う「平和会議」では、おもいのほか、五井は失望したという。その理由は、「平和会議」において、五井が提案した「世界平和の祈り」の実践について、ほとんど議論出来なかったからであった。

こうした「平和会議」での経験から、他の宗教者たちはともあれ、白光真宏会の会員たちだけでも「世界平和の祈り」を実践し、世界各国にこの「祈り」を広めていこう、との考えになっていったようである。

一九七五年に日本赤軍メンバーがマレーシアでテロ事件を起こした際、五井は機関誌上の法話において、日本や日本人が世界から悪いイメージで見られてしまわないよう、世界に向けて平和のメッセージを日本から発信《はっしん》しようと呼びかけた。その五井の言葉が、同会会員たちを動かし、〝世界人類が平和でありますように　May Peace Prevail On Earth〟と記した標識《ひょうしき》を国内外に掲示・貼付あるいは建立《こんりゅう》する活発な取り組みにつながっていった。

　五井の晩年にあたる一九七九年一二月、ソ連のアフガニスタン侵攻《しんこう》の頃には、機関誌上の五井の法話をみると、以前のような「絶対平和主義」的な論調ではなくなった。「世界平和の祈り」を軸《じく》とした「平和主義」ではあるが、国や国民の命を守るための「武力、武装、兵力」も必要、との言葉を五井は述べた。理想として「世界平和の祈り」が世界じゅうで唱えられるようになれば武装は不要になるが、現実に「世界平和の祈り」がまだ十分に広まっていなかった当時の状態では、日米安保のもと、国の守りのための自衛隊＝最小限の「軍備」は必要である、と五井自身の考えをしめした。

　ここで筆者が指摘しておきたいのは、五井の場合、①「五井自身のこと」と②「他の国民一般のこと」を分けて考えていた、ということである。例えば、「非暴力、絶対平和主義」の姿勢は、①「五井自身」においては適用《てきよう》できよう。しかし、②「国民一般、同会会員」には「絶対平和主義」の姿勢を無理に求めてはいない。また、別の例として、「苦難の解釈」においても、①「五井自身」は自分個人の業《ごう》は無いが「人類の業《ごう》」を浄《きよ》めるために病患《びょうかん》の症状を肉体にあらわしている、とした。いっぽう、②「国民一般、同会会員」においては、個人の業を消すために苦難をその身に現わしている、との解釈を五井は示した。このように、五井の教説には①と②において、「二つの基準」があり〝使い分け〟がおこなわれていた。それゆえ、五井が「日米安保や自衛隊の必要性、国民の命を守るための武装の必要」について述べたとしても、その発言が同会会員の行動を規定《きてい》するものとはなっていない。むしろ、五井は会員にむけて、「政治のことはわからないから関《かか》わらない、ただ自分たちは世界平和の祈りを祈るだけだ」という態度をもとめている。こうしたところも、「二つの基準」の〝使い分け〟といえよう。

　五井の「軍備」にたいする考え方の変化にかんして、筆者の見立《みた》てを以下に述べておきたい。

本書第一章ならびに巻末の「略年表」にあるように、一九六九年・一九七一年、五井昌久らは明治神宮を参拝し、五井は甘露寺受長《かんろじおさなが》宮司と歓談《かんだん》した。一九七二年にも五井は、明治神宮・甘露寺宮司の招待で明治神宮を正式《せいしき》参拝《さんぱい》し、御苑《ぎょえん》の菖蒲《しょうぶ》を観賞した。そして、一九七四年、「日本《にほん》を守る会」の結成にあたって、五井はその「百人委員」になっているとされた。この「日本を守る会」の発足当時の代表委員[4]には、五井と交流のあった陽明学者《ようめいがくしゃ》・安岡正篤《やすおかまさひろ》や明治神宮神職《しんしょく》の名が見られる〔成澤宗男ほか『「開戦前夜」のファシズムに抗して』、八八―九一頁、参照〕。また、一九七九年、五井は「日本宗教代表者会議（ＪＣＲＲ）〔議長：篠田康雄《しのだやすお》。一九七九年当時、篠田は神社本庁総長〕」より、顧問《こもん》に推挙されたという。

前述のように、五井は明治神宮をはじめ神社界の人たちとの交流を大切にしていた。五井の信念としては、政治問題に関わらず、「世界平和の祈り」一念《いちねん》であることを一貫して説いたが、現実世界においては、それだけでは済まない問題が横たわっていた。そして五井は、昭和五〇年代の晩年、踏み込んだ意見を述べた。そこで、五井の発言に〝ぶれ〟が出てきた。この〝ぶれ〟とは、それまで五井が主張してきた「あらゆる武力を否定」との立場から、「国民の命を守るための武力は容認《ようにん》」との立場に変わったことをさす。

このように五井の見解が変化した背景には、神社関係者や保守的な人たちとの交流も多分《たぶん》に影響があったと筆者にはおもわれる。もともと五井は、伊勢神宮、明治神宮、熱田神宮、等を参拝するなど神社を崇敬《すうけい》し、明治天皇や昭和天皇を尊敬していたものの、「軍備」には反対だった。しかし、「世界平和の祈り」が十分に浸透していない当時の状況において「兵力《へいりょく》」をまったく持たずに日本や国民の命は守れない、と五井は判断したのだろう。それは、当時の世界情勢にたいする彼の「現実的」あるいは「常識的」態度であった、と言うこともできよう。

なお、神社界や保守派の人たちからの影響について検討する際には、次のようなことも考慮にいれたい。たとえば、「神州《しんしゅう》〔日本〕を断じて護《まも》り抜くという不退転《ふたいてん》の決意」「敬神尊皇愛国《けいしんそんのうあいこく》の精神」〔甘露寺「序」、明治神宮・明治神宮崇敬会編『明治の精神』、一―二頁〕というような考えは、明治神宮宮司だった甘露寺だけでなく、神社界の他の人たちも同様であろうし、五井昌久もまったく共感していたとおもわれる。そして、保守的な人の例である安岡正篤は、すでに、戦後の一九五五年ころから、武備《ぶび》について、他国を侵略する用意ではなくて、防衛の手段である、と述べていた〔安岡『日本の運命』、九五頁、参照〕。つまり、当時の社会に色濃くただよっていた〝愛国的空気〟に加えて、有力神社関係者や保守的な人たちとのつきあい・交流のなかで、晩年の五井は、日本の守りに徹した「軍備」についてなど現実的な対応も考えるようになったのではないか、と筆者は推測する。

註

（1）「世界を結ぶ平和の祈り」との表題。日本を除く一七の言語（国名）とは、「英語、フランス語、ドイツ語、ロシヤ語、イタリヤ語、中国、朝鮮語、タイ、インドネシア、インド、アラビヤ語、トルコ、ルーマニヤ、オランダ語、ブルガリア、フィンランド、スペイン語」〔掲載された表記のママ〕〔『白光』一九六四年七月号、七七頁〕である。翌月の機関誌上には、一七の言語に加えて、「世界人類が平和でありますように」の訳文として、さらに四カ国語（「スエーデン語、デンマーク語、チェコスロヴァキア語、ギリシヤ語」〔掲載されている表記のママ〕）が掲載された〔『白光』一九六四年八月号、七六―七七頁、参照〕。白光誌一九六四年九月号に、さらに一カ国語（ポルトガル語）が追加で掲載され、日本語を入れて計二三カ国語の「祈り」の言葉が一覧となっている〔『白光』一九六四年九月号、七六―七七頁、参照〕。

（2）「……／まして、敗戦という、しかも原爆の世界唯一の被爆国として、平和憲法を生《う》みなした日本であるのに、何故、徹底した平和国としての日本の立場を、内外に宣布《せんぷ》出来ないのでしょう。／平和国として徹底したなら、すべてをその方針にもとづいて行ってゆくべきなのに、他国の心をうかがっては、日本の行き方を定めてゆく、というような弱い心で、どうして世界平和の中心国《ちゅうしんこく》となり得るでしょう。」〔『白光』一九六六年一二月号、九頁〕と、「平和国」として徹底しない日本政府の態度を五井は批判した。

（3）井上順孝「〈解説〉社会の変容と宗教――どこに軋みを感じたのか？」、井上順孝編『リーディングス　戦後日本の思想水脈6　社会の変容と宗教の諸相』岩波書店、二〇一六年、三〇三―三三八頁、参照。この書で指摘された「ナショナリズムへの傾斜」、「揺り戻し」という現象であるが、筆者にはもう少し前の「明治維新一〇〇年＝一九六八年」頃にもうかがえるようにおもえる〔明治神宮崇敬会編『明治の精神』、一―四頁、六―七頁、二〇七―二〇八頁、等、参照〕。

（4）成澤宗男「日本会議のルーツと国家神道」（二〇一五年）によれ

ば、「日本を守る会」発足時の代表委員は以下のとおり〔肩書きは当時のもの〕だという。「朝比奈《あさひな》宗源《そうげん》（臨済宗円覚寺派《えんがくじは》管長）／小《お》倉《ぐら》霊現《れいげん》（念法眞教《ねんぽうしんきょう》教団燈主〔開祖〕）／篠田康雄（神社本庁総長）／関口トミノ（佛所護念会《ぶっしょごねんかい》教団会長〔二代会長〕）／谷口雅春（生長の家総裁）／塙瑞比古《はなわみずひこ》（笠間稲荷神社宮司）／安岡正篤（全国師友《しゆう》協会会長〔設立者〕）／岩本勝俊（曹洞宗管長）／金子日威（日蓮宗管長）／清水谷恭順《しみずだにきょうじゅん》（浅草寺貫首）／伊達巽《だてたつみ》（明治神宮宮司）／蓮沼門三《はすぬまもんぞう》（修養団主幹〔創立者〕）／廣池千太郎《ひろいけせんたろう》（モラロジー研究所所長）／山岡荘八《そうはち》（作家）」〔成澤宗男ほか『開戦前夜」のファシズムに抗して』、八九―九〇頁、参照〕。

第四章　「祈りによる世界平和運動」を支える理念

一　はじめに

平和運動というと、「戦争反対」をアピールする行進《こうしん》、「原水爆禁止」大会や各種「平和会議」の開催、反核デモ、非戦の主張、「平和」をもとめる署名活動など、アクティブなものが目につく。いっぽう、祈りは一見アクティブではないだろう。

そして、祈りは諸宗教に見られるものであるが、本章では日本の新宗教教団、特に白光真宏会《びゃっこうしんこうかい》(1)教祖・五井昌久《ごいまさひさ》が提唱した「世界平和の祈り」(2)に焦点を当てる。なぜなら、その祈りは、五井の思想および実践の根幹であり、世界の諸宗教の平和運動の中にあっても、独特な位置を占めると考えるからである。どこが独特な点なのか、次節より順次、五井の「祈り」の背景思想を提示し明らかにしていきたい。

あらかじめ要点をしめすならば、五井の「祈り」は、一定の時間や場所において行う「平和デモ」などのような〝限定的な、外的な実践行〟というよりは〝無限定な、内的な実践行〟である。そして、白光真宏会・五井の提唱した「祈り」の営みは、時間や場所や人を問わない。いつでも・どこでも・だれでも、世界平和の想《おも》い一つで行える平和運動であり、この点は、他の教団に見られない白光真宏会の独自性といえよう。

もっと明確に言うと、これまで白光真宏会が推進してきた「祈りによる世界平和運動」は、「祈り」をおこなう人が同会の会員であるか、そうでないかを問わない。一教団・白光真宏会のみに限定されるものではなく、この「祈りによる世界平和運動」の趣旨《しゅし》に賛同する人はだれでも参加できるとしたのが、その特徴である。(3)

そして、「なぜ、〝祈ること〟が〝平和運動〟とつながるのか」という、「祈り」と「平和運動」をつなぐ架橋《かきょう》の「思想」について、本章をとおして解明しようとおもう。

なお、筆者は本章を執筆するにあたり、平和運動や祈りに関連する先行研究の一部として、藤井・森〔一九七一〕、古我〔一九九二〕、木村〔二〇〇八〕、大谷〔二〇一二〕、棚次〔二〇一二〕、永岡〔二〇一三〕、四戸〔二〇一五〕、等の論文・記事を閲覧した。(4) しかしながら、前掲の先行研究では、五井昌久の「世界平和の祈り」による平和運動の背景にある他教団の思想との関係性は論述されてこなかった。そこで本章で筆者は、五井の「祈り」と「平和運動（世界平和）」との架橋において、他教団・団体の思想が影響していることを考察していく。そして、他教団・団体の思想との関係性を明らかにすることで、白光真宏会・五井の「祈りによる世界平和運動」の〝ロジック〟やその特徴を浮き彫りにしたいと考えている。それでは、次節からさっそく、五井の「祈りによる世界平和運動」の思想に流入しているであろう個別の思想を文献より示し、その関係性を論じていこう。はじめに、五井と近代スピリチュアリズム思想との関係を簡単にみておきたい。

二　五井の「祈り」とスピリチュアリズム思想との〝関係〟

戦後から数年の間に五井は、自叙伝『天と地をつなぐ者』に記されてあるように、内外のスピリチュアリズム思想から一定量の知識を得ていた〔五井『天と地をつなぐ者』、九四―九五頁、参照〕。それゆえ、五井は「心霊知識」にもとづく用語を、自らの教えの中でしばしば使っている。その例が、「神界《しんかい》」「霊界《れいかい》」「幽界《ゆうかい》」「肉体界」という世界観を表す言葉である。これらの四つの「界」については、五井の主著『神と人間』において、五井みずから図を描いて説明している〔五井『神と人間』、一六頁、参照〕。これは、浅野和三郎《あさのわさぶろう》が『神靈主義《しんれいしゅぎ》』（一九三四年）のなかで、「物質界、幽界、霊界、神界」の四つの世界について記し、五井も同様の語を用いた、ということである〔浅野『神靈主義』、一五頁、参照〕。また、『神靈主義』では、「肉體、幽體《ゆうたい》、靈體《れいたい》、本體《ほんたい》」の四つの體に大別《たいべつ》しており、五井も同様の理解をしている〔浅野『神靈主義』、九頁、等、参照〕。

さて、ここで、近代スピリチュアリズムでいう「波動《はどう》（バイブレーション）」説について述べたい。五井は「波動」という言葉をしばしば用いるが、先行して浅野もこれに言及していた。これまで述べた四つの「界」や四つの「體」とともに、「バイブレーション」につき、浅野は次のように記した。

> 小宇宙である人間と、これをとり捲《ま》く大宇宙とが、かく同一組織でゞきてゐる以上若《も》しわれわれが適當《てきとう》なる方法を講《こう》じさへすれば、相互の間にそれぞれ交通感應《かんのう》も出來るといふもので、精神統一の狙《ねら》ひ所も畢竟《ひっきょう》その點《てん》に存《そん》するのである。卽《すなわ》ち人間が欲望《よくぼう》に司配《しはい》さるゝ場合《ばあい》は、その肉體を以て物質界に通じ、感情に司配さるゝ場合は、その幽體を以て幽界に通じ、理性に司配さるゝ場合は、その靈體を以て靈界に通じ、叡智《えいち》に司配さるゝ場合はその本體を以て神界に通ずるので、丁度《ちょうど》無線電信電話の場合と同じく、大體《だいたい》バイブレエシヨンの原理に基《もとづ》くものであらうと信ぜられる。〔浅野『神靈主義』、三二頁〕

ここで浅野は、「バイブレエシヨン」の質《しつ》・内容について述べた。つまり、『神靈主義』において浅野は、人間の内面の質を「慾望」（＝物質界）→「感情」（＝幽界）→「理性」（＝靈界）→「叡智」（＝神界）という順に段階的に説明し、後者《こうしゃ》ほど質的に高い世界に通ずるとしている。それは、「想念《そうねん》」のバイブレーションの差異《さい》が、通じる世界を分けるということを意味する。そして浅野は、『神靈主義』のなかで西洋の「心霊」関連書[5]を引き合いに出し、「思念《しねん》」に波《なみ》があり振動《しんどう》を有《ゆう》するとの説に同意していた〔浅野『神靈主義』、三二一—三二三頁、参照〕。
また浅野は、英国のアーサー・フィンドレー（一八八三—一九六四）の原著*The Unfolding Universe*を抄訳《しょうやく》し、その訳書『新時代と新信仰』（二〇一四年再刊、初版一九三七年）の中で、次のようにフィンドレーの文を翻訳・紹介している。

……『靈（スピリット）』『靈界（スピリット　ワアルド）』等の言葉は、何やらこれ等《ら》のものに手を觸《ふ》れ難き實《じつ》體的《たいてき》、抽象的《ちゅうしょうてき》の感じを與《あた》へ勝《が》ちだが、實《じつ》はわれわれ人間、又われわれ人間の住む世界が實體的であると同様、これ等《ら》のものは皆《みな》實體的なのである。相違《そうい》するのはたゞ波動《はどう》（ヴァイブレイション）の數のみである。

〔フィンドレー『新時代と新信仰』（浅野譯）、一四頁〕

右のように、近代スピリチュアリズムについて著述をのこしたフィンドレーの「波動／振動（バイブレーション）」説を、浅野も採《と》っていた。浅野らスピリチュアリスト（神霊主義者《しんれいしゅぎしゃ》）たちは、物理学等近代科学の知見《ちけん》を援《えん》用《よう》するような形で「幽界（霊界）」との交通可能性を主張した。
また、前出のフィンドレーは、

……死後の人間は、物質的振動《しんどう》を感識し得なくなり、物質界に亞《つ》ぐ幽界《ゆうかい》の振動のみを感識することになる。
幽界の次にも、又その次にも別個の振動區域《くいき》があり、一界又一界と順次に新經驗《けいけん》を積み、……

〔フィンドレー『新時代と新信仰』（浅野譯）、一七四頁〕

と書いたが、浅野もフィンドレーと見解を同じくしていた。

そして、もういっぽうの五井は、「想念波動《そうねんはどう》」に関して、『(小冊子) 世界平和の祈りの運動精神』(二〇〇五年)の中で次のように記している。


想念波動の伝わりということは、音波や電波や光波《こうは》によってテレビやラジオやテレフォンで、お互いの声を聞き、他国の人の姿をみることができるという科学の原理と同じなのです。……/その波動は、争いに充《み》ちたものもあり、妬《ねた》みに充ちたものもあり、病苦《びょうく》、貧苦《ひんく》に充ちたものもあり、恨《うら》みや怒《いか》りに充ちたものもあります。またそうした暗い汚れた想念波動でない、明るい愛に充ちた光明《こうみょう》そのものの波動もあるのであります。

〔五井『(小冊子) 世界平和の祈りの運動精神』、六頁〕

浅野が無線電信電話を例にしたのと同様、五井もテレビやラジオやテレフォンを例に「波動」の伝わりを説明している。また、浅野が「波動」の質を、慾望→感情→理性→叡智へと段階的に述べたのと同じように、五井も妬み・病苦・貧苦・恨み・怒りといった暗い汚れた想念波動→明るい愛に充ちた光明そのものの波動へ、と「波動」の質ならびに段階について述べている。

そして五井は、「想念波動」の重大性を強調し、結論的に、

想念波動を浄化《じょうか》しきらない限り、世界は絶対に平和になることはない、ということです。そして、世界が平和にならない以上は、個人の平安はあり得ないということです。……そして、この想念波動が、愛や善意《ぜんい》の光《こう》明《みょう》波動《はどう》であれば、地球人の多くの人々は、その光明波動によって、知らぬ間に浄《きよ》められているわけなのです。

……／戦争が嫌な人は、先《ま》ず自己の想念を、平和な調和したものにしておくことを心がけなければいけません。

〔五井『（小冊子）世界平和の祈りの運動精神』、一〇―一三頁〕

と述べた。つまり、五井によれば、それは各自の「想念波動」を愛・善意・平和・調和といった「光明波動〔明るいポジティブな想《おも》い〕」に切り替えていくことであり、そのための方法が「世界平和の祈り」をとなえることだという。そして、白光真宏会・五井の教理の上では、この「祈り」を通して高い「波動《はどう》」の「神界《しんかい》」とつながり、そこから地球の「想念波動」を浄化して世界に平和をもたらす、とされる。

以上のように、浅野らが主張したスピリチュアリズム思想と五井の思想には相通《あいつう》ずる面が確認出来るのである。

三　五井の「祈り」と「大本系」のある思想との〝関係〟

すでに前の章でも述べたが、白光真宏会は、先行研究において「大本系《おおもとけい》教団系統図」の中に位置付けられており〔井上ほか編『新宗教事典』、七五頁、井上ほか編『新宗教教団・人物事典』、（巻頭）xxx頁、参照〕、その〝源《みなもと》〟である大《おお》本《もと》をはじめ、他の大本系教団と思想において共通する面を有《ゆう》している。

そこで本節において筆者が注目したのは、「大本系」の新宗教教団のなかにみられる「移写《いしゃ》」という思想である。

大本では、(6)「現界《げんかい》は、霊界《れいかい》の移写《いしゃ》」と言う。

大本の教祖の一人、出口王《お》仁《に》三郎《さぶろう》の著作『霊《たま》の礎《いしずえ》』（一九九七年）には、以下のように記されている。

しかしながら現実界も精霊界《せいれいかい》も、外面より見ればほとんど相似《そうじ》しているものである。なン《(ママ)》となれば、現実界の一切は精霊界の移写なるをもってである。

〔出口『霊の礎』、二一頁、出口『霊界物語　第一七巻』（愛善世界社）、二九一頁〕

引用中の「現実界」とは「現界」と同義《どうぎ》である。「精霊界」は、別名「中界《ちゅうかい》」あるいは「天の八衢《あめのやちまた》」あるいは「六道の辻《ろくどうのつじ》」などと王仁三郎は述べ、これらは同じ「あの世」の階層《かいそう》を指しているという〔出口『霊の礎』、一頁、参照〕。王仁三郎は、「精霊界」は、いわゆる天国と地獄の中間に位置するとし、「人の死後ただちに到るべき境域《きょういき》にしていわゆる中有《ちゅうう》である。」〔出口『霊の礎』、二頁〕と説明した。

そして、「現界」は「霊界」（「精霊界」）の「移写〔コピーの意〕」である、というのである。「現実界」と「精霊界」が「ほとんど相似している」とするところは、大本系「霊界」思想の特徴であろう。

出口王仁三郎『霊の礎』には、

高天原《たかあまはら》の天界《てんかい》には、地上の世界と同様に住所や家屋《かおく》があって、天人《てんにん》が生活していることは、地上の生活における人間の生活と相似《あいに》ているのである。……地の世界の人間は、霊界の事物《じぶつ》にもまた自然界《しぜんかい》同様であるということを会得することができぬからである。……地上の現界を霊界の移写だということを自覚せないから、……

〔出口『霊の礎』、六五―六六頁〕

とある。王仁三郎は、「地上の現界は霊界の移写だ」とする思想を語った。これは、大本の〝霊主体従《れいしゅたいじゅう》〟という考え方と密接に関係し、順次その意味合いを論じたい。

〝霊主体従〟につき、出口王仁三郎『霊の礎』には、以下のような記述が見られる。

……すなわち霊主体従の法則によって活動するから、人をして人たらしむる所以《ゆえん》である。……人の肉体は、人間の家または容器といっても可《い》いものである。人の肉体にして、すなわち精霊《せいれい》の活動機関にして、自己の本《ほん》体《たい》たる精霊が有《ゆう》するところの諸々《もろもろ》の想念《そうねん》と、諸多《しょた》の情動《じょうどう》に相応《あいおう》じて、……

〔出口『霊の礎』、八〇―八一頁〕

ここにおいて、王仁三郎は、人を「霊《れい》」と「肉《にく》」とに分けて見、「霊」の方に重きをおく考え方が述べられている。大本の王仁三郎の価値観では、より大事なのは「霊」のほうであり、人の肉体は「（精）霊の活動機関」「容器」にすぎない、とする。このようにして、王仁三郎は、「自己の本体」である「（精）霊が主《しゅ》」であり「肉体は従《じゅう》」、「霊主体従の法則」という思想を述べた。

これは、「霊界《れいかい》」が主であり、「現界《げんかい》〔別の呼称として、肉体界、自然界、形体界ともいわれる〕」は従、と位置付ける考えと連動しているといえる。

以上のことを、王仁三郎はあらためて『霊の礎』（出口『霊界物語　第二一巻（如意宝珠、申の巻）』）のなかで次のように述べた。

霊界は想念の世界であって、無限に広大なる精霊世界である。現実世界はすべて神霊《しんれい》世界の移写《いしゃ》であり、また縮図《しゅくず》である。霊界の真象《かたち》をうつしたのが、現界、すなわち自然界である。ゆえに現界を称してウツシ世《よ》というのである。／たとえば一万三千尺《じゃく》の大富士山をわずか二寸四方《にすんしほう》くらいの写真にうつしたようなもので、その写真がいわゆる現界すなわちウツシ世である。……すべて現実界の事物《じぶつ》は、いずれも神霊界《しんれいかい》の移写であるからである。……すべて神霊は情動《じょうどう》想念の世界なるがゆえに……すべて世界は霊界が主《しゅ》で現界すなわち形体界が従《じゅう》である。いっさい万事《ばんじ》が霊主体従《れいしゅたいじゅう》的に組織されてある……

〔出口『霊の礎』、一一二―一一四頁、出口『霊界物語　第二一巻』（愛善世界社）、三―四頁〕

王仁三郎のもちいた言葉に若干《じゃっかん》の言い換《か》えはあるが、主意《しゅい》は同じである。「現実世界は神霊世界の移写であり、縮図である」との言葉は、「現界は霊界の移写」と同義《どうぎ》である。つまり、「霊主体従」のルールにそって、「霊《れい》」の世界が元《もと》あるいはまず先《さき》に在《あ》って（＝霊主《れいしゅ》）、「体《たい》」の世界は元の「霊」の世界のかたちに従《したが》って写《うつ》ったもの（＝体従《たいじゅう》）、と理解できよう。

ここでもう一つ注目したいのは、「霊界は想念の世界」とあるように、「想念」を主とする見方である。これについては、白光真宏会の五井も同様であり、詳しくは後述する。なお、前に引用した『霊の礎』の文は、王仁三郎の『霊界物語』(7)から抜粋《ばっすい》されたものである。

他にも、例えば『霊界物語』（愛善世界社版(8)）から「移写」「霊主体従」の記述をさらに抽出するならば、

松岡神使は男子《をのこ》に一礼し、／神使『此此《ここ》は名に負ふ、高天原《たかあまはら》の移写と聞こえたる高熊山の岩窟にて候《さふらふ》、……汝は此処《ここ》に現世《うつしよ》の粗《あら》き衣《きぬ》を脱ぎ、……』／と云ふかと見れば、……

〔出口『霊界物語　第一九巻』（愛善世界社）、一五頁〕

……故に人は神の子、神の宮《みや》といふのである。地上は凡《すべ》て天国の移写であるから、……

〔出口『霊の礎』、三三―三四頁、出口『霊界物語　第一九巻』（愛善世界社）、一九六頁〕

この物語は、現、幽、神、三界を一貫し、過去と現在 未来を透徹《とうてつ》したるが故《ゆえ》に、……須《すべか》らく現実界《げんじつかい》を従とし、神霊界を主として御熟読あらば、幾分か其真相を攫《つか》む事が出来るであらうと思ひます。……

〔出口『霊界物語　第二一巻』（愛善世界社）、四頁〕

此聖言《せいげん》は、愛と信との全く滅亡したる有様《ありさま》を、お示しになつたのでせう。今日の現界は、自然界の太陽や月

は天空に輝き渡つて居りますが、太陽に比すべき愛と、月に比すべき信と星に比すべき善と真《しん》との知識を亡ぼして居ますから、天国の移写たる現実界も今日の如く乱れ果てたのです。……

〔出口『霊界物語　第四七巻』（愛善世界社）、一九八頁〕

などの箇所が挙げられよう。このように『霊界物語』では霊を主とし体を従とする世界観が大本の王仁三郎によって述べられ、彼は「霊なる世界」の有《あ》りようが「肉体の住む世界」に写し出されるというのである。

ちなみに、第二次世界大戦の敗戦前後から五井が思想的影響を受けた「大本系」の教団・世界救世教《せかいきゅうせいきょう》でも、同様の〝霊主体従〟の考え方が見られる。例えば、『天国の礎　宗教下』（一九九六年）において、

そうして一切は霊が主で、体が従であるのが万有の法則である以上、現界に発生するすべては最初霊界に発生し、それが現界に移写するのである。〔世界救世教教典編纂委員会編『天国の礎　宗教下』、三八五頁〕

……一切は霊界で先に起こるというのは真実である。つまり霊主体従の法則によって、霊界の方が一足先に浄《きよ》められそれが現界へ移写されるのである。〔世界救世教教典編纂委員会編『天国の礎　宗教下』、三八八頁〕

と世界救世教の岡田茂吉《おかだもきち》は、大本の出口王仁三郎と同様の教えを述べている。なぜ、岡田が王仁三郎と同様の教えを述べているのか。その理由は、岡田茂吉がみずからの教団を立ち上げる前、大本の熱心な信徒《しんと》であったために、教祖・王仁三郎の説いた〝霊主体従〟思想を岡田が受容《じゅよう》していたから、といえよう。

また、大本の三代教主補《きょうしゅほ》・出口日出麿《ひでまる》の『信仰叢話』（初版は一九三五年）によると、

この現界は俗に現世《うつしょ》と申しまして、霊界が映《うつ》るところであります。眼には見えない世界を投影している。……

／現世《うつしょ》というのは霊界を映しているものであり、……悪いほうが映ると悪いほうにゆき、いい霊界がうつれば良いほうへ良いほうへと持ってゆかれるものである。

〔出口『信仰叢話』、一二〇―一二一頁〕

といった説明がなされてある。

出口王仁三郎・岡田茂吉・出口日出麿が述べた右記のような思想は、同じく〝大本系教団群《ぐん》〟の一つである白光真宏会の五井昌久にも受け継《つ》がれている。五井の主著『神と人間』で彼は、以下のように記している。

人間は靈《れい》が主であり、肉體《にくたい》が従である、と言ふ思ひに入つた人、これは同じ階段〔天國への階段〕を二歩三歩昇った人々である。

〔五井『神と人間』、五頁〕

形あるもの、それは形なきものの影である。

〔五井『神と人間』、九頁〕

守護靈は靈界、幽界、肉體界と三界を通して働ける者なので、幽界に於《おい》て、出來つゝある運命、或《あるい》はすでに出來あがつて、時間の經過《けいか》につれて自然に肉體界（現界）の運命として現はれやうとする惡想念《あくそうねん》の結果（因果《いんが》）を、あらゆる手段をもつて、其《そ》の人間の運命として現はれぬやうに修正してゆく。

〔五井『神と人間』、四三頁〕

……この現界を、現世《うつしょ》、と言ふのは寫世《うつしょ》、靈界から寫《うつ》し出されてゐる、と言ふ意味の言葉であるのだ。

〔五井『神と人間』、九七―九八頁〕

このように、白光真宏会の五井もその教理において、〝靈主體從《れいしゅたいじゅう》〟という考え方、「霊」なる世界が「現界」に時間を経《へ》て現れてくるという思想を説いている。つまり、教団・大本、等で言われるように、白光真宏会の五井も「現界は霊界の移写」との思想を述べたということである。

ここにおいて、前項で言及した「波動《はどう》」という概念が関係してくる。近代スピリチュアリズムの思想においては、

「波動」の数・精妙さに応《おう》じて「神界」「霊界」「幽界」「現界」が出来ている、ということであった。「現界」の「波動」が最も粗《あら》く、次の順で粗いのが「幽界」とされる。そして、五井は、一九七二年五月三日、名古屋での講演で、次のように述べた。

……地球のどこどこに地震が起《おこ》り、陥没《かんぼつ》するとか、そういう予言ばかりですね。そういう状態が幽界にはできているんです。幽界に出来ていることはやがて肉体界に現われるわけですよ。現われてからじゃおそい。予言が実現しないうちに、それを修正しなければいけない。／われわれが世界人類が平和でありますように、と祈っていると、幽界の地震だ津波《つなみ》だ、戦争だというのを、光《ひかり》で掃除して地球界に現われないようにするんです。現われないよう幽界を掃除しちゃおうと、私は毎日毎日汗だくで掃除している……。

〔五井『五井昌久全集1　講演編』、三四五―三四六頁〕

つまり、五井の考え方は、「世界人類が平和でありますように……」ととなえる「世界平和の祈り」の「光の波動」で「幽界」の汚れた「波動」を浄《きよ》めて、「幽界」から「肉体界」に写ってくる不幸を防ごう、というものであった。

右の五井の考え方においては、近代スピリチュアリズムにおける「波動」の概念と、大本《おおもと》の「移写」の思想が組み合わされている。特に「波動」に関して、五井が提唱する「世界平和の祈り」を用いることでその「祈り」の調和《ちょうわ》の「波動」によって「幽界」および地球を浄化《じょうか》し平和をもたらす、とする点は独特といえるだろう。

五井は、「波動」やみずからが提唱した「祈り」について、一九六九年一〇月一二日、東京での講演で、端的《たんてき》に以下のように言っている。

私はよく波動の世界という言葉を使います。想《おも》いというのは波動です。この物質も波動です。その波動が汚《よご》れている。争《あらそ》いに満ちていることによって、地球界にそれが現われてくるわけです。だから汚れに満ちている、争いに満ちているその〔想いの〕波動を変えればいいわけです。波動を変える、それが世界平和の祈りなんです。

〔五井『五井昌久全集1　講演編』、二六一頁〕

結局、彼は、結論として、「波動（想い）」を変え、「幽界《ゆうかい》（あるいは幽体《ゆうたい》）」と「現界《げんかい》（あるいは肉体《にくたい》）」の汚れた「波動」を浄める方法は、「世界平和の祈り」をとなえることだ、というのである。

四　種々の平和運動における白光真宏会の「祈りによる世界平和運動」の位置

平和を希求することは、大多数の宗教教団も賛成するところであろう。そして、それぞれの教団において平和運動が行われている。

新宗教教団の平和運動に着目すると、「軍縮、核廃絶を目指す国際的運動の高まりと深く連動して」〔井上「その他の社会活動　概説」、井上ほか編『〔縮刷版〕新宗教事典　本文篇』、五八三頁〕、平和運動にかかわる新宗教教団が出てきた、といい、井上・梅津は創価学会《そうかがっかい》・白光真宏会・立正佼成会《りっしょうこうせいかい》の三教団を例に挙げている。一九七六年当時の創価学会は「反戦・反核」を掲げて戦争の悲惨さを訴える展示を行っていた〔井上・梅津「平和運動」、井上ほか編『〔縮刷版〕新宗教事典　本文篇』、五八三―五八四頁、参照〕。同書で、白光真宏会については、「祈りによる世界平和達成運動」、「世界人類が平和でありますように」と書かれた標識《ひょうしき》の貼付やピースポール[9]の建立、「平和行進《へいわこうしん》」などが紹介されている。また、同書発刊当時〔一九九〇年頃〕の立正佼成会は社会活動の中で平和運動に最も力を入れていたとされ、その平和運動は①宗教協力運動、②政治浄化運動、③核兵器廃絶・軍縮活動の三つを軸としていたという〔井上・梅津「平和運動」、井上ほか編『〔縮刷版〕新宗教事典　本文篇』、五八四頁、参照〕。

他に、先行研究に挙げたロバート・キサラの論文・講演では、日本山妙法寺《にっぽんざんみょうほうじ》・創価学会・立正佼成会・松緑《しょうろく》神道大和山《しんとうやまとやま》・修養団捧誠会《しゅうようだんほうせいかい》・白光真宏会の平和思想に言及し、デモやストライキといった積極的行動を伴うものや世界の要人による対話、宗教間対話などが「平和運動」の事例として挙げられている〔キサラ、講演「国民的使命としての世界平和建設」、一二三頁、参照〕。

筆者が若干《じゃっかん》の資料等から確認する各教団のこれまでの主な「平和運動」は、以下の通りである。

日本山妙法寺の山主《さんしゅ》・藤井日達《にったつ》（一八八五―一九八五）は、ガンジーの非暴力の思想を受け継いで、核廃絶・反核平和を求めてうちわ太鼓を鳴らし「南無妙法蓮華経」と唱《とな》えて行進《こうしん》した。[10] 日本山妙法寺・藤井の説教からは、「絶対平和主義」の姿勢がうかがえる〔藤井『天鼓　要文集』、三三四―三三五頁、参照〕。

修養団捧誠会では、一九五二年より現在も毎日正午、本部ほか神前《しんぜん》において「平和のいのり」を行っている、という。[11] また同会では、「悠久《ゆうきゅう》世界平和建設運動」を推進し、一九五九年から国内・海外に「神石・和石〔〝平和一神〟〝世界平和〟等の文字を刻んだ石碑〕」を建立する活動をおこなっている〔http://www.hoseikai.or.jp/movement/　参照〕。

創価学会は、『二〇一三年活動報告』によると、青年部や婦人部が活発であり、「広島・長崎・沖縄の三県平和サミット」の開催や「平和意識調査」の実施、平和を考える各種展示会・講演会・フォーラムなどを開催。[12]『新宗教事典』によれば、戸田城聖《とだじょうせい》第二代会長が一九五七年に「原水爆禁止宣言」を行い、以後、反戦運動の一環として「反戦出版」、また国内外の各地で「反戦あるいは反核展」を行ってきたという〔井上・梅津「平和運動」、井上ほか編『新宗教事典』、五八三―五八四頁、参照〕。創価学会公式サイトにも、「核廃絶」「環境」「人権」などをテーマに、創価学会が取り組んできた平和運動が紹介されている。[13]

立正佼成会は、一九七〇年の「世界宗教者平和会議（ＷＣＲＰ）」開催に中心的役割を果たし、その後も宗教間の対話・協力に力を入れている。ＷＣＲＰの開催のほか、「一食《いちじき》を捧げる運動」では、一回の食事を抜いた代金を献金し、その財施《ざいせ》は困難な状況にある人々のために役立てられるという。基本的に、立正佼成会全会員共通実践日は、毎月一日・一五日、とある［http://www.ichijiki.org/about/outline/ 参照］。そして同会は、「アフリカへ毛布《もうふ》をおくる運動」、核兵器廃絶軍縮署名運動など多彩な活動を行ってきた［井上ほか編『新宗教教団・人物事典』、三一三―三一五頁、等、参照］。ほかに、「アジア宗教者平和会議（ＡＣＲＰ）」の設立、「国際自由宗教連盟（ＩＡＲＦ）」への参加など、宗教者の積極的な交流を進めている。[14] なお、同会の会員が朝夕に読誦する『経典』には、最後の「回向《えこう》」の末尾に「総《そう》じては、一切衆生佛性開顕《いっさいしゅじょうぶっしょうかいけん》・世界平和達成等《とう》の御守護《ごしゅご》を賜《たまわ》りますよう、偏《ひとえ》に願い上げ奉《たてまつ》る。」の文言が見られる。[15] また、立正佼成会において近年より始めた取り組みとおもわれるが、たとえば「一食を捧げる運動」の実践日などに、「祈りのことば」[16] を唱和しているようである［http://www.ichijiki.org/about/outline/ 参照］。ちなみに、立正佼成会の「第四九回　青年の日」（二〇一八年五月二〇日）でもこの「祈りの言葉」が掲げられていた［http://www.kosei-kai.or.jp/youthday/ 二〇一八年八月一〇日最終閲覧、参照］。

大本《おおもと》は、「宗際活動」として、戦後の「世界の諸宗教との交流」において日本では先駆的《せんくてき》な役割を果たしたという。この大本・人類愛善会《じんるいあいぜんかい》は、戦後より「世界連邦《せかいれんぽう》運動」を推進し、二〇〇二年に「第二回世界宗教者の祈りとフォーラム」を開催した。[17] ちなみに、一九五〇年には、大本の聖地（梅松苑《ばいしょうえん》）の在《あ》る綾部《あやべ》市が日本全国で初めて「世界連邦都市宣言」をし、一九五二年には、同じく大本の聖地（天恩郷《てんおんきょう》）の在る亀岡《かめおか》市も「世界連邦都市宣言」をした［http://oomoto.or.jp/wp/heiwa/ 参照］。

三五教《あなないきょう》については、三五教では世界諸宗教との提携という神示《しんじ》が当初よりあったため、一九五〇年、バハイ教と提携したという。そして、一九五四年から、三五教の主催による世界宗教会議がたびたび開催された［井上ほか編『新宗教事典』、六七九頁、https://www.bahaijp.org/ 参照］。なお、現在の三五教では、信徒有志たちが、愛国的立場から全国各地の神社で国家安泰《あんたい》の祈りを捧げている。例えば、日本の対馬《つしま》や佐渡《さど》など各地で「国家安泰祈願祭」を執《と》り行っているようである［https://www.ananaikyo.jp/kokkaantai 参照］。ただし、三五教を母体として一九六一年に設立された「オイスカ・インターナショナル」という国際ＮＧＯがあり、このオイスカ・インターナショナルの理念は、一九六九年に「公益財団法人オイスカ」へと引き継がれている。「オイスカ」は、主にアジア・太平洋地域で農村開発や環境保全活動を展開しているという。このように、三五教と関係のある組織・「オイスカ」が、人材育成や環境保全などをとおして、貧困地域の生活向上ならびに「国際平和」に具体的な貢献をしている、と見ることもできる［http://www.oisca.org/about/ 参照］。

松緑神道大和山では、一九九四年に完成した「神集閣《しんしゅうかく》」が世界平和祈願のシンボルとして位置付けられているという。また、「一食《いちじき》を捧げ 一欲を節する運動」や「古切手による平和の手紙運動」なども行われてきた［井上ほか編『新宗教教団・人物事典』、一〇九―一一〇頁、等、参照］。そして、毎月一八日は「世界平和祈願日」である。この日には、前述の通り朝の一食を捧げ、コーヒー・酒などの一欲を節し、それによって出来た金銭を平和のために用いるという活動を行う。さらに、平和のための「チャリティーバザー」、街頭募金なども行っている。[18] 松緑神道大和山の平和運動は、具体的な実践活動を重視している点が特徴といえる。

霊波之光《れいはのひかり》では、現在、正午一二時に「世界平和の結合《けつごう》の祈り」[19]をおこなっているという［http://www.rhk.or.jp/public.html 参照］。

白光真宏会は、本章で主として述べている「世界平和の祈り」を唱えることのほか、「印《いん》」や「マンダラ」という方法も実践し、二〇〇五年からは、宗教・宗派を超えて共に世界の平和を祈るイベント「ＳＯＰＰ（世界平和交響曲）」を開催している。[20] また、白光真宏会は、昭和四〇年代に「新日本宗教団体連合会」や「世界連邦建設同盟」に加盟・加入し、「世界宗教者平和会議（ＷＣＲＰＩ 於・京都）」はじめ、「世界連邦平和促進宗教者大会」などに参加してきた。[21]

ここで例に挙げた教団はごく一部であり、様々な教団においてそれぞれの平和運動が行われている。(22)

本節の最後に、種々《しゅじゅ》の平和運動における白光真宏会・五井の「祈りによる世界平和運動」を、ひとまず位置付けておきたい。

まず、白光真宏会では「平和行進《へいわこうしん》」や「被災者のための募金《ぼきん》」などといった活動もあったものの、総合的にみると、五井たちの平和運動は、本質的には「静」的かつ「内」的である。前記のように、五井昌久の存命時において具体的な社会活動もおこなったが、抽象度《ちゅうしょうど》の高い実践＝「祈り」が主だった。

白光真宏会の五井当人《とうにん》は、日本山妙法寺・藤井日達ら同様「非暴力」の考えをもっていたが、その「非暴力」は白光真宏会会員の統一行動としてそれが定められていたわけではなく、会員個々《ここ》に自由度があった。

そして、五井は、いわゆる「デモ」には賛同しなかった。なぜなら、彼はその「デモ」において闘争《とうそう》の〝波動《はどう》、想い《おも》〟が起こることを懸念《けねん》したからである。白光真宏会では、特に心のありようを重視し、各個人の内面の平安からはじめることを主張した。

また、近年の白光真宏会の活動をみると、「SOPP（Symphony of Peace Prayers）」という名で世界の諸宗教のリーダーを集めて「祈り」によるイベントをおこなっている。

なお、同会の「世界平和の祈りによる平和運動」には、特徴的な面があるので、それを以下に述べたい。

あたり前のことだが、平和を祈る言葉は各教団により様々である。ところが、そこには、「祈り」の数が多かったり、「祈り」の文言《もんごん》が難しかったり、「祈り」が長く覚えられない、といった問題が見られる場合がある。

いっぽう、五井が提唱した「世界平和の祈り」は数行《すうぎょう》のみ（基本は、五行《ごぎょう》）で、数も一つ、言葉も平易《へいい》なので楽に暗誦《あんしょう》出来てしまう。唱題《しょうだい》「南無妙法蓮華経」や念仏《ねんぶつ》「南無阿弥陀仏」と同様、五井の「祈り言葉《ことば》」も頻繁《ひんぱん》に唱えられている。そこで、他教団の「祈り」と分ける基準として「5W1（2）H」で見てみると、違いがより分かりやすくなるだろう。(23)

例えば、五井の「祈り」の場合、「いつ（When）」→いつでも、「どこで（Where）」→どこでも、「だれが（Who）」→だれでもが、みんなが、「なにを（What）」→「世界平和の祈り」を、「なぜ（Why）」→世界平和のために、「どのように（How）」→ひたすら、たんたんと、息張らずに、「どのくらい（How many）」→できるだけ多く、何回でも、となえることといえるのである。(24)

このあり方は、「日にちや時間を決めて（修養団捧誠会、立正佼成会、霊波之光、等）」とか、「息張って（日本山妙法寺）」というスタイルではない。白光真宏会の「祈り」の実践・平和運動は、時や場所を限定せず、目的である「世界人類の平和」のみに集中・特化したものである。ひまさえあれば、いつでも・どこでも、信仰の所属を問わずだれでもが、「世界平和の祈り」の言葉を心の中あるいは声に出して響《ひび》かせている、というのが特徴である。絶《た》えず祈る内容は、個人の「助けたまえ」という願いよりも公の「世界平和」のほうに重点を置く。

以上から、新宗教教団の「平和運動」における白光真宏会・五井の「世界平和の祈りによる世界平和達成運動」は独特なものと位置付けられる。「世界平和」を目的に掲げて、「世界平和の祈り」のみというシンプルな実践を貫いた平和運動をみるとき、そこには、他の新宗教教団には見られない平和実現への方法論があるといえる。

五　おわりに

本章で筆者は、五井の「世界平和の祈り」から「世界平和」へ、と結ぶロジックが、①心霊思想（近代スピリチュアリズムの思想）、②大本《おおもと》などにみられる「移写《いしゃ》」の思想の二点との関連を探ることで見出せるのではないかと見立て、論証を試みたわけである。

これまでに述べてきた通り、五井の「祈りによる世界平和運動」の背景思想に、①②の思想が見られることが分かった。五井は、自身の提唱した「世界平和の祈り」をとなえることが世界平和に到る最善の方法であると主張し続けた。

まず、五井は、白光真宏会を起こす前に浅野和三郎《わさぶろう》らが説いた近代スピリチュアリズム思想を熱心に学んでおり、近代スピリチュアリズムで語られる「想《おも》い」の「波動《はどう》（バイブレーション）」を重要視したのだった。「スピリチュアリズム」や五井の思想において、肉体界に生きる人間個々の「波動」は、「幽界《ゆうかい》・霊界《れいかい》・神界《しんかい》」にも感応《かんのう》し相通《あいつう》じるものであるとされた。そこで、五井は、地上に生きる人間一人一人の「想いの波動」を、より高い世界に通じるとされる精妙な「光明《こうみょう》波動《はどう》」へ転《てん》じることを目指した。五井昌久の主張では、各人の想いの「波動」を「光明波動」へと転ずる方法が「世界平和の祈り」をとなえることであった。

また、いくつかの「大本系」教団において見られる「現界《げんかい》は霊界の移写である」との思想を、五井も同じく有《ゆう》していた。五井の「移写」にかんする思想を教理的に述べると、次のようになる。それは、①広義《こうぎ》の「霊界」は「想いの波動」の世界である、②肉体界に近い「霊」の世界＝「幽界」の「想念《そうねん》波動《はどう》」が汚《よご》れている、③そして、その汚れて不穏《ふおん》な「幽界」の世界が肉体界に写《うつ》ってくる、というものである。五井によれば、彼が「現世」を「写《うつ》し世《よ》」と述べたように、まずは写ってくる元《もと》の世界＝「幽界」を浄《きよ》めなければならず、その「浄め」の方法が、「世界平和の祈り」をとなえることだとした。五井の場合、この「移写」の考え方にもとづいて、「幽界」から肉体界へ、戦争や不幸などといった「汚れた世界・状況」が現われてくる前に、「世界平和の祈り」の「光明波動」によって汚れた「幽界」を浄めてしまおう、と説いた。

なお、こうした「移写」の考え方は、さかのぼると、大本の出口王仁三郎《おにさぶろう》が唱えていたため、本章で挙げた岡《おか》田茂吉《だもきち》のほかに、大本の元信徒でのちに新宗教教団ひかり教会をおこした岡本天明《てんめい》も「……霊の山川がマコトぞ、地上はそのマコトの写しであり、……」［岡本『ひふみ新世紀』、九九頁］、「物質界は霊界の移写」［岡本『ひふみ神示』、七四三頁〕と述べている。先行研究〔対馬・津城「大本の影響」、井上ほか編『新宗教事典』、七四―八〇頁、とくに七五頁、参照〕において「大本系《おおもとけい》の新宗教教団」に位置付けられている生長《せいちょう》の家《いえ》・谷口雅春《たにぐちまさはる》、神道天行居《しんどうてんこうきょ》・友清歓真《ともきよよしさね》、三五教《あなないきょう》・中野與之助《なかのよのすけ》も同様の考えである。[25]

また、各教団を〝実践行《ぎょう》〟からみてみると、白光真宏会・五井は、「世界平和の祈り」の実践による広義の「霊界《れいかい》」から「現実界《げんじつかい》」への働きかけを説いた。他方、世界救世教《せかいきゅうせいきょう》・岡田には「浄霊《じょうれい》[26]」、生長の家・谷口には「聖経《せいきょう》読誦《どくじゅ》や神想観《しんそうかん》[27]、各種祈り」等の実践行がある。ここで挙げた、世界救世教や生長の家の実践行は、「病気なおし」、「霊」の障《さわ》りをとりのぞくこと、など主に個人的・私的なことに重点が置かれているのが特徴だろう。

また、他の実践行として、世界救世教・岡田なら「祝詞《のりと》」をあげること、生長の家・谷口なら〝よきコトバ〟のみを発《はっ》すること、なども挙げられよう。それらの実践行も、たとえば「言霊《ことだま》、波動《はどう》」という観点からとらえるならば、五井のいう広義の「霊界」から「現実界」への働きかけに類《るい》するといえるかもしれない。このように、世界救世教の岡田茂吉や生長の家の谷口雅春からも似たような考えを見出せなくはないが、岡田や谷口の実践行はＴＰＯに制限があり、実践行における重点の置きどころも五井とは異なっている。つまり、五井が重点を置いた実践行とは、「世界平和の祈り」を〝絶《た》えず〟祈ることであり、「世界平和の祈り」のみをひたすらおこなうことであった。岡田は「浄霊」、谷口は「聖経読誦、神想観」に重きが置かれ、岡田・谷口ともに病気が治る、等という〝個《こ》の利益〟のほうに力点《りきてん》がありそうである。ここで挙げた岡田と谷口の実践は、「世界平和」を第一の目的としたものではなかろう。しかし、五井は、どちらかといえば、個あるいは私《わたくし》のことよりも公《おおやけ》のこと・世界平和のほうに視点を置いて、ＴＰＯの制限なく「世界平和の祈り」をおこなおうという。そして、五井は、この「世界平和の祈り」の実践によって世界平和（個の平安と世界の平和、個人と人類の救い）が実現できるとした。五井は、とりわけ重視する「想念《そうねん》波動《はどう》」を〝良い状態〟にもっていくのが「祈り」であるとし、いつでも・どこでも・誰もが、常にこの「世界平和の祈り」の中にあることを勧めた。

この五井の「祈りによる世界平和運動」は、信仰の所属《しょぞく》をこえて誰もが「世界平和の祈り」をとなえるだけでこの平和運動に参加できるといい、様々な新宗教教団の平和運動のなかでも独特なものである。五井は、短文《たんぶん》で平易《へいい》な「祈り」の言葉の提唱《ていしょう》を通して、信仰を異《こと》にする世界各国の幅広い層の人がこの「祈りによる世界平和運動」を実践できるようにと意図《いと》したのだろう。

以上、本章では五井の「祈りによる世界平和運動」を支える理念（背景思想）について、主に、近代スピリチュアリズム思想の「波動」説、および大本系教団群《ぐん》にみられる「移写」の思想から考察した。なお、日本の新宗教研究において、こうした独自性のある平和運動をおこなう白光真宏会の思想・理念を分析したことは意義のあることであろう。

註

（1）白光真宏会の基本情報は、本書の序章を参照されたい。会員数：数万人〔会員数は、西園寺昌美『クリエイティング・ザ・フューチャー——未来創造』白光真宏会出版本部、二〇一五年、四四頁、参照〕。同会によれば、会員ではないけれども、同会の祈りの趣旨に賛同し実践している人は、国内外を問わず多数いるとのことである。なお、二〇一六年五月に行われた同会行事「ＳＯＰＰ、Symphony of Peace Prayers　世界平和交響曲　～宗教・宗派を超えて、共に世界の平和を祈る～」の開催報告によれば、「世界中で一〇〇カ国、六〇〇地域以上で同時開催」と記されている〔http://byakko.or.jp/event/sopp/archives/archivessopp2016/　参照〕。これは、世界同時配信のインターネット中継で同イベントにつながった国・地域の数であり、各地域に大規模な集会が行えるような拠点が存在するわけではない。そして、「ＳＯＰＰ　二〇一八」では、「世界二八カ国、六八カ所以上で、多くの人々が世界の平和を祈り、ＳＯＰＰにちなんだ集いを開催しました。」〔『白光』二〇一八年七月一〇日号、六六頁〕と記されている。白光誌に掲載されている、その集いの写真をみると、人数は多くないが、海外各国へも、この「祈り」の運動が広がっている様子がわかる〔『白光』二〇一八年七月一〇日号、六六―七七頁、参照〕。

（2）五井昌久が提唱した「世界平和の祈り」の文言＝「世界人類が平和でありますように／日本〔祖国名〕が平和でありますように／私達の天命《てんめい》が完《まっと》うされますように／守護霊様ありがとうございます／守護神《じん》様ありがとうございます」。「世界平和の祈り」の文言は、一九五四年頃には現在のものと同趣旨のものが出来上がっていた。若干の文字の揺れはあるものの大きな変更は見られない。『白光』誌の一九五七年二月号ではもう現在の「完成形」に近い。以後、この祈りの文言は現在まで唱えつづけられている。

(3) 本章の註記の中で、白光真宏会・五井昌久の「祈りによる世界平和運動」の思想的特徴を、以下に若干、記しておきたい。五井昌久自身は「絶対平和主義」の立場を示しており、武器を持たずに「祈りによる世界平和運動」をしていて殺されるならそれでもよい、とさえ語った。とはいえ、「非暴力、絶対平和主義」の実行はとても難しく、五井は白光真宏会会員にそうした行動を強要しなかった。そこで五井が同会会員にもとめたのは、「主義」などかんがえず、ただひたすら「世界平和の祈り」を祈ること、祈り一念《いちねん》の態度だった。また、五井の平和運動の考え方の特徴として、〝日本から発信する平和運動〟といった視点があった。ある意味、「日本中心的・愛国的」側面があったと見ることもできよう。しかしながら、白光真宏会では愛国的な面を有《ゆう》しながら世界じゅうに平和を広げるといった国際的な視点も同時に持っており、そうした平和運動のあり方は興味深い点である。五井の「祈りによる世界平和運動」は、誰でも参加できる平和運動であり、祈りの言葉が短くとなえやすいため、信者・非信者を問わず、多くの人を巻き込む素地《そじ》を備えているといえるかもしれない。実際、これまでに、同会の会員ではない人たちをも巻き込み、〝世界の平和を第一に考える人〟をつくりだしてきた事実は、平和運動における同会の功績と言ってよいだろう。

(4) 筆者が参照した先行研究の一部とは、下記の論文等である。藤井日達・森龍吉「非暴力の祈りと実践の八十七年――独自の平和運動に一生を捧げる老師の精神史」(『中央公論』第八六巻第一〇号、一九七一年七月)。古我きぬ「神の支配による平和」(『世紀』第五〇八号、一九九二年九月)。木村晶子「アシジの聖フランシスコの「平和の祈り」の由来」(『人間生活学研究』第一五号、二〇〇八年三月)。大谷栄一「一九五〇年代の京都における宗教者平和運動の展開」(『社会学部論集』第五四号、二〇一二年三月)。棚次正和「祈りと平和 Prayer and Peace」(『Studia humana et naturalia』第四六号、二〇一二年一二月)。永岡崇「宗教文化は誰のものか:『大本七十年史』編纂事業をめぐって」(『日本研究』第四七号、二〇一三年三月)。四戸潤弥「イスラームと祈り」(『礼拝と音楽』第一六六号、二〇一五年)、等。

(5) 浅野は「(参考《さんこう》書)」として、「Researches in the Phenomena of Spiritualism. By Sir. Wm. Crookes.」[浅野『神靈主義』、三三一―三四頁]と、英国の物理学者で「心霊研究」を行ったウィリアム・クルックス卿(一八三二―一九一九)による本を紹介している。

(6) 大本では、出口なおを「開祖《かいそ》」、出口王仁三郎《おにさぶろう》を「聖師《せいし》」と呼び、二大教祖として仰いでいる。

(7) 『霊界物語』は、大本の「二大教典」の一つで、全八一巻(八三冊)からなる。王仁三郎が高熊山での修行時に「神界《しんかい》」の様子などを見てきて口述・筆録《ひつろく》したもの、とされる。「二大教典」のもう一つは、『大本神諭《おおもとしんゆ》』である。

(8) 出口王仁三郎の『霊界物語』には、天声社版や八幡書店版など、幾つもの版があるが、本章では出口王仁三郎著(霊界物語編纂委員会編)『霊界物語』(第一~第七二巻)愛善世界社、一九九二~二〇一〇年の版を参照した。

(9) 「ピースポール」は「世界平和祈願柱」とも言われ、白光真宏会サイトによれば、一九七六年から建立活動が始まったとされる[http://byakko.or.jp/about/history/ 参照]。「世界人類が平和でありますように」の標語が、日本語や世界各国の言語で記されている。「ピースポール」の形状は、角柱《かくちゅう》のかたちが一般的である。

(10) 井上ほか編『新宗教教団・人物事典』、五六一頁、及び、吉田行典「特集 弟子が語る〈昭和の名僧〉名言集 藤井日達師」『大法

輪』二〇一三年一〇月号、大法輪閣、二〇一三年一〇月一日、一一二―一一四頁、等、参照。

(11) 井上ほか編『新宗教教団・人物事典』、一〇三―一〇四頁、及び、修養団捧誠会サイト http://www.hoseikai.or.jp/ 参照。

(12)『二〇一三年活動報告』創価学会広報室、二〇一四年二月一日、二八―四一頁、参照。

(13) 創価学会サイト https://www.sokanet.jp/hbk/index.htm 参照。

(14) 立正佼成会サイト https://www.kosei-kai.or.jp/030katsudo/0302/ 参照。

(15)『経典』立正佼成会、一九九四年一月（改訂版初刷）（初版は一九三八年四月）、参照。

(16) 立正佼成会の「一食《いちじき》を捧げる運動」において、次の「祈りのことば」を唱和し、黙とうを捧げているという。「（祈りのことば）／世界が平和になりますように／人のことを思いやる人がふえますように／まず私からやさしくなります　（黙とう）」［http://www.ichijiki.org/about/outline/ 参照］。

(17) 大本サイト http://www.oomoto.or.jp/japanese/katsudo/peace.html 二〇一六年一〇月三日最終閲覧、参照。また、「第二回世界宗教者の祈りとフォーラム」については、http://www.oomoto.or.jp/forum/japane/kovrilo.html 参照。

(18) 松緑神道大和山サイト http://www.yamatoyama.jp/event#sekaiheiwa 参照。

(19) この霊《れい》波《は》之《の》光《ひかり》の祈りの実践がいつ始まったのか、筆者には定かにできない。しかし、現在、霊波之光では、世界平和実現のために、正午一二時にはどこにいても「結合の祈り」（＝「御《ご》守護神《じん》様、二代様、我等人類救済の道へあゆませ給え」と唱えること）を捧げるという［http://www.rhk.or.jp/faq.html 参照］。

(20) 井上ほか編『新宗教教団・人物事典』、二五八―二五九頁、及び、白光真宏会サイト http://byakko.or.jp/about/history/ 等、参照。

(21) 本書の第一章に記したように、白光誌によれば、一九六八年、白光真宏会は「新宗連《しんしゅうれん》」に加盟することを表明。そして翌一九六九年、五井は「新宗連」の理事に承認されたという。また、一九七〇年には、白光真宏会は「世界連邦建設同盟」に団体として加入。さらに、同一九七〇年一〇月、京都で開催された「世界宗教者平和会議」に五井も出席した。いっぽうで、一九七四年四月、五井は「日本《にほん》を守る会」の「百人委員」になったとされる。さらに、一九七九年七月、五井は、「日本宗教代表者会議（議長：篠田康雄）」より、顧問に推挙されたそうである［以上、本書の第一章、参照］。

(22) 他の宗派や信仰をもたない人たちにおいても平和運動が展開されているのと同様に、それぞれの日本の新宗教教団においても、「平和」への関心を掲げ、関連する活動を行っている。簡単に新宗教教団の教団名のみ挙げると、「大本系」では大本、松緑神道大和山、白光真宏会、など。単独で広く平和運動を行っている教団に創価学会があり、「新宗連」加盟教団［http://www.shinshuren.or.jp/orglist.php 参照］やWCRP日本委員会に役員を出している教団［http://saas01.netcommons.net/wcrp/htdocs/about/?action=common_download_main&upload_id=2193 参照］は、平和運動への意識が比較的高いといえよう。その代表格が立正佼成会であり、修養団捧誠会、円応《えんのう》教《きょう》、解脱会《げだつかい》、善隣教《ぜんりんきょう》、パーフェクトリバティー教団、妙智會《みょうちかい》教団、霊波之光なども平和活動をしている。また、教派神道を除くWCRP関連の新宗教教団に、前掲の教団の他では、一燈園《いっとうえん》、真生《しんせい》会《かい》、中山身語正宗《なかやましんごしょうしゅう》などが挙げられる。その他にも、「絶対平和主義」の姿勢で活動している日本山妙法寺《にっぽんざんみょうほうじ》、エホバの証人、セブンスデー・アドベンチスト教会なども注目できるだろう。

(23) 棚次正和『祈りの人間学――いきいきと生きる』（世界思想社、二〇〇九年）の「第五章　祈りの実践」において、「いつ祈るか、どこで祈るか、何を祈るか、いかに祈るか、誰に（何に）祈るか、誰が祈るか、なぜ祈るか」と棚次が分類しているのを、筆者が参考にした。

（24）「誰が祈るか」に筆者が注目するのは、白光真宏会の「祈り」を考察するうえで重要だからである。例えば、霊波之光でも、世界平和をねがって正午一二時に「結合の祈り」などを実践している。しかし、その「祈り」をおこなう人は、霊波之光の信者に限られているであろう。なぜなら、霊波之光の教えのうえでは、入信して「大宇宙神（大神様）、御守護神様〔教祖のこと〕、二代様〔現教主・波瀬敬詞のこと〕」につながっている者だけが〝霊波〟を受けられる、とされるからである。まったく霊波之光の信仰の外にいる者が、その「祈り」の実践者となることは想定されていないとおもわれる。いっぽう、白光真宏会の「世界平和の祈り」は、白光真宏会の信仰の外にいる、世間一般の誰もが、この「祈り」に参加することをすすめている。同会の「世界平和の祈り」では、教祖との信仰のつながりがなくてもかまわない、とされる。そこが、他の教団とは異なる白光真宏会の「祈り」の特徴といえよう。ここでは、比較の一例として、霊波之光の名を挙げさせてもらった。他意はない〔http://www.rhk.or.jp/divineconnect.html　等、参照〕。

（25）生長の家・谷口雅春は「現象界の出来事は、〝霊の世界〟で先に作られたものの投影」というような説明をしている〔谷口『奇蹟を生ずる実相哲学〈生長の家入門講義　上〉』、一三八頁、参照〕。同じく「大本系教団」の教祖である神道天行居《しんどうてんこうきょ》・友清歓真《ともきよよしさね》も「神界《しんかい》を写したのが此《こ》の人間界」〔友清『しきしま霊界訪問記』、四八頁〕という。そして、同じく「大本系教団」の教祖である三五教《あなないきょう》・中野與之助《よのすけ》にあっても、「霊界のことは現界に移写《いしゃ》するもの」〔中野『霊観した幽界』、六五頁〕と述べている。

（26）世界救世教いづのめ教団サイトによれば、「浄霊《じょうれい》」とは、手のひらをかざすことで神の光を注いで相手の魂を浄《きよ》めることをいう。「浄霊」は、病気などの苦しみから解放し、運命を向上させる方法とされる〔http://www.izunome.jp/action/johrei/　参照〕。

（27）生長の家サイトによれば、聖経読誦《せいきょうどくじゅ》とは、創始者・谷口雅春があらわした聖経『甘露《かんろ》の法雨《ほうう》』や聖経『天使の言葉』などの生長の家の経文《きょうもん》を読むこと。神想観《しんそうかん》とは、瞑目《めいもく》合掌し、神の無限の智慧《ちえ》・愛・生命・供給・悦び・調和が自分のうちに流れ入るさまをじっと心の目で見る行《ぎょう》、とされる〔http://www.jp.seicho-no-ie.org/faq/10/1002.html　二〇一六年一一月一六日最終閲覧、参照〕。

終章　要約と結論

本書をとじるにあたり、これまでの章で述べてきたことの要約（要点）および明らかにしたことを記し、最後に本書の結論を述べることにしよう。

一　各章の要約（明らかになったこと）

▼序章

まず、序章で前置きしたように、本書の目的は、五井昌久《ごいまさひさ》という宗教家の平和思想がどのような影響関係のもと形成され展開されてきたかを明らかにすることにあった。

その〝影響関係を明らかにする〟という問題を解明するため、筆者は、五井が戦後加入した教団・団体の思想を個別にあたり、それらからの思想的影響を分析した。調査対象とした主な教団・団体は、世界救世教《せかいきゅうせいきょう》・生長《せいちょう》の家《いえ》・日本心霊科学協会（心霊科学研究会）・千鳥会《ちどりかい》である。他にも、大本《おおもと》をはじめ大本系教団群など、複数の新宗教教団の教え・実践を参照した。

これまでに白光真宏会《びゃっこうしんこうかい》や五井昌久にかんする学術研究は少なく、同教団・教祖の思想に真正面から取り組み掘り下げられてはこなかったため、本書では多くの新しい発見を提示出来たとおもう。

過去の白光誌を中心に、関連する文献（関係者からの聞き取り等を含む）を資料として、丹念に読みこみ（聞きこみ）、分析した成果が本書である。

以下、本書の各章において何が新たに明らかとなったのか、各章の要点とともに記述する。

▼第一章

まず、第一章では、「白光真宏会教祖・五井昌久の生涯と活動」を時間軸にそって、五井のライフストーリーや白光真宏会の平和運動の流れがわかるよう、できるだけ詳しく記した。五井の誕生から立教にいたる頃までの半《はん》生《せい》については、五井昌久『天と地をつなぐもの』（一九五五年刊）という彼の自叙伝にある程度書かれている。しかし、白光真宏会立教後から五井の逝去までの後半生については、まとまった形の本として近年まで公刊されてこなかった。それが、〝五井昌久生誕《せいたん》一〇〇周年（二〇一六年に白光真宏会で五井昌久生誕百年の記念行事がおこなわれた）〟を機《き》に、五井の側近・髙橋英雄が著者となり五井にかんするエピソードや教えなどをまとめた複数の書籍（『五井せんせい』（二〇一六年一〇月刊）、『神のみ実在する』（二〇一七年三月刊）、『神の満ちる星の話』（二〇一七年九月刊））が白光真宏会から刊行された。これらの書籍は、髙橋が発行していた個人誌に書かれた内容などを編集し、まとめたものである。以上の本のほか、五井の直弟子たちが書いた本など、できる限り多くの資料をもとに、第一章の五井の生涯と活動の実際を明らかにした。

なお、わかりやすくするため、筆者のほうで、「戦前期」、「遍歴期」、「草創期」、「成立期」、「展開期」、「闘病期」のように区分した。

この章のボリュームがやや多い理由は、五井と白光真宏会の情報を厚くすることで、のちの研究者の参考になると考えたからである。実際、この章で記した情報は、五井や白光真宏会に関連する研究をする人にとって、基礎情報として参照出来、役立つことだろう。

第一章には、五井の生涯において、彼が、いつ、誰と出会って、どういう活動を展開したかなど、これまで関係者以外ほとんど知られていなかった情報を盛り込んでいる。本書執筆の現在までに、五井昌久と近しく接した関係者は、日を追って亡くなっていっている。そのため、ちょうど、いまが存命の五井の直弟子〔みな高齢の人たち〕から直接話を聞ける最後の機会だった。そして、そうした人たちの協力があって、彼らの貴重な話を本書の第一章にも収録することが出来たのである。

▼第二章

第二章では、白光真宏会の〝教団系統〟を確認した。先行研究（井上ほか編『新宗教事典』、七五頁、等）で白光真宏会が「大本系《おおもとけい》」に位置づけられていたように、五井自身も白光真宏会は「大本」から分派していった教団の一つ、と理解していたようである。

第二次世界大戦後、それら「大本系」の諸教団・団体に、五井は入った。彼が入った教団・団体名を挙げると、世界救世教・生長の家・千鳥会・日本心霊科学協会などである。そして、のちに発足した白光真宏会で説いた五井の教えには、右記の教団・団体等からの思想的影響があったことを、筆者は第二章で指摘した。

他教団等からの思想的影響にかんして、個別に要点を述べると次のとおりである。

世界救世教から五井は、「浄化作用《じょうかさよう》」という教えを摂取した。五井は、岡田茂吉《おかだもきち》がいう〝病気は、「毒素」の排泄作用によって起こる〟との説に共感する。五井は、世界救世教では人間の身体に病気があらわれる原因を、三つの「毒素」（①先祖からの罪穢《つみけが》れ、②過去世《かこせ》の業《ごう》の現われ、③薬毒《やくどく》によるもの）から述べているといい、この説を五井は取り込んで、彼の「消えてゆく姿」という教えへと展開していった。

つまり、五井も同様に、人間の身体に現われている病気の症状とは「浄化作用」であり、罪穢れや過去世からの業が〝消えてゆく姿〟である、と説いた。これは、世界救世教から五井が受けた思想的影響といえる。

生長の家からは、谷口の著書『生命の實相』全巻通読などを通して、人間の死後も「霊魂」が個性をもって存続すること、「人間は神の子、完全円満、光一元《ひかりいちげん》」という〝光明《こうみょう》思想〟を五井は学んだ。生長の家の信徒時代の五井は、谷口に心酔し、「葛飾信徒会」をつくったり、生長の家地方講師となって谷口の教えを、ほうぼうに宣伝して回った。そのようにして、五井は、谷口の教説のうち、特に〝光明思想〟をみずからの「教え」の中にとり込んでいった。すなわち、五井は千鳥会会員となり、みずから申し込んで「フーチ（扶乩《ふけい》）」をもらった。そこで「神霊」から示されたというのが、次の言葉である。

「百知不及一真実行　誠実真行勝万理識」

［五井『天と地をつなぐ者』、九二頁］

第一章で記したように、五井は、勉強熱心で知識欲は旺盛だった。働きながら通信教育で中学課程を学びおえたという。彼は、文学書や宗教書など多くの本を読んでいたため、生長の家・谷口雅春《たにぐちまさはる》の知的な文章もよく解《かい》することが出来た。そして、生長の家の熱心な信徒時代は、博識《はくしき》の谷口を尊敬していたようである。しかし、生長の家から少し心がはなれはじめた千鳥会会員時代、右記の「フーチ」を得て、たくさんの知識があるより、誠実な行いが出来るほうが重要だ、と五井は覚《さと》った。

この千鳥会でもらった「フーチ」の言葉は、五井が白光真宏会会員たちに講話をした際、幾度も例に挙げられ、誠実な行いのほうに重きを置くという彼の宗教家としての態度に結びついている。つまり、千鳥会の「フーチ」の言葉は、五井にたいして「影響」を与えたといえるわけである。なお、五井は白光真宏会立教のあと、紅卍字会《こうまんじかい》からも「フーチ」によって言葉をもらっている。五井は、その「フーチ」の言葉を全く信じていた様子であった。

　五井が接点をもった心霊研究グループには、日本心霊科学協会、心霊科学研究会、菊花会《きっかかい》などがある。彼は、右記のいずれの団体にも加入し、会員となっていた。戦後まもなくの昭和二〇年代前半からこれらの団体で行われた「物理霊媒《れいばい》」による「心霊実験会」に、五井は積極的に参加した。五井の機関誌上の「法話」をすべて筆者が通覧したところ、白光真宏会が設立された後も、「心霊研究」に五井は関心を持ち続けていたのがわかる。

　日本心霊科学協会・役員であり翻訳者でもあった粕川章子《かすかわあきこ》と五井との交友から、「世界平和の祈り」の英訳版が出来た。同じく日本心霊科学協会・役員および心霊科学研究会・主幹だった脇長生《わきたけお》や菊花会・小田秀人《おだひでと》などからも、「心霊」にかんする知識を得ていた。五井は、戦後まもなくから「心霊」にかんする本を東京の古本屋で見つけては読んでいた。以上から、五井は、心霊研究グループからも「心霊知識」および「体験」（「心霊実験」への参加）面で、影響を受けていたといえる。

　白光真宏会の教義面への影響をみたとき、「大本系」の中では、先行研究ですでに言われてきた生長の家に加えて、世界救世教の影響が濃いということが新たに分かった。五井の「お浄《きよ》め」という「霊的」実践は、世界救世教の「浄霊《じょうれい》」に通ずるものである。また、五井の「消えてゆく姿」の教えと岡田の言う「浄化作用」とは、意味合いにおいて同様といえるだろう。このように、影響関係の強弱において、世界救世教の影響が強いということは、これまでに指摘されてこなかった発見であり、明らかになったことである。

　なお、第二章では、五井の「霊界」思想が形成されるにあたって、他教団・団体等から受けた「影響」について詳細に論じた。筆者は、白光真宏会・五井および他教団・教祖らの「霊界」にかんする言説、特に①「霊界」の構造と性質　②「守護霊、守護神」思想について比較し、分析をおこなった。

　そして、世界救世教・生長の家・日本心霊科学協会（心霊科学研究会）・千鳥会の「霊界」思想と、白光真宏会・五井の「霊界」思想とを比較したところ、五井の「霊界」思想は日本心霊科学協会（心霊科学研究会）のそれと最も近いことがわかった。

五井は、戦後、日本心霊科学協会（心霊科学研究会）の会員となっており、この団体の創設者・浅野和三郎《あさのわさぶろう》の著書『神霊主義《しんれいしゅぎ》』から、多くの心霊知識をとり入れていることが明らかになった。①「霊界」の構造と性質についての説明、②「守護霊」の説明も、ともに浅野の説に沿って五井は語っていた。

しかし、五井が強調した「守護霊と守護神《じん》」という〝二段構えの両者がセットになったまもりの体制〟については、日本心霊科学協会（心霊科学研究会）の説にはなく、千鳥会のほうで述べられていた考え方だった。千鳥会では「守り神《がみ》」「守り主《ぬし》」と言い、それらは五井の「守護神、守護霊」に相当する。

五井は、戦前には「霊魂や霊界は無い」とかんがえていたが、戦後、前記教団への入信・信仰体験を経て、「神霊主義（スピリチュアリズム）」を受容した。さらに彼は、特に〝救済の神〟を意味する「守護神」とは〝愛念《あいねん》をもって人間をまもってくれている手近《てぢか》な存在〟である、と独得の主張を展開した。この五井の「守護神」説については、千鳥会入会以降、彼が自己流の〝霊修行〟を完遂したときに得られたものとされ、五井にとってはリアルな「覚り」のようなものだったらしい〔五井『天と地をつなぐ者』、参照〕。

また、第二章のなかでは、白光真宏会・五井昌久の「苦難の解釈」を他の新宗教教団の「苦難の解釈」と比較し、考察した。そして、〝消えてゆく姿〟の教えといわれる五井昌久の「苦難の解釈」は、その教えの内実をみると、他の新宗教教団（＝世界救世教、生長の家、大本、等）の「苦難の解釈」と似た面があった。

五井の「苦難の解釈」の仕方は、次のようなものである。つまり、現在、苦難・苦しみがあるとしたら、それは過去世《かこせ》から現在に至るまでの間につくった悪業《あくごう》によるものであり、現在ただ今こうして苦しむことによって悪業は浄化されるのだ、と五井は説いた。右の説を、彼は〝消えてゆく姿〟の教え、と人々に説いた。五井のこの〝消えてゆく姿〟の教えは、筆者のみたところ、世界救世教・岡田茂吉や生長の家・谷口雅春などの教説から影響をうけている、といえる。

世界救世教・岡田茂吉の言う「浄化作用」では、病患にかぎらず自然災害や戦争なども含めて、そこでの苦しみを通して、人間の体や国土が浄められる、罪穢・業《ごう》が浄化される、と説いた。この岡田の説と同趣旨の内容を、五井は〝消えてゆく姿〟の教えのなかで語った。

また、生長の家・谷口雅春も、心の中に悪い想いが出てきたり、身に不幸・苦しみが出てきたとしても、それは過去の業《ごう》が〝自壊《じかい》〟しているすがた、業が滅しているすがたである、とも説いた。ここで谷口が述べた内容は、五井の〝消えてゆく姿〟の教えと相通ずるものである。

さらに、大本のおしえの中にも、世界救世教の岡田が述べたのと同じように、自然災害などの「苦難」は国土を祓《はら》い浄《きよ》めていることでもある、と説かれていた。

以上のように、五井の教説の柱である〝消えてゆく姿〟の教えにも、世界救世教・岡田や生長の家・谷口らの思想的影響がうかがえた。

しかし、五井は、彼らの説を継承しながらも、五井独自の〝視点〟を提示している。それは、谷口の「精神分析」説を否定して、むしろそこで五井の「消えてゆく姿」説を前面に押し出したことにみられる。

つまり、谷口は前述のような「業の自壊」説を説きつつ、いっぽうで、信徒間の心の指導の場に「その人が病気や不幸になるのは、その人の心のあり方に問題があるから」といった〝病因論《びょういんろん》・災因論《さいいんろん》〟を導入していた。この谷口の指導法が、右の「精神分析」説というものである。五井は、この「精神分析」説をおこなうと、信徒同士が、病気や不幸の原因をつくっているとされる自分や相手の心を責め、そこに心がとらわれてしまう、という問題を自覚した。そこで、五井は、「病気も不幸も、あらゆる苦難は、〝過去世からの悪業がたった今、現われて消えてゆく姿〟なのだ、苦難が現われ苦しんだ分だけ自分は今、浄まっているのだ」と白光真宏会会員たちに指導した。すなわち、五井は、互いの心の問題を指摘する生長の家のやり方に代えて、「すべての不幸・苦難は、過去世の業の〝消えてゆく姿〟、業が消えた分、これからは善くなる」と現状を肯定的にとらえるようにした。自他の心を責めない、苦難の状況をもポジティブにとらえる、苦難の現状を捉《つか》まないという〝観《かん》の転換〔肯定的な方向に視点を転ずること〕〟を五井は徹底した。この「光明思想《こうみょうしそう》」といわれる姿勢は、谷口が先に語っていたことだったが、五井は谷口よりもひたすら単純に、〝消えてゆく姿〟の教えという言葉をもちいて重点的に、これを生涯にわたって繰り返し語った。そこが、五井の独自性の部分といってもよかろう。五井は、谷口の教えを白光真宏会会員たちの誰もが使いやすいように説き直したわけである。

五井の〝消えてゆく姿〟の教えにみられるような、苦難を通して過去からの業《ごう》が浄化される・祓《はら》い浄《きよ》められる、という思考方法は、今後個別に調べていけば、神道系新宗教・大本《おおもと》はじめ他の大本系教団群〔井上ほか編『新宗教事典』、七五頁（「系統図」）〕や「浄化作用」を説く他の世界救世教系教団群〔井上ほか編『新宗教事典』、八六頁（「系統図」）〕など、近現代の神道系新宗教教団のなかに多く見いだすことが出来るかもしれない。

▼第三章

第三章では、国際情勢など「社会」の動きが、五井の平和運動に何らかの影響を与えたかどうかにつき、五井の機関誌での「法話」を一通りみながら考察した。

五井は、昭和二〇年代後半には白光真宏会の根幹である「世界平和の祈り」を形成していた。そして昭和三〇年以降、定型化し、以後ずっと唱えつづけられている「祈り」の文言の冒頭は「世界人類が平和でありますように」である。五井の平和運動とは、「祈りによる世界平和運動」であるため、終始一貫、この「世界平和の祈り」を通して、世界平和の実現を目指した。

そうした一貫した方針は維持しつづけたが、時局によって、五井の発言や白光真宏会の活動展開が動くことがあった。「社会」の情勢からの白光真宏会・五井への影響にかんして、具体的な例を以下に挙げよう。

昭和二〇・三〇年代においては、特に、一九六四年一〇月の「東京オリンピック」があった。五井は、このイベントで海外から日本に外国人が来ることを機《き》に、〝世界人類が平和でありますように〟という「祈り」の文言を各国語に訳して、掲げることにした。五井が「法話」の中でこの掲示プランを提案したことで、同会会員たちは一丸となってこの活動をおこなった。東京はじめ様々な所で、各国語による「祈り」の文言が、この時期に掲げられた。

昭和四〇年代においては、一九六五年二月以降、米軍によるベトナム北爆《ほくばく》がはじまり、五井は米軍がおこなうベトナム戦争での〝殺人〟を批判した。そして、北爆という米国の行為は〝神意《しんい》〟に反する、と語った。

五井は機関誌上で、日本国憲法第九条の平和主義に沿った態度をしめしていた。そして一九六八年五月末には、「新宗連《しんしゅうれん》（新日本宗教団体連合会）」への加盟を白光真宏会は表明した。また、同会は、世界連邦運動《せかいれんぽう》にもかかわっていった。そして一九七〇年一〇月、京都で開催された第一回世界宗教者平和会議に五井も出席したが、このときの会議の内容が彼には納得できないものだったようである。五井は、〝世界人類が平和でありますように May Peace Prevail On Earth〟を世界の宗教者共通の祈りの言葉として加えることを提案したが、「平和会議」において重く受け取られることはなかったという。世界の宗教者たちの議論の内容が、貧しい国への経済援助を主としていたことなどから、この「平和会議」後の五井は、それまでにも増して「祈り」の重要性を語るようになった。唯物論者が言うのではなく、ほかならぬ宗教者の口から、〝祈ってどうなる、世界平和のためにもっと具体的な方策《ほうさく》を〟というような声が聞かれたことに、五井はがっかりしたというわけである。この後も、五井の「祈り」一念《いちねん》の平和活動は展開されていくが、右記の「平和会議」での経験が、彼の「祈りによる世界平和運動」推進を〝強化〟する方向に作用した、と言うことは出来るだろう。

さらに、一九七〇年四月に初めて五井は海外へ出た。娘の昌美とともにアメリカへ行き、英語習得の必要性、世界を舞台に「世界平和の祈り」を広めること、を心にきざんだようである。これ以降、五井昌久や娘・昌美そして白光真宏会幹部は、「宇宙子科学《うちゅうしかがく》」という同会独自の研究プロジェクト推進と布教のため、海外（主に欧米）に出かけることが増えていく。そして、英訳版の媒体（リーフレットなど）の普及に力を入れていった。

昭和五〇年代は、五井の闘病期において、咳《せき》、痰《たん》、全身の痛みなど、もっとも重い症状をしめしていた。そうした中、一九七五年八月にマレーシアで日本赤軍メンバーによるテロ事件が起きた。このニュースを見た五井は、機関誌上の「法話」において、日本人のイメージが悪くなっているけれども、日本人は世界の平和を強く願っているというメッセージを内外で発信していこう、というような提案をした。そうして、〝世界人類が平和でありますように May Peace Prevail On Earth〟の標識《ひょうしき》(ポスターやステッカーなど)を日本全国・海外のいたるところに掲示・貼付する活動が、白光真宏会会員たちの手によって展開されていった。

特筆すべきこととして、五井は昭和五〇年代の晩年期、「軍備」にかんする論調を変化させた。それまで基本的には「軍備」「武力」を否定していた五井だったが、彼は、国・国民を守る最小限の力として自衛隊を位置づけ、「兵力」を容認する発言を機関誌上で述べた。五井は、理想主義だけでなく、日米安保条約のもと、自衛隊という「武装」も必要との見解をしめした。こうした発言は、当時の国際情勢に応《こた》えた五井個人のものとはいえ、これまでの彼の絶対平和主義的な主張からは後退した、といえよう。

ただし、五井の話には、すでに筆者が指摘したように「二つの基準」がみられるため、右記の発言の場合も①「五井本人の場合」と②「白光真宏会会員を含む、他の人の場合」とを分けてとらえたほうがよいだろう。五井は確かに、①として「軍備」も必要と述べたが、②としては「政治問題はよくわからないのだから、そうしたことは考えないで、ただ世界平和の祈りをすればいい」というように述べている。

なお、昭和五〇年代、五井の論調がより保守派・自民党寄りの日米同盟重視、国・国民を守るための最小限の自衛隊の「武装」容認、という立場に至った背景には、五井と神社界(明治神宮など)および保守的な人たちとの交流があったからであろうと筆者は推測している。

▼第四章

第四章では、第一に、五井の提唱した「世界平和の祈り」をとなえることが、どのような〝ロジック〟を通して「世界平和」という実態につながると五井は説いたか、について明らかにした。また、第二に、五井の「祈りによる世界平和運動」を他教団の平和運動といくつか比較し、五井の平和運動の特徴を分析した。

まず第一の〝ロジック〟にかんしては、二つの点を筆者が指摘した。

一つめに、近代スピリチュアリズムの思想における「波動《はどう》（バイブレーション）」説がある。近代スピリチュアリズム・「神霊主義」では、人間の発する「想《おも》い、想念《そうねん》」は、その中身・質によって、さまざまな世界に通ずるという。浅野和三郎《わさぶろう》や五井らの思想的立場である「神霊主義」では、想念の〝波動（バイブレーション）〟の精粗《せいそ》によって、「物質界（肉体界）／幽界《ゆうかい》／霊界《れいかい》／神界《しんかい》」など、通ずる世界が異なる、とされる。なお、人間の発する「想い」が高尚であれば〝波動〟は細かく「神界」や「霊界」といった高い世界に通じ、「想い」が下等であれば〝波動〟は粗《あら》く「幽界」など低い世界に通ずるのだという。

そして、五井の提唱する「世界平和の祈り」をとなえると、「想い」の〝波動〟を細かくし、高い世界である「神界」に通ずるのだと五井は説いた。彼は、だれであれ、その「世界平和の祈り」をとなえるとき、そこに生《しょう》ずる〝光明《こうみょう》波動〟をとおして、「肉体界」や「幽界」の汚れた〝波動〟を浄化するのだ、と述べた。

前述の〝ロジック〟の二つめに、大本はじめ大本系教団にみられる「移写《いしゃ》」説がある。

大本の出口王仁三郎《おにさぶろう》は、「現界《げんかい》は霊界の移写」と述べ、他の大本系教団の教祖も同様に「移写（うつし世《よ》）」について語っていた。同様の「移写」説に言及した「大本系」の教祖には、世界救世教・岡田茂吉、生長の家・谷口雅春、神道天行居《しんどうてんこうきょ》・友清歓真《ともきよよしさね》、三五教《あなないきょう》・中野與之助《よのすけ》、ひかり教会・岡本天明《てんめい》らがおり、白光真宏会の五井昌久もその一人である。「移写」とは、「霊界」の様子が「現界（肉体界、物質界）」に時間を経ていずれ移って（写って）来る、との思想である。

そこで五井は、①「波動」説と②「移写」説を組み合わせて説いた。つまり、彼は、戦争や災害の様子がすでに出来ているとされる汚れた「幽界《ゆうかい》」を「世界平和の祈り」による〝光明波動《こうみょうはどう》〟で浄化することで、そうした戦争・災害の状態が写ってくるのを防ごうとした。そうした五井の〝ロジック〟をとおして、「世界平和の祈り」による世界平和の実現を目指したわけである。

そして第二に、五井の「祈りによる世界平和運動」を他教団の平和運動と比較して、その特徴および位置をある程度明らかにした。

五井・白光真宏会による「祈りによる世界平和運動」は、〝祈りによる〟というその名の通り、内的・精神的・神霊（心霊）主義的な運動であり、他の平和運動にみられるデモ・署名運動・募金活動などといった具体的行動はどちらかというと控えぎみである。ただし、五井の生存時において白光真宏会も、平和運動の一環として募金・献金活動や「平和行進」を過去には行ってきた。

しかし、五井は調和した平和な「想念波動《そうねんはどう》、想《おも》い」であることを重視し、平和運動のプロセスにおける闘争の「想念波動、想い」を否定した。そのため、平和行進をしたり、ピースポールの建立推進にあたっても、各人の心が平安で調和していることがもとめられた。要するに五井は、相手の国や人を〝敵〟と見ない、という「平和主義」の立場であった。五井のこうした相手を〝敵〟と見ない態度の背景には、生長の家から継承・受容した「光《こう》明《みょう》思想（人間は、本来すべて神の子・完全円満、と性善説的に見る思考）」があった。五井は、どのような相手を前にしても、業《ごう》が〝消えてゆく姿〟ととらえ、「世界平和の祈り」でもってひたすら応ずる、という平和運動を推進した。

白光真宏会の「祈りによる平和運動」は、政治運動に関わらない方針をもち、順序的にまず「個人の心の平和」、そして「地域社会の平和」、その次に「世界人類の平和」をつくっていこうとしている。五井の考えは、順々に、「平和」の及ぶ範囲を広げていく、というものだった。その「平和」拡大の際、世界平和の発信地・中心地は、日本だと五井は述べた。神道系新宗教にある程度見られるように、白光真宏会・五井の平和思想にも、「日本中心主義」の考え方を垣間見《かいまみ》ることが出来る。

また、五井の「世界平和の祈り」による平和運動には、以下のユニークさがある。つまり、「世界平和の祈り」のうち〝世界人類が平和でありますように〟の冒頭一行《いちぎょう》のみをとれば、唯物論の人でも他のどのような信仰をもつ人でも唱えることが可能、という点である。そこで、白光真宏会は、この一文を、世界の各国語に訳して掲示し、唱えるという実践をおこなっている。この実践は、五井の生存時から始まり、現在にいたるまで、その趣旨が継承されてきている。[1]

五井の「世界平和の祈り」による平和運動の一大特徴は、平易で短い一つの祈りの言葉を、いつでも・どこでも、頻繁《ひんぱん》に唱えることにある。決まった祈りの言葉を頻繁に唱える、という五井のアイディアは、日本の浄土宗・浄土真宗の念仏に倣《なら》っている面があるかもしれない。

しかし、他の新宗教教団や伝統宗教教団も含めて、それらの「祈り」と異なる点に、次のことが挙げられよう。それは、①〝「祈り」を行う時間・場所を定めず、絶えず祈ること〟と②〝「祈り」の目的が「世界平和」のみと明らかであること〟である。

右記の①と②の条件を同時に満たしているのは、筆者の知る限りにおいて、白光真宏会の「世界平和の祈り」だけとおもわれる。これが、白光真宏会の「祈りによる世界平和運動」のユニークさである。

また、白光真宏会の「世界平和の祈りによる世界平和運動」は、〝想念波動〟を重視する「神霊《しんれい》（心霊）主義」的・唯心《ゆいしん》（神）的なものであり、近代スピリチュアリズムを受容した他の神道系の大本系教団群・世界救世教系教団群・心霊研究グループ群の枠内に位置づけられるだろう。しかし、それらの多くの教団群の中で、白光真宏会がどこに位置するかを定めるのは、各教団・団体の教理を精査《せいさ》した上のことであり、その位置のさらなる解明は今後の課題としたい。

二　結論

本書の結論を最後に述べる。

筆者は、本書の最初に、この書籍の目的として、五井昌久がその宗教理念を打ち立てるにあたり、どこからどのような「影響」を受けたかを分析する、とした。

主に、〝インプット〟のほうに着目し、五井に流れ込んだ他教団・団体の思想を指摘した。五井の教えのなかには、戦後、彼が入信・入会し所属した世界救世教・生長の家・日本心霊科学協会（心霊科学研究会）・千鳥会などの思想が部分的に取り込まれている。

これまでの先行研究で、白光真宏会が生長の家の分派《ぶんぱ》として、生長の家から大きな影響を受けたことは指摘されていたが、その具体的な内容や他の教団・団体からの影響はほとんど考察されてこなかった。本書では、これを明らかにした。

白光真宏会の五井昌久は、生長の家の「光明《こうみょう》思想」を継承し、同時に生長の家・谷口雅春の「精神分析」の教えは捨てた。五井は、谷口の広範な教えから取捨選択をし、「光明思想」ひとつを選び、「精神分析」の教えについては解釈し直して〝消えてゆく姿〟と説いた。

また、世界救世教・岡田茂吉からは「浄化作用《じょうかさよう》」の教えを取り入れた。五井は、今の苦難・苦悩は〝過去世《かこせ》から現在までの「業想念（カルマ）」が現われて、消えてゆく姿〟と語った。そして、五井は、世界救世教系でおこなわれる「手かざし・浄霊《じょうれい》」も使いつつ、独自に「柏手《かしわで》・口笛・気合いの一声《いっせい》」による「お浄《きよ》め」を実践した。

つまり、白光真宏会の五井昌久は生長の家に加えて、教え・実践両面において世界救世教の影響を強く受けていることを、筆者は本書で新たに指摘したわけである。

さらに、日本心霊科学協会・心霊科学研究会においては、この会の幹部と五井との戦後における交流を明らかにした。日本心霊科学協会・理事でもあった粕川章子《かすかわあきこ》に、五井は、みずからの提唱した「世界平和の祈り」の英訳を依頼し、英訳文を作ってもらった。日本心霊科学協会・理事そして心霊科学研究会の『心霊と人生』誌主幹となった脇長生《わきたけお》とも、五井は接点を有《ゆう》していた。五井は脇たちの心霊科学研究会に顔を出し、浅野和三郎《わさぶろう》の主唱した「神霊主義・スピリチュアリズム」を学んでいたという事実が新たにわかった。そして五井が、浅野の「神霊《しんれい》主義・スピリチュアリズム」から、用語を含めて「心霊」にかんする知識を摂取していた、と筆者は指摘した。

五井は、戦後、心霊研究グループ・菊花会《きっかかい》に入会し小田秀人《おだひでと》と交流をたもち、白光真宏会設立後は紅卍字会《こうまんじかい》にも入会し交流を深めた。

千鳥会では、「霊媒」の萩原真をとおして「フーチ」をもらい、「真《まこと》の行いを重んずる」というその言葉を大事にした。千鳥会の教えからは、「守り神《がみ》、守り主《ぬし》」という考え方を結果的に取り入れた。白光真宏会・五井は、それらを「守護神《じん》、守護霊」といい、両存在によって人間各人はまもられている、という。とくに、「守護神」が身近な存在であり、愛念《あいねん》をもって控えているとして、「守護神、守護霊への感謝」を強く主張した。

なお、白光真宏会の五井昌久が説く〝消えてゆく姿〟の教えの内容は、世界救世教・岡田茂吉、生長の家・谷口雅春、大本・出口王仁三郎にも、その教説の一部にみられるものである。しかし、五井は、彼らと比べると、教えを単純化し、〝消えてゆく姿〟の教えを集中的に説いた点がその特徴といえよう。この〝消えてゆく姿〟の教え、あるいは「浄化作用」の考え方は、近・現代の神道系新宗教教団、とくに大本にはじまる「大本系教団群」・世界救世教にはじまる「世界救世教系教団群」の教えの中に見られる可能性が高かろう。

また、五井の平和思想における「社会」からの影響としては、以下のことが指摘出来る。まず、白光真宏会では、一九六四年一〇月の東京オリンピックを機《き》に、外国人に「世界平和の祈り」の広める動きが強まった。〝世界人類が平和でありますように〟という祈りの言葉を幾つかの外国語に訳して、ポスター・看板などを東京を中心に全国各地で掲示した。

そして、一九七〇年四月、五井は初めて海外（米国）へ出かけた。のちにも彼は欧米を旅し、世界を舞台に五井みずからが行き来《ゆき》して「世界平和の祈り」を広めていくビジョンを描いた。そして、そのビジョンを、五井は白光真宏会会員たちに語った。こうして、のちに、ますます白光真宏会の教えの海外普及活動が進行していく。

また、五井は、一九七〇年一〇月、京都で開催された第一回世界宗教者平和会議に出席以降、より「祈り」の重要性を強調し、「祈りによる世界平和運動」を展開するようになった。その理由は、そうした世界の宗教者たちによる平和会議において、「祈り」が重くあつかわれていなかったことを五井が実感したからだった。そして一九七五年八月、マレーシアで日本赤軍メンバーによるテロ事件が起きたあと、白光真宏会では、「日本人は、世界平和をねがっている」とのメッセージを外国人にも伝えようと、〝世界人類が平和でありますように　May Peace Prevail On Earth〟の文言を内外の地に掲示する運動を展開した。

なお、五井の「平和主義」にかんする白光誌上での論調が、彼の晩年に変化する。

一九七四年四月、「日本《にほん》を守る会」発足に五井も関わりをもったようであり、一九七九年七月には、「日本宗教代表者会議〔ＪＣＲＲ〕（議長：篠田康雄〈当時、神社本庁総長〉）」より、五井は顧問に推挙されたそうである。

当時の五井昌久は、重い病症をあらわして床《とこ》に伏すことが多く、ほとんど外出は出来なかった。しかし、五井は、明治神宮（伊勢神宮・熱田神宮）などとの関係を大切にしていたため、神社界の人たちを主要メンバーにかかえる前記組織の人たちからの影響もあったのかもしれない。

五井の論調は、それまで「武力反対」を徹底して説いていたが、晩年の昭和五〇年代は「日米安保条約および自衛隊は必要」、つまり国・国民の命を守る最小限の自衛隊の「武装」や、守りのみで他国は攻めないという意味での「兵力」は要《い》る、と述べた。五井自身、たんなる理想だけでなく現実的に日本の保守政権や自由主義を維持するために、むずかしい問題だが、そうした「兵力」「武装」といった考えを組み合わせていかなくてはならない、というように語っている。米・ソ、東・西の陣営が冷戦で緊張状態にあった中で、こうした五井の自説が語られた。ただし、五井の教説には、「二つの基準」がみられる。右の例だと、①「五井個人の場合」＝日本も「兵力」は必要と述べつつ、彼個人のみの態度としては非暴力、絶対平和主義、②「国民一般の場合（同会会員を含む）」＝命を守るための防衛も必要、政治問題に関与せずひたすら「世界平和の祈り」に徹する、という立場といえる。そして彼は、あらゆる人に「世界平和の祈り」を勧めた。

　五井の「二つの基準」には他に、以下の例が挙げられる。

　例えば、〝消えてゆく姿〟の教えにおいても、①「五井個人の場合」＝五井自身の業想念（カルマ）を消すためではなく（五井個人の業想念は無いという）、人類の業想念を消すために病症を五井の全身に現わしている、②「国民一般の場合（同会会員を含む）」＝苦難・苦悩（病気など）を通して、個人の「過去世《かこせ》」から現在までの業想念が消えていっている、と五井は述べた。

　他にも、薬の服用にかんしては、①「五井個人の場合」＝病症を自身の体に現わしても、それは人類の業想念の〝浄化〟のためととらえて、医者に一切かからず薬も服用せず、自然療能力《しぜんりょうのうりょく》および「神様」の力によって対応する、②「国民一般の場合（同会会員を含む）」＝体調が悪く不安であれば、医者にかかったり薬を処方してもらって服用したらいい、と語った。五井は、①「五井個人の場合」と②「国民一般の場合（同会会員を含む）」では、それぞれ〝役目〟が異なるからといい、どちらかというと、〝難行《なんぎょう》〟は五井個人のものとして、〝易行《いぎょう》〟は他の国民一般のものとした。「世界平和の祈り」を唱えることに代表されるように、②の「国民一般の場合（同会会員を含む）」には、他力《たりき》的に誰でも容易におこなえることを勧めていた。

　そうした五井の見解・態度における「二つの基準」の〝使い分け〟は、筆者が機関誌『白光』の中の彼の「法話」を通覧するなかで浮かび上がってきたことだった。ガンジーやイエスのようなストイックかつ非暴力・絶対平和主義の態度を、五井自身は〝真理〟と理解し、そうあるのは正しいとしながらも、実際にそうできる人はほとんどいないとかんがえ、白光真宏会会員たちにガンジーやイエスの態度をもとめはしなかった。むしろ、「世界平和の祈り」のみ、という易《やさ》しい他力の行《ぎょう》を五井は勧めた。

また、本書では、五井の「祈りによる世界平和運動」において、(a)「世界平和の祈り」を唱えることが、(b)世界平和につながる、という(a)と(b)を架橋《かきょう》する教理を示した。それを筆者は、近代スピリチュアリズムの「波動《はどう》説」と大本系《おおもとけい》にみられる「移写《いしゃ》説」で説明した。

そして、五井の「祈りによる世界平和運動」の思想的特徴を明示し、他の平和運動と異なる点を筆者は指摘した。五井のその運動は、唯物論者でも何らかの信仰をすでに有《ゆう》する人でも、「世界人類が平和でありますように」の一文《いちぶん》を生活に加えることでおこなえる平和運動である。この「祈りによる世界平和運動」は、「いつでも・どこでも・だれでも〔病床に伏している人であっても〕」おこなえよう。つまり、時間・場所を定めず誰もがおこなえ、その復唱《ふくしょう》する祈りの言葉の目的が〝世界平和のみ〟という点をもあわせてみると、この「祈りによる世界平和運動」は独得であると筆者は見ている。

白光真宏会の五井昌久は、「祈りによる世界平和運動」を〝一宗派のものではない・信仰の有無をこえて誰もがおこなえるもの〟としたため、白光真宏会会員ではない人も巻き込んでいった。そして、同会・五井昌久の方針として、「平和運動」においても〝無理強《じ》いしない〟と会員たちに言っていたので、他教団のように折伏《しゃくぶく》したり現世利益をうたうなどして新入会員を増やす活動は抑えられた。さらに、五井は、「祈りによる世界平和運動」においては、白光真宏会の会員にならなくてもいい、とも言っていた。つまり、「世界平和の祈り」をおこなう人を増やすことが「祈りによる世界平和運動」の主眼《しゅがん》であったため、この運動が広がり浸透したほどには、白光真宏会の会員数自体は伸びなかった、といえよう。

ところで、右記のように「世界平和の祈り」および「祈りによる世界平和運動」はユニークではあるが、他の様々な新宗教教団がおこなう「祈り」や「平和運動」の実践のなかにおいて、どこに位置づけられるかは、いまのところ定《さだ》かには出来ない。しかし、今後の課題として、将来的にはその位置づけを試みたいと思う。

五井が生前、全身全霊《ぜんしんぜんれい》をささげて推進した「祈りによる世界平和運動」の趣旨は、五井が亡くなったのちも白光真宏会二代会長・西園寺昌美《さいおんじまさみ》や同会幹部および現会員たちに引き継がれている。その平和運動の思想的・実践的中心といえる「世界平和の祈り」は、ひきつづき現在の白光真宏会において、ＳＯＰＰ（Symphony of Peace Prayers 世界平和交響曲）などの行事で唱えられている。二〇一三年二月には、国連総会議場で開催された「United for a Culture of Peace Through Interfaith Harmony（国連総会議長らが主催のセレモニー）」の中で、ＳＯＰＰが行われたという［https://byakko.or.jp/founder/masami/ 参照］。このように、五井らがはじめた「祈りによる世界平和運動」の活動が国際機関においても認められてきている。

そして特に、五井の「世界平和の祈り」の普及活動に力を注いでいるのは、一九八八年に米国ニューヨーク州に設立された非営利法人ワールド・ピース・プレヤー・ソサエティ（ＷＰＰＳ）である。ＷＰＰＳでは、〝世界人類が平和でありますように May Peace Prevail On Earth〟を世界各国の言葉で広める活動をおこなっている。なお、ＷＰＰＳ日本オフィスは、一九九九年、五井平和財団内に開設された。

こうして、五井昌久がはじめた「世界人類が平和でありますように」という祈りの言葉を各国語で世界じゅうに広める活動は、次世代に継承する組織（ＷＰＰＳ）が整えられたことで［ＷＰＰＳは、国連広報局の提携ＮＧＯとなっている。その後、二〇一九年から、「ＷＰＰＳ」は、「May Peace Prevail On Earth International」と団体名称を変更］、今後海外においてさらに普及していくのかもしれない［https://www.goipeace.or.jp/about/ 参照］。

註

（1）現在、白光真宏会では、「SOPP（Symphony of Peace Prayers）～世界平和交響曲～」という世界諸宗の宗教者たちによる「祈り」のイベントをおこなっている。「SOPP」（世界平和交響曲――宗教・宗派を超えて、共に世界の平和を祈る）が始まったのは二〇〇五年（第一回）からで二〇一九年（第一五回）まで、毎年開催されている。とくに、二〇一三年二月一四日には、アメリカ・ニューヨークの国際連合本部総会議場で「SOPP」が行われた。二〇一八年五月の「SOPP」でも、白光真宏会会長・西園寺昌美は、「全員での祈り」として、「世界人類が平和でありますように／メイ・ピース・プリヴェイル・オン・アース／……」を繰り返して唱和した〔『白光』二〇一八年七月一〇日号、三一頁、参照〕さらに、二〇一八年の「SOPP」の際には、「世界各国語による世界各国の平和の祈り」があり、世界一九三の国とその他のすべての地域への平和の祈りが実行されたという。二〇一八年七月現在は、「世界各国の平和の祈り」が〝シンプル化〟してきているようである。なお、二〇一八年の「SOPP」の参加者は、いずれかの国を代表して国旗カードを掲げて、各国の言語で「平和」を意味する言葉を高らかに唱和したそうである〔『白光』二〇一八年七月一〇日号、三八頁、http://byakko.or.jp/about/history/ 等、参照〕。おそらく、以前の「世界各国の平和の祈り」では、〝世界人類が平和でありますように　○○国〔国名〕が平和でありますように　……〟の文言を各国語ですべてとなえると長時間を要するから、簡略したバージョンでイベント（行事）を進行しているのだろう。ちなみに、古い版だが、一九九三年六月版の冊子『世界各国の平和の祈り』の冒頭頁とオーストラリアの頁および末尾頁をみると、「世界人類が平和でありますように／……／8．オーストラリア／Australia《オーストレイリア》／私はオーストラリアの人々の代わりに、／オーストラリアの人々の幸せを祈ります。／オーストラリアが平和でありますように／オーストラリアの天命が完うされますように／……／187．私はその他のすべての地域の人々の代わりに／その他のすべての地域の人々の幸せを祈ります。／その他のすべての地域が平和でありますように。／その他のすべての地域の天命が完うされますように。／守護霊様、守護神様、／五井先生ありがとうございます。」〔冊子『世界各国の平和の祈り』（一九九三年六月版）〕と書かれている。同様に、一九九三年六月版の冊子『世界各国語による世界各国の平和の祈り　PRAYER FOR THE PEACE OF EACH COUNTRY IN EACH NATIONAL LANGUAGE』の冒頭頁とオーストラリアの頁および末尾頁をみると、「世界人類が平和でありますように／May peace prevail on earth.《メイ ピース プリベイル オン アース》／……／8．Australia／オーストラリア／メイ　ピース　プリベイル　オン　アース／May peace prevail on earth.／メイ　ピース　ビー　イン　オーストレイリア／May peace be in Australia.／……／187．All the other regions of the world／その他のすべての地域／メイ　ピース　プリベイル　オン　アース／May peace prevail on earth.／メイ　ピース　ビー　イン　オール　ジ　アザー　リージョンズ　オブ　ザ　ワールド／May peace be in all-the-other-regions of the world.／守護霊様、守護神様、／五井先生ありがとうございます。／ウイ　サンク　ズィー　ゴイ　センセイ／We thank thee, Goi-sensei,／ガーディアン　ディーイティズ　アンド　ガーディアン　スピリッツ／Guardian Deities and Guardian Spirits.」〔冊子『世界各国語による世界各国の平和の祈り　PRAYER FOR THE PEACE OF EACH COUNTRY IN EACH NATIONAL LANGUAGE』（一九九三年六月版）〕とある。なお、現在は、『世界各国語による世界各国の平和の祈り　Prayer for the Peace of Each Country in Each National Language』（二〇一九年五月版）が使用されている。同様に、二〇一九年五月版の冊子『世界各国語による世界各国の平和の祈り』のオーストラリアの頁および末尾頁をみると、「9．オーストラリア／メイ　ピース　ビー　イン　オーストレイリア／May peace be in Australia.」「オーストレイリア／Australia／ピース／Peace／……／194．その他のすべての地域／メイ　ピース　ビー　イン　オール　ジ　アザー　リージョンズ　オブ　ザ　ワールド／May peace be in all the other regions of the world.」「オール　ジ　アザー　リージョンズ　オブ　ザ　ワールド／All the other regions of the world／ピース／Peace」〔冊子pdf『世界各国語による世界各国の平和の祈り』（二〇一九年五月版）、https://byakko.or.jp/wp-content/uploads/2019/06/201906.pdf　参照〕と記されている。つまり、白光真宏会では、「世界人類が平和でありますように／〇〇国が平和でありますように」という言葉をそれぞれの国の言語で祈っているそうである。また、①国名と②「平和」を意味する言葉を、その国の言語（カタカナで読む）で唱える方法もおこなわれている。そのようにして、白光真宏会は世界一九三カ国とその他の地域の平和を祈っている、という。他に、同会では「世界各国の平和の祈り」と「印《いん》」を組み合わせた実践行などもおこなっている。また、白光真宏会に関連して、一九八八年、米国に非営利法人ワールド・ピース・プレヤー・ソサエティ（ＷＰＰＳ）を設立。ＷＰＰＳは、一九九〇年、国連本部・総会議場で世界の国々の国旗を掲げながら、その国の平和を祈る「ワールドピースプレヤーセレモニー」（ＷＰＰＣ）を開催するなど、年々、その活動が評価されてきているようである。一九九七年以降では、「国際平和デー（九月二一日）」（於・国連本部）において、プログラムのフィナーレに国連加盟国の平和を祈るＷＰＰＣが恒例行事になっているという。二〇一八年七月現在、ＷＰＰＣは、広島（八月六日）・長崎（八月九日）など、各地で行われている。ちなみに、二〇〇八年、ＷＰＰＳ会長・理事長だった西園寺夫妻は、インドの「哲学者　聖シュリー・ニャーネシュワラー世界平和賞」を受賞した。ここＷＰＰＳでも五井の「祈りによる世界平和運動」の理念が継承されている。そうして、「世界人類が平和でありますように」という祈りの言葉を記した「ピースポール」＝「世界平和祈願柱」は、すでに世界のほとんどすべての国に、二〇万本以上、建てられている、という。なお、二〇一九年一月以降、「ＷＰＰＳ」から「May Peace Prevail On Earth International」に、団体名称が変更された。これによって、祈りの言葉そのものが団体名となった〔『白光』二〇一九年二月一〇日号、三一頁、http://worldpeace-jp.org/　参照〕。

あとがき

本書は、平成三〇年度（二〇一八年度）に國學院大學大学院に提出した博士学位申請論文「五井昌久の平和思想を支える理念――その形成と展開」（主査・井上順孝客員教授、副査・遠藤潤教授、副査・黒﨑浩行教授）をもとに、再編集し、大幅な加筆・修正をおこなったものである。

ご多忙のなか、私の博士学位申請論文を審査いただいた主査の井上順孝先生、副査の遠藤潤先生、黒﨑浩行先生に、深く御礼申し上げる。

ところで、まず述べておくこととして、私は白光真宏会の「維持会員」ではない。研究上の必要性から、機関誌を定期購読し、必要に応じて同会から、さまざまな頒布品を購入したりしている。なので、白光真宏会から特別に資料提供を受けるというようなことはなかった。本研究に関連する資料は、いろいろな関係者にあたって、こつこつと収集したものである。

さて、まずは著者について、若干、記しておこう。

私のこれまでのあゆみを思い返すと、中学生のころには宗教あるいは思想分野に強い関心をもつようになっていた。以来、宗派を問わず、宗教がらみの本をずっと読みつづけてきた。

むかしになるが、一八歳で入学した同志社大学では、神学を学んだ。その後、仕事のほうでは、宗教書を扱う出版社などで働きながら、広く宗教文化を学ぶことへの関心をもちつづけていた。そして、四四歳のとき、國學院大學大学院に入学した。ここでは、宗教社会学や新宗教の研究などで高名な井上順孝先生を指導教員としてあおぐ機会にめぐまれた。井上ゼミは、比較的、人数が多かった。私が在籍したころで多いときは、井上先生が大学院で担当されている「宗教社会学研究（演習）／宗教社会学特殊研究（演習）」のクラスに二〇名ぐらい居たこともあった。そうしたなか、さまざまな背景をもつ、年齢層も二〇歳代から七〇歳代まで幅のある受講生（先輩・同期・後輩のかたがた）と真剣に議論できたことは、私の大学院生活六年間のなかで貴重な学びとなっている。個別にお名前は挙げないが、ゼミ等で出会い、ともに語りあった人たちに感謝を申し上げたい。

また、日本宗教学会、「宗教と社会」学会、神道宗教学会、駒沢宗教学研究会、『大本七十年史』研究会など、さまざまな学会や研究会・勉強会でも、多くの方々と出会い、学問への真摯な姿勢を学ばせていただいた。

それらの方々から受けた知の刺激を、今後の私の宗教研究にいかしていきたいとおもう。

そうして、おかげさまで、私が五〇歳ちょうどの平成最後の年（平成三一〈二〇一九〉年三月一五日）に、博士学位（宗教学・國學院大學）を拝受することが出来た。この成果にたどりつけた第一の力をおもうとき、やはりそれは、指導教員で、博士学位申請論文において主査をしていただいた井上先生のご指導のおかげである。井上先生の六年にわたる「論文指導演習」はじつに厳しかったとおもうが、そこで指摘いただいた先生の言葉のすべてが重要な指針となった。そして、副査の遠藤先生と黒﨑先生のおかげであり、あらためて、諸先生がたのご指導にたいし、心から御礼申し上げたい。

博士課程の最終試験（口述、公開審査）の際には、主査・副査の先生がたから、いろいろと有益なご指摘をたまわった。そして、そのとき、改善したほうがよいと指摘された点は、本書のなかで、できるだけ応えようと努力した。しかしながら、おそらくまだ十分に応えきれていないであろう多くのいたらぬ点は、今後の私の課題としたい。

なお、本書がこうして出来上がる過程においては、ほかにも多くの方々の大きな力添えがあった。まず、一般社団法人五井昌久研究会（代表理事・日比谷平四郎氏）の役員および会員諸氏には、資料（機関誌、他）の閲覧・貸し出しなどで、現在にいたるまで、非常に多くの便宜をはかっていただいている。とくに、五井昌久研究会のT氏（故人）、鈴木知明氏、樋口裕高氏（故人）は、入手が難しかった資料を惜しみなく著者に貸してくださった。そのおかげで、本研究を前に進めることが出来た。また、白光真宏会元副理事長で機関誌『白光』初代編集長の髙橋英雄氏からも面談や書簡等を通して、たいへん貴重な情報を提供していただいた。髙橋氏は、ご自身の体調がすぐれないときでも、著者がたびたびお送りした五井昌久に関する質問の手紙にたいして、毎回、かならず、即座に返事をくださった。それは、髙橋氏が師である「五井先生」に見事に倣《なら》われているすがたであった。私の研究は、こうした多くの方々の「無私のおこない」に支えられて成立している。そして、心霊科学研究会関係でも、「勉強会」において、龍稚《みづち》会代表・中野雅博氏、伊藤直廣氏、そのほかの方々から、いろいろと無償で資料を提供いただいた。まことに有難く、私の今後の研究にかならずや、いかしていく所存である。

私が御礼を申し上げなければならない人たちを、ずっと思い返していくと、数えきれなくなる。恩人のお名前をすべて挙げていないけれども、それらの方々への感謝の気持ちはつねに私のこころのうちにある。

さて、おそらく、学術書出版といういとなみは商業的にむずかしさをかかえている時世であろう。そうしたなか、購読数がさほど見込めないかもしれないこの研究書の出版を引き受けてくださった株式会社興山舎の社主・矢澤澄道氏に感謝を申し上げたい。また、本書の制作にあたり、力をかしてくださった興山舎の皆様、そして本書の組み版・デザイン・装丁など全体にわたってすぐれたセンスで一冊の本に仕上げてくださった長谷川葉月氏にもお礼を申し上げたい。

さいごに、研究活動をおこなう私にたいして、いつも応援してくれている母・律子と姉・真由美、そして今は亡き父・政好に、心から感謝のおもいをささげる。

〈付記〉
本書は「國學院大學課程博士論文出版助成金」の交付を受けた出版物である。記して感謝申し上げる。

令和元（二〇一九）年一〇月

吉田尚文

参考文献／参照サイト

【参考文献】

（凡例）

（一）おおむね、日本語文献は著者・編者等の姓名から五十音順、英語文献はアルファベット〈ABC〉順、また刊行年の古いもの順に並べた。

（二）なお、文中に記載した刊行年月日は、筆者が閲覧した書籍等の版（刷）のものである。

（三）この参考文献一覧では、おおむね、初版（第一刷）が発行された年も併記した。刊行年の後に何も記していない場合は、初版本ということである。

（四）「参考文献／参照サイト」一覧では、新字あるいは旧字による表記の統一はおこなっていない。参照サイトのURLは、二〇一九年八月末日にすべてアクセスを確認した。

・日本語文献

青木理《おさむ》『日本会議の正体』平凡社（平凡社新書）、二〇一六年七月二七日（初版第二刷）（初版第一刷は二〇一六年七月八日）。

淺野和三郎『心霊講座』嵩山房、一九二八年。

浅野和三郎『国家の守護神』東京心霊科学協会、一九三四年。

淺野和三郎『神靈主義――事實と理論』嵩山房、一九三四年。

淺野和三郎『心靈讀本』心靈科學研究會出版部、一九三七年。

浅野和三郎『心霊学より日本神道を観る』心霊科学研究会出版部、一九三八年。

浅野和三郎『心霊研究とその帰趨』心霊科学研究会、一九五〇年。

『朝日新聞』東京 夕刊、朝日新聞社、一九八〇年八月一九日、九頁。

アーサー・フィンドレイ（J・アーサー・フィンドレイ）『科學的實證的 靈魂不滅論』（高窪喜八郎・高窪靜江共譯）モナス、一九三五年。

アーサー・フィンドレー『THE WAY OF LIFE・人間の生き方』（桑原啓善訳）生命の樹、一九九一年。

アーサー・フィンドレー『新時代と新信仰』（淺野和三郎譯）脇長生・佐々木静（心靈科學研究會出版部）、二〇一四年（再刊）（初版は一九三七年）。

アーネスト・トンプソン『近代スピリチュアリズム百年史――その歴史と思想のテキスト』（桑原啓善訳）でくのぼう出版、二〇一一年（原著は一九四八―一九五〇年）。

飯坂良明・山岡喜久男・眞田芳憲・勝山恭男著、中央学術研究所編集責任『平和への課題と宗教者の役割』佼成出版社、二〇一一年。

飯田洋子『九条の会――新しいネットワークの形成と蘇生する社会運動』花伝社、二〇一八年。

池田昭編『大本史料集成　Ⅰ思想篇』三一書房、一九八二年。

石井研士「となえ言葉」、井上順孝・孝本貢・対馬路人・中牧弘允・西山茂編『〔縮刷版〕新宗教事典　本文篇』弘文堂、一九九四年、三六一―三六三頁。

『一燈園日日行持集』一燈園出版部、発行年不明。

井上順孝・孝本貢・塩谷政憲・島薗進・対馬路人・西山茂・吉原和男・渡辺雅子共著『新宗教研究調査ハンドブック』雄山閣出版、一九八一年。

井上順孝・孝本貢・対馬路人・中牧弘允・西山茂編『新宗教事典』弘文堂、一九九〇年。

井上順孝・梅津礼司「平和運動」、井上順孝・孝本貢・対馬路人・中牧弘允・西山茂編『新宗教事典』弘文堂、一九九〇年、五八三―五八四頁。

井上順孝『新宗教の解読』筑摩書房、一九九二年。

井上順孝・孝本貢・対馬路人・中牧弘允・西山茂編『〔縮刷版〕新宗教事典　本文篇』弘文堂、一九九四年。

井上順孝「その他の社会活動　概説」、井上順孝・孝本貢・対馬路人・中牧弘允・西山茂編『〔縮刷版〕新宗教事典　本文篇』弘文堂、一九九四年、五八三頁。

井上順孝・孝本貢・対馬路人・中牧弘允・西山茂編『新宗教教団・人物事典』弘文堂、一九九六年。

井上順孝編『世界の宗教１０１物語』新書館、二〇〇七年。

井上順孝編『近代日本の宗教家１０１』新書館、二〇〇七年。

井上順孝『人はなぜ「新宗教」に魅かれるのか？』三笠書房、二〇〇九年。

井上順孝編『現代日本の宗教社会学』世界思想社、二〇一二年（第一四刷）（第一刷は一九九四年）。

井上順孝編『宗教社会学を学ぶ人のために』世界思想社、二〇一六年。

井上順孝編『リーディングス　戦後日本の思想水脈６　社会の変容と宗教の諸相』岩波書店、二〇一六年一一月。

（パンフレット）『祈りによる世界平和運動大行進』祈りによる世界平和運動大行進実行本部、一九六九年。

（小冊子）『祈りによる世界平和運動ご参加のおすすめ』白光真宏会、一九七七年。

植芝盛平監修、植芝吉祥丸著『合気道』光和堂、一九七〇年（一三版）（初版は一九五七年八月三〇日）。

江口榛一《しんいち》『地の塩の箱』くろしお出版、一九五九年。

江口榛一『地の塩の箱――ある幸福論』新潮社、一九七四年。

エマヌエル・スヴェーデンボルイ『天界と地獄』（スヴェーデンボルイ原典翻訳委員会訳）アルカナ出版、一九八五年一二月（第二刷）（初版第一刷は同年五月）（ラテン語原典の初版は一七五八年）。

遠藤潤「平田篤胤の他界論再考――『霊能真柱』を中心に」、『平田国学と近世社会』ぺりかん社、二〇〇八年、二〇―四五頁。

大本教学研鑽所編『大本のおしえ』天声社、一九七二年（初版は一九六七年）。

大本祭教院編集『大本神諭』第一集、大本教典刊行会、一九七〇年（第四刷）（第一刷は一九六八年）。

大本祭教院編集『大本神諭』第四集、大本教典刊行会、一九七〇年。

大本祭教院編集『大本神諭』第二集、大本教典刊行会、一九七一年（第三刷）（第一刷は一九六九年）。

大本祭教院編集『大本神諭』第五集、大本教典刊行会、一九七一年。

大本祭教院編集『大本神諭』第三集、大本教典刊行会、一九七二年（第二刷）（第一刷は一九六九年）。

大本七十年史編纂会編『大本七十年史　上巻』大本、一九六四年。

大本七十年史編纂会編『大本七十年史　下巻』大本、一九六七年。

大本本部教務局企画・編集『実践リーダー教本「初級編」』天声社、二〇〇四年（初版第二刷）（初版第一刷は二〇〇四年とおもわれる）。

岡田光玉述、崇教真光編集『寸教「大いなるミチしるべ」』L・H陽光出版、二〇〇一年（一〇版）（初版は一九九〇年）。

岡田茂吉『明日の醫術』（第一編・第二編・第三編）志保澤武、一九四三年（非売品）。

『岡田茂吉全集』著述篇　第二巻、『岡田茂吉全集』刊行委員会、一九九四年。

岡本天明『ひふみ新世紀』コスモ・テン、二〇〇二年（二刷）（初版は二〇〇一年）。

岡本天明『ひふみ神示』コスモビジョン、二〇〇九年（第七刷）（初版は二〇〇一年）。

小田秀人『四次元の不思議』潮文社、一九七一年（第四刷）（第一刷は一九七一年二月一五日）。

小野泰博『谷口雅春とその時代』東京堂出版、一九九五年三月一〇日。

粕川章子『大霊媒ホーム』日本心霊科学協会出版部、一九五七年。

上之郷利昭『教祖誕生』新潮社、一九八七年。

ガンディー『非暴力の精神と対話』（森本達雄訳）第三文明社（レグルス文庫）、二〇〇一年。

甘露寺受長『天皇さま』日輪閣、一九六六年。

木村毅《き》『ドゥホボール教徒の話』講談社、一九六五年。

『経典』立正佼成会、一九九四年一月（改訂版初刷）（初版は一九三八年四月）。

隈元正樹『療術から宗教へ――世界救世教の教団組織論的研究』ハーベスト社、二〇一八年。

隈元正樹「日本の宗教連合組織と新宗教の国際展開」、宗教情報リサーチセンター編、井上順孝責任編集『海外における日本宗教の展開――二一世紀の状況を中心に』宗教情報リサーチセンター、二〇一九年、一〇八―一二四頁。

倉田百三『赤い霊魂』岩波書店、一九二六年。〔一部、頁削除のある本〕

訓《くる》覇《べ》信雄《しんゆう》・藤井日達著、丸山照雄・浅野順一編集『現代人の宗教4　絶対否定の精神』御茶の水書房、一九八六年。

黒川柚月『［日月神示］夜明けの御用　岡本天明伝――初めて明かされる雛型神業の足跡！』ヒカルランド、二〇一二年。

五井昌久『神と人間――安心立命への道標』五井先生讃仰會、一九五三年五月二〇日（初版本）（非賣品）。

五井昌久『天と地をつなぐ者』宗教法人五井先生讃仰会、一九五五年六月二〇日（初版本）（非売品）。

五井昌久『聖書講義（第一巻）』白光真宏会出版局、一九六九年。

五井昌久『聖書講義（第二巻）』白光真宏会出版局、一九六九年。

五井昌久『愛・平和・祈り』白光真宏会出版局、一九七〇年（第六版）（初版は一九六二年）。

五井昌久『宗教と平和』白光真宏会出版局、一九七〇年（第二版）（初版は一九六八年）。

五井昌久『（小冊子）宗教界への提言』祈りによる世界平和運動ＰＲグループ、一九六〇年代末〜一九七〇年代か。

五井昌久『生きている念仏』白光真宏会出版局、一九七一年（四版）（初版は一九六八年）。

五井昌久『聖書講義（第三巻）』白光真宏会出版局、一九七二年。

五井昌久『詩集　いのり』白光真宏会出版局、一九七三年（五刷）（初版は一九六二年）。

五井昌久『平和を呼ぶ声』白光真宏会出版局、一九七五年。

五井昌久『天と地をつなぐ者』白光真宏会出版局、一九七六年（改版増補七刷）（改版増補本）（初版は一九五五年）。

五井昌久『神と人間――安心立命への道しるべ』白光真宏会出版局、一九七八年（二八版（改版））（改版本）（初版は一九五三年五月二〇日）。

五井昌久『宗教問答』白光真宏会出版局、一九七八年（一一版）（初版は一九五九年）。

五井昌久『老子講義』白光真宏会出版局、一九七八年（五版）（初版は一九六三年）。

五井昌久『五井昌久全集　第一巻〈講演篇〉』白光真宏会出版局、一九八〇年。

五井昌久『五井昌久全集』（全一三巻）、白光真宏会出版局、一九八〇―一九八一年。

五井昌久『世界人類が平和でありますように』白光真宏会出版局、一九八一年六月二〇日（四版）（初版は同年五月一〇日）。

五井昌久『日本の天命』白光真宏会出版局、一九八四年。

五井昌久『素直な心　五井昌久講話集２』白光真宏会出版局、一九八四年（五版）（初版は一九八〇年）。

五井昌久『光明の生活者　五井昌久講話集３』白光真宏会出版局、一九八五年（三版）（初版は一九八一年）。

五井昌久『質問ありませんか？』白光真宏会出版局、一九八八年。

五井昌久『神は沈黙していない』白光真宏会出版局、一九九〇年（一六版）（初版は一九六七年）。

五井昌久『明るい心　五井昌久講話集４』白光真宏会出版局、一九九一年（八版）（初版は一九八一年）。

五井昌久『生命光り輝け　五井昌久講話集１』白光真宏会出版局、一九九二年（九版）（初版は一九八〇年）。

五井昌久『不動の心　五井昌久講話集５』白光真宏会出版局、一九九三年（第五版）（初版は一九八三年）。

五井昌久『日本の心』白光真宏会出版局、一九九三年（一一版）（初版は一九七三年）。

五井昌久『人類の未来』白光真宏会出版局、一九九三年（第一二版）（初版は一九七四年）。

五井昌久『非常識・常識・超常識』白光真宏会出版本部、一九九四年（一一版）（初版は一九七四年）。

五井昌久『冬の海――五井昌久歌集』白光真宏会出版本部、一九九五年（二版）（初版は一九八七年）。

五井昌久『失望のない人生』白光真宏会出版本部、一九九六年（九版）（初版は一九七七年）。

五井昌久『続宗教問答』白光真宏会出版本部、一九九七年（一五版）（初版は一九七〇年）。

五井昌久『夜半《よわ》の祈り――五井昌久歌集』白光真宏会出版本部、二〇〇〇年。

五井昌久『質問ありませんか？　2《ツー》』白光真宏会出版本部、二〇〇二年。

五井昌久『高級霊《ハイスピリット》は上機嫌』白光真宏会出版本部、二〇〇四年（一〇版）（初版は一九八七年）。

五井昌久『聖ケ丘講話　天の心かく在り――日本の進むべき道』白光真宏会出版本部、二〇〇四年。

五井昌久『文庫版　神と人間――安心立命への道しるべ』白光真宏会出版本部、二〇〇四年（改訂七版〔改版〕）（改版文庫本）（初版は一九五三年五月二〇日）。

五井昌久『（小冊子）世界平和の祈りの運動精神』白光真宏会出版本部、二〇〇五年（三版）（新装初版は一九九八年）。

五井昌久『天と地をつなぐ者』白光真宏会出版本部、二〇〇八年（改版三〇版）（改版本）（初版は一九五五年）。

五井昌久『（小冊子）世界平和の祈り　Q&A』白光真宏会出版本部、二〇一〇年（九版）（初版は一九九七年）。

五井昌久『講話集1　神様にまかせきる』白光真宏会出版本部、二〇一〇年（二版）（初版は二〇〇九年）。

五井昌久『講話集2　みんな救われている』白光真宏会出版本部、二〇一〇年。

五井昌久『講話集3　自分も光る 人類も光る』白光真宏会出版本部、二〇一一年。

五井昌久・西園寺昌美『世界のひな形――日本』白光真宏会出版本部、二〇一一年一〇月二〇日。

五井昌久『（小冊子）死んだらどうなる？　Q&A』白光真宏会出版本部、二〇一三年（一二版）（初版は一九九六年）。

五井昌久『講話集4　想いが世界を創っている』白光真宏会出版本部、二〇一四年。

五井昌久『講話集5　いい時に生まれた』白光真宏会出版本部、二〇一五年。

五井昌久『五井昌久詩集　純白』白光真宏会出版本部、二〇一六年（新装初版）（初版は一九七七年）。

（カセットテープ）『五井先生講演会集』（全一九巻）。（カセットテープ）『五井先生ご法話』（全四五巻）。（カセットテープ）『五井先生聖ケ丘講話』（全一三巻）。（カセットテープ）『特選五井先生ご法話集』（全一〇巻）。
（CD）『五井昌久講話集』（第一集～第六集）、白光真宏会。
（CD）『五井昌久先生による統一指導〈世界平和の祈り〉』白光真宏会。
西園寺昌美『天命に生きる』白光真宏会出版局、一九八二年（三版）（初版は一九八一年）。

西園寺昌美『明日はもっと素晴しい』白光真宏会出版局、一九八六年（一〇版）（初版は一九七九年）。

西園寺昌美『クリエイティング・ザ・フューチャー――未来創造』白光真宏会出版本部、二〇一五年。

斎藤秀雄『光のドーナツ　斎藤秀雄童話集』白光真宏会出版局、一九八八年。

斎藤秀雄『靈験巡講記　改訂版』白光真宏会出版本部、二〇〇四年（改訂初版）（初版は一九七九年）。

迫水久常《さこみずひさつね》『大日本帝国最後の四か月』オリエント書房、一九七三年。

塩谷信男『宇宙無限力の活用』サンマーク出版（サンマーク文庫）、一九九八年。

塩谷信男『地球の破滅を救う』東明社、二〇〇〇年（四版）（初版は一九九四年）。

篠田康雄『緑陰隻語』熱田神宮宮庁、一九八五年。

島薗進「生長の家と心理療法的救いの思想――谷口雅春の思想形成過程をめぐって」、桜井徳太郎編『日本宗教の正統と異端』弘文堂、一九八八年、六七―九〇頁。

島薗進「宗教理解と客観性」、宗教社会学研究会編『いま　宗教をどうとらえるか』海鳴社、一九九二年、一〇八―一四八頁。

島薗進「神と仏を超えて――生長の家の救済思想の生成」、今野達・佐竹昭広・上田閑照編集『岩波講座　日本文学と仏教　第八巻　仏と神』岩波書店、一九九四年、二五七―二八四頁。

島薗進『現代救済宗教論』青弓社、一九九五年八月三〇日（第一版第四刷）（第一版第一刷は一九九二年一月三〇日）。

清水勇『ある日の五井先生』オンブック、二〇〇七年（第二刷）（初版第一刷は二〇〇六年）。

ジャネット・オッペンハイム『英国心霊主義の抬頭』（和田芳久訳）工作舎、一九九二年。

ジュアン・エルベル著、神社本庁編集『神道――日本の源泉』神社本庁、一九七〇年（非売品）。

『週刊金曜日』成澤宗男編著『日本会議と神社本庁』金曜日、二〇一七年二月一三日（第七刷）（初版は二〇一六年六月二九日）。

宗教社会学研究会編集『〈宗教社会学研究会論集Ⅱ〉宗教の意味世界』雄山閣出版、一九八〇年。

宗教社会学研究会編集委員会編集『〈宗教社会学研究会論集Ⅳ〉教祖とその周辺』雄山閣出版、一九八七年。

ジエラルテイン・カムミンス著、淺野和三郎譯並評釋『永遠の大道』心靈科學研究會出版部、一九三七年。

ジョージ・アダムスキ（G・アダムスキ）『空飛ぶ円盤同乗記　INSIDE THE SPACE SHIPS』（久保田八郎訳）高文社、一九五七年。

神慈秀明会教学室編集室編集『聖教書』神慈秀明会、一九九五年（一二版）（初版は一九七三年）（非売品）。

（折本）『神想観の実修法』生長の家宇治別格本山修練道場。

『新約聖書　詩篇附　文語訳』日本聖書協会、二〇〇〇年。

（月刊）『心霊と人生』大正一五（一九二六）年三月号、心霊科学研究会、一九二六年三月一日。

（月刊）『心霊と人生』昭和三（一九二八）年一月号、心霊科学研究会、一九二七年一二月一五日。

（月刊）『心靈研究』昭和二二（一九四七）年二月号、日本心靈科學協會、一九四七年二月一五日。

（月刊）『心霊研究』昭和二二（一九四七）年三月号、日本心霊科学協会、一九四七年三月一五日。

（月刊）『心霊研究』昭和二二（一九四七）年四月号、日本心霊科学協会、一九四七年四月一五日。

（月刊）『心霊研究』昭和二二（一九四七）年六月号、日本心霊科学協会、一九四七年六月一五日。

（月刊）『心霊研究』昭和二二（一九四七）年七月号、日本心霊科学協会、一九四七年七月一五日。

（月刊）『心霊研究』昭和二三（一九四八）年一月号、日本心霊科学協会、一九四八年一月一五日。

崇教真光編、救い主様伝記編纂委員会監修『大聖主　岡田光玉師』Ｌ・Ｈ陽光出版、一九八三年。

菅《すが》野《の》完《たもつ》『日本会議の研究』扶桑社（扶桑社新書）、二〇一六年五月二〇日（第三刷）（初版第一刷は同年五月一日）。

『聖書　新共同訳　旧約聖書続編つき』日本聖書協会、一九八七年。
（ビデオ）『聖地　聖ヶ丘』山崎プロダクション制作、一九六七年。
生長の家本部編『生長の家三十年史』日本教文社、一九五九年。

生長の家本部編『聖光録（生長の家家族必携）』日本教文社、一九六八年（改訂版四版）（初版は一九五三年）。

生長の家本部編『生長の家四十年史』日本教文社、一九六九年。

生長の家本部編『生長の家五十年史』日本教文社、一九八〇年。

（冊子）『世界各国語による世界各国の平和の祈り　PRAYER FOR THE PEACE OF EACH COUNTRY IN EACH NATIONAL LANGUAGE』白光真宏会、一九九三年六月。

（冊子）『世界各国の平和の祈り』白光真宏会、一九九三年六月。

（冊子 pdf）『世界各国語による世界各国の平和の祈り　Prayer for the Peace of Each Country in Each National Language』白光真宏会、二〇一九年五月。

世界救世教本部編『教修要綱』世界救世教出版部、一九五二年。

世界救世教教学部編『世界救世教』熱海商事、一九七三年。

世界救世教編『天国の礎』メシアニカゼネラル、一九七九年（改訂新版第六刷）。

世界救世教教典編纂委員会編『天国の礎　宗教下』世界救世教出版部、一九九六年（第一版第三刷）（第一版第一刷は一九九三年）。

（月刊紙）『世界平和の祈り』第六六二号～第七〇七号、白光真宏会出版本部、二〇一四年一〇月～二〇一八年七月。

関口勝利『手かざしのすすめ――魂のルネッサンス　真光の大奇跡』陽光社、一九九九年（第四版）（初版は一九九八年）。

瀬木庸介『宇宙から届いたマニュアル』白光真宏会出版本部、一九九七年。

瀬木庸介『夜明けはもう間近い』河出書房新社、一九九九年一一月。

瀬木庸介『人が神に出会う時』河出書房新社、二〇〇〇年三月。

『戦後神道界の群像』編集委員会編集『神社新報創刊七十周年記念出版　戦後神道界の群像』神社新報社、二〇一六年七月。

高橋英雄編著『如是我聞』白光真宏会出版局、一九八三年（一七版）（初版は一九六六年）。

高橋英雄編著『続々如是我聞』白光真宏会出版局、一九八四年（四版）（初版は一九八〇年）。

高橋英雄『師に倣う』白光真宏会出版局、一九八七年（三版）（初版は一九八六年）。

高橋英雄『新・師に倣う』白光真宏会出版局、一九八八年。

髙橋英雄編著『続・如是我聞』白光真宏会出版本部、二〇〇〇年（一五版）（初版は一九七四年）。

髙橋英雄『五井先生の辞書』白光真宏会出版本部、二〇〇四年（三版）（初版は一九九六年）。

髙橋英雄『（個人誌）神人』第三一号、髙橋英雄、二〇〇六年三月一日。

髙橋英雄『（個人誌）神人』第三四号、髙橋英雄、二〇〇六年六月一日。

髙橋英雄『（個人誌）神人』第三八号、髙橋英雄、二〇〇六年一〇月一日。

髙橋英雄『（個人誌）五井先生研究』第七六号、髙橋英雄、二〇〇九年一二月一日。

髙橋英雄『（個人誌）五井先生研究』第七九号、髙橋英雄、二〇一〇年三月一日。

髙橋英雄『（個人誌）五井先生研究』第八四号、髙橋英雄、二〇一〇年八月一日。

髙橋英雄『（個人誌）五井先生研究』第八五号、髙橋英雄、二〇一〇年九月一日。

髙橋英雄『（個人誌）五井先生研究』第八九号、髙橋英雄、二〇一一年一月一日。

髙橋英雄『（個人誌）五井先生研究』第九七号、髙橋英雄、二〇一一年九月一日。

髙橋英雄『（個人誌）五井先生研究』第九九号、髙橋英雄、二〇一一年一一月一日。

髙橋英雄『（個人誌）五井先生研究』第一〇九号、髙橋英雄、二〇一二年九月一日。

髙橋英雄『五井先生を語る（一）』髙橋英雄、二〇一二年一一月（第二版）。

髙橋英雄『（個人誌）五井先生研究』第一一四号、髙橋英雄、二〇一三年二月一日。

髙橋英雄『（個人誌）五井先生研究』第一二二号、髙橋英雄、二〇一三年一〇月一日。

髙橋英雄『（個人誌）五井先生研究』第一二七号、髙橋英雄、二〇一四年三月一日。

髙橋英雄『（個人誌）五井先生研究』第一二八号、髙橋英雄、二〇一四年四月一日。

髙橋英雄『（個人誌）五井先生研究』第一二九号、髙橋英雄、二〇一四年五月一日。

髙橋英雄『白光使徒列伝（一）』髙橋英雄、二〇一四年一二月。

髙橋英雄『白光使徒列伝（二）』髙橋英雄、二〇一五年二月。

髙橋英雄『（個人誌）五井先生研究』第一三九号、髙橋英雄、二〇一五年二月一日。

髙橋英雄『（個人誌）五井先生研究』第一四〇号、髙橋英雄、二〇一五年三月一日。

髙橋英雄『白光使徒列伝（三）』髙橋英雄、二〇一五年六月。

髙橋英雄『（個人誌）五井先生研究』第一四七号、髙橋英雄、二〇一五年一〇月一日。

髙橋英雄『（個人誌）五井先生研究』第一四八号、髙橋英雄、二〇一六年一月二〇日。

髙橋英雄『（個人誌）五井先生研究』第一五一号、髙橋英雄、二〇一六年四月二五日。

髙橋英雄『（個人誌）五井先生研究』第一五二号、髙橋英雄、二〇一六年五月二五日。

髙橋英雄『(個人誌) 五井先生研究』第一五三号、髙橋英雄、二〇一六年六月二五日。

髙橋英雄『(個人誌) 五井先生研究』第一五四号、髙橋英雄、二〇一六年七月三〇日。

髙橋英雄『(個人誌) 五井先生研究』第一五五号、髙橋英雄、二〇一六年八月三〇日。

髙橋英雄『(個人誌) 五井先生研究』第一五六号、髙橋英雄、二〇一六年九月三〇日。

髙橋英雄『五井せんせい――わが師と歩み来たりし道』白光真宏会出版本部、二〇一六年一〇月二五日。

髙橋英雄『(個人誌) 五井先生研究』第一五七号、髙橋英雄、二〇一六年一〇月三〇日。

髙橋英雄『(個人誌) 五井先生研究』第一五八号、髙橋英雄、二〇一六年一二月八日。

髙橋英雄『(個人誌) 五井先生研究』第一五九号、髙橋英雄、二〇一六年一二月二〇日。

髙橋英雄『(個人誌) 五井先生研究』第一六〇号、髙橋英雄、二〇一七年一月二〇日。

髙橋英雄『五井先生を語る (二)』髙橋英雄、二〇一七年二月。

髙橋英雄『(個人誌) 五井先生研究』第一六一号、髙橋英雄、二〇一七年三月三日。

髙橋英雄『神のみ実在する――五井先生かく説き給う』白光真宏会出版本部、二〇一七年三月二五日。

髙橋英雄『(個人誌) 五井先生研究』第一六四号、髙橋英雄、二〇一七年六月一〇日。

髙橋英雄『(個人誌) 五井先生研究』第一六五号、髙橋英雄、二〇一七年七月七日。

髙橋英雄『(個人誌) 五井先生研究』第一六六号、髙橋英雄、二〇一七年八月一七日。

髙橋英雄『神の満ちる星の話――五井先生が語った地球と人類の未来図』白光真宏会出版本部、二〇一七年九月二〇日。

髙橋英雄『(個人誌) 五井先生研究』第一六七号、髙橋英雄、二〇一七年一〇月一〇日。

髙橋英雄『(個人誌) 五井先生研究』第一六八号、髙橋英雄、二〇一七年一一月一一日。

竹内てるよ『因縁霊の不思議』たま出版、一九八一年 (六版) (初版は一九七八年)。

竹内てるよ『新装版 海のオルゴール――子にささげる愛と詩』家の光協会、二〇〇二年 (新装版第一版) (第一版は一九七七年)。

武祐一郎《たけゆういちろう》『絶対的平和主義とキリスト教 (武・〈福音と預言〉双書 No.4)』武福音社、二〇〇五年。

田沢康三郎《やすさぶろう》・小谷秀二郎《ひでじろう》『幻想と平和』大和山出版社、一九八一年。

田中敞《たいら》『神さまといつも二人』白光真宏会出版本部、二〇〇七年。

田中千代松編『新・心霊科学事典――人類の本史のために』潮文社、一九八四年。

棚次正和『宗教の根源――祈りの人間論序説』世界思想社、一九九八年。

棚次正和『祈りの人間学――いきいきと生きる』世界思想社、二〇〇九年。

谷口雅春『百事如意』光明思想普及會、一九三六年。

谷口雅春『新百事如意』光明思想普及會、一九四〇年 (普及廉價版再發行) (初版は一九三八年)。

谷口雅春編著『精神分析の話』光明思想普及會、一九四一年一一月（二版）（初版は同年六月）。

谷口雅春編著『人生は心で支配せよ——光明思想の哲學と神想觀の實修法』光明思想普及會、一九四三年（第二版）（初版は一九四〇年）。〔F・L・ホルムス著、谷口雅春譯補『如何にせば運命を支配し得るか』の改訂新版〕

谷口雅春『限りなく日本を愛す』日本教文社、一九五三年。

谷口雅春『甘露の法雨』日本教文社、一九六九年（初版は一九四九年）。

谷口雅春『古事記と現代の預言』日本教文社、一九六九年三月（六版）（初版は一九六八年五月）。

谷口雅春『占領憲法下の日本』日本教文社、一九六九年八月（九版）（初版は同年五月）。

谷口雅春『続　占領憲法下の日本』日本教文社、一九七〇年。

谷口雅春『占領憲法下の政治批判』日本教文社、一九七一年二月（四版）（初版は同年一月）。

谷口雅春編著『人生を支配する先祖供養』日本教文社、一九七四年六月（四版）（初版は同年四月）。

谷口雅春『奇蹟を生ずる実相哲学〈生長の家入門講義　上〉』日本教文社、一九八一年。

谷口雅春『増補新かな版　詳説　神想観』日本教文社、一九八一年（五四版）（初版は一九七〇年）。

谷口雅春『生命の實相　頭注版　第一〇巻（靈界篇下）』日本教文社、一九八二年（四五版）（初版は一九六三年）。

谷口雅春『生命の實相　頭注版　第九巻（靈界篇上）』日本教文社、一九八三年（五三版）（初版は一九六三年）。

谷口雅春『霊供養入門——運命は改善できる』世界聖典普及協会、一九八三年九月（二版）（初版は同年八月）。

谷口雅春『生命の實相　頭注版　第一巻（總説篇／實相篇上）』日本教文社、一九八八年（一二六版）（初版は一九六二年）。

谷口雅春『生命の實相　頭注版　第四巻（生命篇下）』日本教文社、一九八八年（七五版）（初版は一九六二年）。

谷口雅春『生命の實相　頭注版　第一九巻（自傳篇上）』日本教文社、一九八八年（五八版）（初版は一九六三年）。

谷口雅春『生命の實相　頭注版　第二〇巻（自傳篇下／聖詩篇）』日本教文社、一九八八年（六一版）（初版は一九六三年）。

谷口雅春『生命の實相　頭注版　第二一巻（經典篇）』日本教文社、一九八八年（六九版）（初版は一九六四年）。

谷口雅春『類纂・生命の實相　人類無罪宣言』（楠本加美野編）日本教文社、一九九二年（三四版）（初版は一九七三年）。

谷口雅春『大和の国　日本——占領下の啓示とその後の論策』日本教文社、一九九七年（一〇版）（初版は一九八三年）。
（CD）谷口雅春先生御指導『基本的神想観／如意宝珠観』世界聖典普及協会、二〇〇一年。
（CD）谷口雅春講話『〈講習会講話シリーズ〉神想観についての講義と実修』世界聖典普及協会、二〇〇六年。
谷口雅春『聖経　四部経』光明思想社、二〇一二年。

（月刊）『千鳥』一九四八年六月号〜九月号、千鳥會、一九四八年六月〜九月。

（月刊）『千鳥』一九四八年一一月号、千鳥會、一九四八年一一月。

（月刊）『千鳥』一九四九年六月号〜一九五〇年一月号、千鳥會、一九四九年六月〜一九五〇年一月。

中央学術研究所編著『宗教間の協調と葛藤』佼成出版社、一九八九年。

長《ちょう》妙子、ほか『魂の平安と喜びを語る』白光真宏会出版局、一九九二年。

塚田穂高『宗教と政治の転轍点——保守合同と政教一致の宗教社会学』花伝社、二〇一五年。

塚田穂高「「宗教の右傾化」はどこにあるのか——現代日本「宗教」の類型的把握から」、『徹底検証 日本の右傾化』筑摩書房（筑摩選書）、二〇一七年、三六一—三八二頁。

対馬路人・西山茂・島薗進・白水寛子「新宗教における生命主義的救済観」、『思想』第六六五号、一九七九年一一月、九二—一一五頁。

対馬路人「世界救世教の影響」、井上ほか編『新宗教事典』弘文堂、一九九〇年、八五—八八頁。

対馬路人・津城寛文「大本の影響」、井上ほか編『新宗教事典』弘文堂、一九九〇年、七四—八〇頁。

対馬路人「宗教と科学のはざまで——現代日本の「心霊研究」運動」、宗教社会学の会編『神々宿りし都市《まち》』創元社、二〇〇〇年（第一版第二刷）（第一版第一刷は一九九九年）、二二五—二五三頁。

津城寛文『鎮魂行法論——近代神道世界の霊魂論と身体論』春秋社、一九九〇年。

出口王仁三郎著、霊界物語編纂委員会編『霊界物語 第一七巻（如意宝珠 辰の巻）』愛善世界社、一九九六年。

出口王仁三郎著、霊界物語編纂委員会編『霊界物語 第一九巻（如意宝珠 午の巻）』愛善世界社、一九九七年。

出口王仁三郎著、霊界物語編纂委員会編『霊界物語 第二一巻（如意宝珠 申の巻）』愛善世界社、一九九七年。

出口王仁三郎『霊の礎』あいぜん出版、一九九七年。

出口王仁三郎著、霊界物語編纂委員会編『霊界物語 第四七巻（舎身活躍 戌の巻）』愛善世界社、二〇〇三年。

出口王仁三郎『新装版 霊界物語 第一輯』八幡書店、二〇〇四年（新装版初版）（愛蔵版初版は一九八九年）。

出口王仁三郎著、霊界物語編纂委員会編『霊界物語 第五六巻（真善美愛 未の巻）』愛善世界社、二〇〇六年。

出口三平・清水厳三郎「宗教のつなぎ方——大本の宗教提携と平和運動をめぐって」、『人文學報』第一〇八号、京都大學人文科學研究所、二〇一五年一二月、一六三—一八七頁。

出口日出麿『信仰叢話』天声社、一九七八年（増補改訂版第三刷）（初版は一九三五年）。

寺田喜朗「新宗教とエスノセントリズム——生長の家の日本中心主義の変遷をめぐって」、『東洋学研究』第四五号、東洋大学東洋学研究所、二〇〇八年、一八八—一六九頁。

寺田喜朗『旧植民地における日系新宗教の受容——台湾生長の家のモノグラフ』ハーベスト社、二〇〇九年二月。

寺田喜朗「生長の家の災因論と救済論」、日本宗教学会編『宗教研究』第八二巻第四輯、日本宗教学会、二〇〇九年三月、九九五—九九六頁。
（ビデオ）『（映画）天と地をつなぐ者』一九六八年。
冨田興次《こうじ》『ふく風たつ浪の音までも』白光真宏会出版本部、二〇〇八年。

友清歡眞「神界の實相」『天行居パンフレット叢書 第三輯 神仙の存在に就て』神道天行居、一九四一年（四版）（初版は一九三八年）。

友清歓真『しきしま霊界訪問記』神道天行居、一九九四年。

鳥海靖・三谷博・渡邉昭夫・野呂肖生『現代の日本史　改訂版』山川出版社、二〇一二年。

内藤篁鳳『（小冊子）おかげを受けたい人のために』真の道出版部、一九七〇年。

永岡崇「宗教文化は誰のものか：『大本七十年史』編纂事業をめぐって」、『日本研究』第四七号、国際日本文化研究センター、二〇一三年三月、一二七―一六九頁。

永岡崇『新宗教と総力戦――教祖以後を生きる』名古屋大学出版会、二〇一五年。

中川崇風『（小冊子）導きの栞　№3　真の道の祈り――祈ぎ言の解説』真の道、一九七〇年。

中濃《なかの》教篤《きょうとく》・壬生《みぶ》照順《しょうじゅん》『信仰者の抵抗――宗教平和運動の歴史』誠信書房、一九五九年。

中野與之助述『三五の教義　上巻・下巻』三五教国際総本部、一九五四年（非売品）。

中野與之助『霊観した幽界』三五教国際総本部、一九六五年一〇月三日（再版）（初版は、同年九月二三日）。

成田龍一『近現代日本史と歴史学――書き替えられてきた過去』中央公論新社（中公新書）、二〇一二年一二月（四版）（初版は二〇一二年二月）。

成澤《なるさわ》宗《むね》男《お》・山口二郎・想田和弘・熊野直樹・森達也・白井聡・木村朗・海渡雄一・川内博史『「開戦前夜」のファシズムに抗して』かもがわ出版、二〇一五年。

日本宗教者平和協議会　橋本左内編『宗平協ブックレット2　平和の祈りを行動の波へ「宗教と平和」五〇〇号記念座談会』本の泉社、二〇一一年三月。

（財団法人）日本心霊科学協会『創立五十周年記念特集』日本心霊科学協会、二〇〇〇年。

日本を守る会編『昭和史の天皇・日本』日本を守る会、一九七五年。

沼田健哉『宗教と科学のネオパラダイム――新新宗教を中心として』創元社、一九九五年。

萩原真明『まことの道を求めて1　天命が見える』旺史社、一九九四年。

萩原真明監修『真の道神示』真の道出版部、一九九五年。

萩原真明監修『まことの道を求めて2　梶さんの霊界通信』旺史社、一九九六年。

萩原真明監修、山口蒴晃編著『まことの道を求めて3　人間の幸福』旺史社、一九九七年。

萩原眞編著『死者よりの通信　靈界物語　地獄篇』千鳥會、一九四八年。

萩原真『宗教と生活』真の道出版部、一九六二年。

萩原真『生長の法則』真の道、一九七六年。

幡鎌一弘編『語られた教祖――近世・近現代の信仰史』法藏館、二〇一二年。

春川栖仙編『心霊研究辞典』東京堂出版、一九九〇年。

ヴィクトル・ユゴー『レ・ミゼラブル（上・下）』（永山篤一訳）角川書店（角川文庫）、二〇一二年。

火野葦平『王者の座』彌生書房、一九五八年。

（月刊）『白光』（一九五四年一月号・創刊号〜一九八五年一二月号）。

（月刊）『白光』二〇〇五年二月号（通巻六〇四号、法人設立五〇周年記念号）、白光真宏会、二〇〇五年二月。

（月刊）『白光』二〇〇六年四月号（通巻六一八号）、白光真宏会、二〇〇六年四月。

（月刊）『白光』二〇一一年五月号（通巻六七九号）、白光真宏会、二〇一一年五月。

（月刊）『白光』（二〇一三年四月号〜二〇一九年一一月一〇日号）、白光真宏会。

（ＤＶＤ）白光真宏会『五井先生の横顔』白光真宏会、一九六七年（撮影）。

（ＤＶＤ）白光真宏会『（ＳＯＰＰ）２００７　世界平和交響曲——宗教・宗派を超えて、共に世界の平和を祈る』白光真宏会。

（ＣＤ）白光真宏会『白光聖歌集』白光真宏会、二〇〇八年六月（録音）。

（ＤＶＤ）白光真宏会『２０１５　Symphony of Peace Prayers　世界平和交響曲』白光真宏会。

白光編集部編『輝ける死　安らかな瞬間』白光真宏会出版局、一九九二年。

平田篤胤著、子安宣邦校注『霊の真柱』岩波書店（岩波文庫）、一九九八年。

『廣島女學院報』第一六四号、二〇一一年一〇月一日。

フエンウイツク・ホームズ（Ｆ・Ｌ・ホルムス）著、谷口雅春譯補『如何にせば運命を支配し得るか』實業之日本社、一九二五年。

藤井日達・森竜吉「非暴力の祈りと実践の八十七年——独自の平和運動に一生を捧げる老師の精神史」、『中央公論』第八六巻第一〇号、中央公論新社、一九七一年七月、二九四—三〇八頁。

藤井日達『わが非暴力　藤井日達自伝』春秋社、一九七二年。

藤井日達大聖人御法話集『天鼓《てんく》　要文集』日本山妙法寺、一九九七年（非売品）。

藤村道生《みちお》『世界現代史１　日本現代史』山川出版社、一九八三年（一版三刷）（初版一刷は一九八一年）。

フリードリヒ・ハイラー『（宗教学名著選　第四巻）祈り』（深澤英隆監修、丸山空大・宮嶋俊一訳）国書刊行会、二〇一八年。

文化庁編集『宗教年鑑　平成二八年版』文化庁、二〇一七年二月二八日。

文化庁編集『宗教年鑑　平成三〇年版』文化庁、二〇一八年一二月三一日。

星川啓慈・石川明人『人はなぜ平和を祈りながら戦うのか？　——私たちの戦争と宗教』並木書房、二〇一四年。

堀江宗正編『宗教と社会の戦後史』東京大学出版会、二〇一九年。

『（機関紙）眞報』第三七号、真の道出版部、一九六〇年二月一日。

真の道編集部『導きの栞　№２』真の道、一九六九年。

真の道出版部『守護霊様と私　第二集』真の道本部、一九八二年。

真の道出版部編『真を求めて　萩原真自伝』真の道、一九九一年。

マックス・ヴェーバー『宗教社会学論選』（大塚久雄・生松敬三訳）みすず書房、一九八二年（初版は一九七二年）。

マックス・ヴェーバー（M・ヴェーバー）『ヒンドゥー教と仏教　宗教社会学論集Ⅱ』（古在由重訳）大月書店、二〇一〇年（初版は二〇〇九年）。

マックファーランド（H・N・マックファーランド）『神々のラッシュアワー――日本の新宗教運動』（内藤豊・杉本武之訳）社会思想社、一九六九年。

松本健一『神の罠――浅野和三郎、近代知性の悲劇』新潮社、一九八九年。

三浦清宏『近代スピリチュアリズムの歴史――心霊研究から超心理学へ』講談社、二〇〇八年。

村上重良『近代民衆宗教史の研究』法蔵館、一九七二年（第二版第二刷）（第二版第一刷は一九六三年）。

村田正雄『私の霊界通信　第一巻――島田ゆうさん編』白光真宏会、一九六七年。

村田正雄『私の霊界通信　第四巻――西川定子さん編』白光真宏会出版局、一九七三年。

村田正雄『私の霊界通信　第二巻――木口武之亮さん編』白光真宏会出版局、一九七八年（六版）（初版は一九七一年）。

村田正雄『私の霊界通信　第五巻――霊界の禅と各界探訪』白光真宏会出版局、一九八四年（六版）（初版は一九七五年）。

村田正雄『心の旅路』村田正雄、一九八四年四月二〇日（二版）（初版は同年一月二〇日）（非売品）。

村田正雄『私の霊界通信　第三巻――霊界のあり方と科学者』白光真宏会出版本部、一九九五年（一〇版）（初版は一九七二年）。

村田正雄『空飛ぶ円盤と超科学』白光真宏会出版本部、二〇〇四年（一八版）（初版は一九七四年）。

明治神宮崇敬会編『明治の精神』明治神宮・明治神宮崇敬会、一九六九年一一月三日。

森下徹「戦後宗教者平和運動の出発」、『立命館大学人文科学研究所紀要』第八二号、立命館大学人文科学研究所、二〇〇三年一二月、一三五―一六二頁。

安岡正篤『日本の運命――日本を救ふ道』明徳出版社、一九五五年。

安岡正篤講述、芳村玲好編『安岡正篤――人生は難題克服に味がある』三五館、二〇〇三年。

山田克郎『王者の庭――合気道 植芝盛平伝』浪速書房、一九五九年。

山本幸司『穢と大祓』平凡社、一九九三年（初版第二刷）（初版第一刷は一九九二年）。

弓山達也『天啓のゆくえ――宗教が分派するとき』日本地域社会研究所、二〇〇五年。

横田理博『ウェーバーの倫理思想――比較宗教社会学に込められた倫理観』未來社、二〇一一年。

吉田行典「特集　弟子が語る〈昭和の名僧〉名言集　藤井日達師」、『大法輪』二〇一三年一〇月号、大法輪閣、二〇一三年一〇月一日、一一二―一一四頁。

吉田尚文『五井昌久の信仰形成とその背景』（修士論文〈二〇一四年一二月、國學院大學大学院に提出〉、未公刊）。

吉田尚文「五井昌久の思想形成にみられる他教団からの「影響」」、『國學院大學大學院紀要――文学研究科』第四七輯、國學院大學大學院、二〇一六年三月三一日、八七―一〇七頁。

吉田尚文「白光真宏会・五井昌久の「神義論」――苦難の解釈をめぐって」、『宗教学論集』第三六輯、駒沢宗教学研究会、二〇一七年一月三一日、三一―五八頁。

吉田尚文「五井昌久の「祈りによる世界平和運動」を支える背景思想について」、『神道研究集録』第三一輯、國學院大學大学院神道学・宗教学専攻学生会、二〇一七年三月二〇日、一五二―一三一頁。

吉田尚文「五井昌久における霊界思想の形成」、『國學院雜誌』第一一九巻第一号（通巻一三二九号）、國學院大學総合企画部広報課、二〇一八年一月一五日、四五―六三頁。

吉村正和『心霊の文化史―スピリチュアルな英国近代』河出書房新社、二〇一〇年。

「霊光写真」に添付の説明書、白光真宏会。

霊波之光編集『御聖跡』霊波之光出版局、一九九三年。

霊波之光『誓訓』霊波之光第一出版局、二〇〇四年。

霊波之光編『御書』霊波之光、二〇〇五年（第二〇版）（初版は一九八二年）（非売品）。

ロバート・キサラ「新宗教の平和思想―一般信徒の意識と行動」（博士論文：東京大学）、一九九四年。

ロバート・キサラ『宗教的平和思想の研究―日本新宗教の教えと実践』春秋社、一九九七年。

ロバート・キサラ、講演「国民的使命としての世界平和建設」、『金城学院大学キリスト教文化研究所紀要』第五号、金城学院大学、二〇〇一年、一九―三三頁。

ワアド『死後の世界』（浅野和三郎訳）嵩山房、一九三〇年（再版）（初版は一九二五年）。

ワアド『幽界行脚』（浅野和三郎・粕川章子訳）嵩山房、一九三一年。

脇長生・解説『（小冊子）座談会記録　霊魂の働きの正しい解明―心霊問題のかずかず』心霊科学研究会、一九六七年一〇月三〇日。

脇長生編著『精神統一入門』霊魂研究資料刊行会、一九八〇年（五版）（初版は一九六一年）。

脇長生『人間とそのみなもと』霊魂研究資料刊行会、一九八一年。

脇長生口述、桑原啓善筆録『霊魂の働きによる正しい健康・平和・繁栄への道〈日本神霊主義・聴聞録〉』日本スピリチュアリスト協会、一九九八年（二刷）（初版は一九七〇年）。

脇長生著、春川栖仙監修『守護霊の研究』日本スピリチュアリスト協会、二〇〇四年。

脇長生編著『霊魂研究講座』佐々木静、二〇一四年。

渡邊楳雄『現代日本の宗教』大東出版社、一九五〇年。

渡辺雅子『現代日本新宗教論―入信過程と自己形成の視点から』御茶の水書房、二〇〇七年。

・英語文献

Fenwicke L. Holmes, *The Law of Mind in Action: Daily Lessons and Treatments in Mental and Spiritual Science*, New York: ROBERT M. McBRIDGE CO.,

1919.
Fenwicke Lindsay Holmes, *Being and Becoming: A Book of Lessons in the Science of Mind Showing How to Find the Personal Spirit*, New York: ROBERT M. McBRIDGE CO., 1920.

Geraldine Cummins, *THE ROAD TO IMMORTALITY* [Kindle 版], U.K.: White Crow Books, 2012(1932).

Jean Herbert, *SHINTO : The Fountainhead of Japan*, George Allen & Unwin Ltd., 1967.

J. S. M. Ward, *GONE WEST : Three Narratives of After-Death Experiences*, London: William Rider & Son, Limited, 1920. (J. S. M. Ward, *GONE WEST* [Kindle 版], Rev. Steven Earl York, 2011.)

J. S. M. Ward, *A Subaltern in Spirit Lands : A Sequel to "Gone West"* [Kindle 版], London: PSYCHIC BOOK CLUB LTD, 2013.

Michael Pye, "National and International Identity in a Japanese Religion," in Peter B. Clarke and Jeffrey Somers (eds.), *Japanese New Religions in the West*, Folkestone, Kent: Japan Library, 1994, pp.78-88. 〔初出は〝Michael Pye, "National and International Identity in a Japanese Religion (Byakkoshinkokai)," in Hayes V.C., ed., *Identity Issues and World Religions: Selected Proceedings of the International Association for the History of Religions*, Netley, Australia, 1986, pp. 234-241.〕

Michael Pye, "Shinto, primal religion and international identity," *Marburg Journal of Religion*, Volume 1, No. 1, April 1996, pp.1-14.

Michael Pye, "Recent trends in the white light association(Byakkō Shinkōkai)," *Journal of the Irish Society for the Academic Study of Religion*, Volume 3, No. 1, 2016, pp.186-197.

Robert Kisala, *Prophets of Peace: Pacifism and Cultural Identity in Japan's New Religions*, Honolulu: University of Hawai'i Press, 1999.

【参照サイト】

（公益財団法人）合気会　http://www.aikikai.or.jp/index.html
三五教　https://www.ananaikyo.jp/
一燈園　https://www.ittoen.or.jp
円応教　http://www.ennokyo.jp
（公益財団法人）オイスカ　http://www.oisca.org/
大本　http://oomoto.or.jp/wp/
大山祇命神示教会　https://shinjikyoukai.jp/index.html
九条の会　http://www.9-jo.jp/
解脱会　https://www.gedatsukai.org

（公益財団法人）五井平和財団　https://www.goipeace.or.jp/
（一般社団法人）五井昌久研究会　http://www.goisensei.com/
国立国会図書館サーチ　https://iss.ndl.go.jp/
（特定非営利活動法人）ジャパンハート　https://www.japanheart.org/
宗教者九条の和　http://www.shukyosha9jonowa.org/index.html
（公益財団法人国際宗教研究所）宗教情報リサーチセンター（ＲＩＲＣ）　http://www.rirc.or.jp/
修養団捧誠会　http://www.hoseikai.or.jp/
松緑神道大和山　http://www.yamatoyama.jp/
神慈秀明会　http://www.shumei.or.jp/index.html
新宗連（新日本宗教団体連合会）　http://www.shinshuren.or.jp/index.php
真生会　http://shinseikai-world.or.jp/
神道天行居　http://tenkoukyo.jp/index.html
崇教真光　http://www.sukyomahikari.or.jp/index.html
生長の家　https://www.jp.seicho-no-ie.org/
生長の家青年会　http://seinenkai.jp.seicho-no-ie.org/
世界救世教いづのめ教団　http://www.izunome.jp/
（公益財団法人）世界宗教者平和会議日本委員会（ＷＣＲＰ　ＪＡＰＡＮ）　http://saas01.netcommons.net/wcrp/htdocs/
世界真光文明教団　http://www.mahikari.or.jp/index.html
セブンスデー・アドベンチスト教会　http://adventist.jp/
善隣教　http://www.zenrinkyo.or.jp/index.htm
祖神道本部　http://sosindou.web.fc2.com/index.html
椿神社（伊豫豆比古命神社）　http://www.tubaki.or.jp/
（認定ＮＰＯ法人）テラ・ルネッサンス　https://www.terra-r.jp/index.html
中山身語正宗　http://www.nakayamashingoshu.com/
（国際機関）日本アセアンセンター　https://www.asean.or.jp/ja/
（公益社団法人）日本紅卍字会東京総院　http://www.jprss.org/
日本山妙法寺　http://www.nipponzanmyohoji.org/tenku.htm
日本宗教者平和協議会　http://n-syuhei.com/index.html

（公益財団法人）日本宗教連盟　http://jaoro.or.jp/

（公益財団法人）日本心霊科学協会　http://www.shinrei.or.jp/

日本スピリチュアリスト協会　http://www.j-spirit.jp/index.html

日本友和会　http://jfor.a.la9.jp/index.html

念法眞教　https://www.nenpoushinkyou.jp/index.html

バハイ共同体　https://www.bahaijp.org/

パーフェクトリバティー教団　http://www.perfect-liberty.or.jp/index.html

白光真宏会　https://byakko.or.jp/

佛所護念会教団　https://www.bussho.or.jp/

真の道　https://www.makoto.or.jp/

妙智會教団　http://www.myochikai.jp/

立正佼成会　https://www.kosei-kai.or.jp/

霊波之光　http://www.rhk.or.jp/index.html

May Peace Prevail On Earth International　http://worldpeace-jp.org/

【表1】五井昌久関連　略年表　［大正5（1916）年〜昭和55（1980）年］

時期	西暦（和暦）年	満年齢	出来事〔※この略年表では、出来事の主語にあたる「五井は、」を、おおむね省略した〕
「戦前期」	1916（大正5）	0	11月22日、東京・浅草で誕生。
	1919（大正8）	3	この頃から「生活」「生き方」などを考えていた、という。
	1923（大正12）	7	9月1日、関東大震災。父の郷里・新潟県で生活。寺が好きで裏山の寺によく行った。
	1928（昭和3）	12	小学校の頃から俳句や短歌を詠む。作文、唱歌が得意だった。佐藤紅緑の小説に魅せられる。
	1929（昭和4）	13	高等小学校1年を終えて、織物問屋の店員となる。ヨガ式呼吸法を加味したような静座法を実践。
	1932（昭和7）	16	この頃から、暑中休暇には毎年のように越後の山腹にある寺の堂で静座を組んだ。
	1934（昭和9）	18	この頃、独立して、五井商店を開業。正式に音楽の勉強を始めた。歌人や詩人たちと交流。
	1935（昭和10）	19	10代終わり頃から20代の初期に、「霊媒」の女性に2、3人出会った。
	1936（昭和11）	20	短歌会「ぬはり社」に入った。坐禅観法を実践、病弱を一変する効果があった。
	1939（昭和14）	23	聖書、大蔵経、武者小路実篤、トルストイなどを読んでいた。
	1940（昭和15）	24	9月、日立製作所の亀有工場に入社。文化活動の中で高村光太郎や竹内てるよ他の教えを受けた。
	1942（昭和17）	26	この頃、詩誌『若い人』に参加したという。
「遍歴期」	1945（昭和20）	29	岡田茂吉の著書を読み、共感。戦後まもなく、日立を退職。谷口雅春の本を読み、感銘を受ける。
	1946（昭和21）	30	岡田と面会。夏、葛飾の中川土手で「天声」をきく。生長の家「葛飾信徒会」結成。9月、中央労働学園に就職。

時期	西暦（和暦）年	満年齢	出来事 〔※この略年表では、出来事の主語にあたる「五井は、」を、おおむね省略した〕
「遍歴期」	1947 （昭和22）	31	「心霊研究」に熱中する。
	1949 （昭和24）	33	千鳥会の会員となる。谷口と面会。6月、「神我一体」を体験、「覚者」になったとされる。
	1950 （昭和25）	34	7月、美登里と結婚。
「草創期」	1951 （昭和26）	35	11月、「五井先生讃仰会」が発足。
	1952 （昭和27）	36	この頃（昭和27、28年頃）、紅卍字会に関心を持ったという。
	1953 （昭和28）	37	5月、『神と人間』発刊。この年以降に、五井昌久と安岡正篤との間に親交がうまれる。
	1954 （昭和29）	38	この年、「世界平和の祈り」（の内容）を公表。／1月、父、死去。／11月、機関誌『白光』創刊。／日本においても、アダムスキーらの「空飛ぶ円盤」にかんする書籍が刊行されはじめる。
「成立期」	1955 （昭和30）	39	五井先生讃仰会を宗教法人化。／6月、『天と地をつなぐ者』発刊。／7月から、機関誌『白光』に小説「阿難」の連載開始。
	1956 （昭和31）	40	5月24日、東京・神田の区民会館で五井の法話会が初めて開催。／機関誌『白光』6月号「巻頭言」で、五井が他の星の世界と人間・地球との関係について記述。／6月、白光真行会、結成。／10月、宗教法人白光真宏会設立〔宗教法人五井先生讃仰会から改称〕。
	1957 （昭和32）	41	9月、母、死去。／秋頃、「世界平和の祈り」のパンフレット発行、配布開始。／10月、植芝盛平と初めて会う。
	1958 （昭和33）	42	3月、英訳「世界平和の祈り」を機関誌に初めて掲載。／春、東京・飯田橋での五井の法話会に植芝盛平が来る。／8月、松雲閣で「統一会」始まる。／「聖ヶ丘」の地、定まる。

時期	西暦（和暦）年	満年齢	出来事〔※この略年表では、出来事の主語にあたる「五井は、」を、おおむね省略した〕
「成立期」	1959（昭和34）	43	10月、小田秀人が白光真宏会の道場に来訪。／五井は紅卍字会に「入会」。
	1960（昭和35）	44	2月、東洋大学講堂での講話にて、五井は白光真宏会会員たちに紅卍字会への入会を勧めた。／11月、エルベール教授が白光真宏会の本部道場に来訪、五井と対談。
	1961（昭和36）	45	7月、水上鉄次郎の英訳で、「（英語版）世界平和の祈り」のパンフレットが出来た。／「祈りのリーフレット」配付、推進。
「展開期」	1962（昭和37）	46	3月、救世主宣言、五聖者合体宣言。／4月から、機関誌『白光』に「老子講義」の連載を開始。／6月、「宇宙子科学」始まる。
	1963（昭和38）	47	「祈りのポスター」貼り付け活動、始まる。／「祈りのリーフレット」英訳版、出来る。
	1964（昭和39）	48	江口榛一が白光真宏会に来訪、五井と面談、「地の塩の箱」運動と協力へ。／5月、初めての講演会を目黒公会堂で開催。／ドイツ語版「世界平和の祈り」およびドイツ語版「祈りのリーフレット」、出来る。／8月、聖ヶ丘大道場完成。／この年の東京オリンピックを機に、多言語で「世界人類が平和でありますように」の言葉を掲げる運動に拍車がかかる。
	1965（昭和40）	49	尚悦子を養女に迎える。／「練成会（錬成会）」始まる。／月刊紙『白光新聞』、発行。／杉並公会堂で講演会。／「祈りのリーフレット」エスペラント版、フランス語版が出来る。／白光真宏会の青年部メンバーによって「平和行進」。／この年、「宇宙科学」と名乗っていた同会の活動を、「宇宙子波動生命物理学」（略称：「宇宙波動学〈CWLP〉」）と呼称変更。／10月、聖ヶ丘道場にて東京大学の笠原一男助教授と『フェイス』誌の企画で対談。宗教をテーマに約1時間半、対話した。
	1966（昭和41）	50	1月、文京公会堂で講演会。／2月頃から、「五井会」が始まる。／3月、統一実修会に塩谷信男も参加。／5月、杉並公会堂で講演会。／11月23日、50歳祝賀祭。
	1967（昭和42）	51	御茶ノ水ホールや四谷東貨健保会館で「東京個人指導」をおこなう。／4月から機関誌『白光』に広告を掲載するようになる。／4月、東京で、会員たちが「祈りの行進」を実施。／ビデオ『五井先生の横顔』、ビデオ『聖地聖ヶ丘』を作製。／6月、聖ヶ丘道場で、全国会員大会、開催。／10月、地方支部（静岡・伊東支部）へ出講。

時期	西暦（和暦）年	満年齢	出来事 〔※この略年表では、出来事の主語にあたる「五井は、」を、おおむね省略した〕
「展開期」	1968 （昭和43）	52	1月、『生きている念仏』刊行。／2月、「世界平和音頭」が出来た。／3月、昱修庵完成。／4月、伊勢神宮、熱田神宮を参拝。／6月、富士山で「お浄め」を行う。／6月、笹川良一が昱修庵にやって来て、五井の「お浄め」を体験。／6月、五井昌久は娘・昌美を連れて、当時体調を崩していた植芝盛平を見舞う。植芝は床をたち、道場で合気の演武を五井にみせた。／6月、文京公会堂で講演会、同講演会で映画『天と地をつなぐ者』を発表（初上映）。／月刊紙『白光新聞』を月刊紙『世界平和の祈り』に改題。／8月、ニューヨークに支部誕生。／同年、白光真宏会は、「新宗連（新日本宗教団体連合会）」に加盟することを表明。／12月、月刊『聖ヶ丘』創刊。
	1969 （昭和44）	53	4月、「コメンダドール」の称号と勲章を贈られる。／6月、受章を記念して文京公会堂で講演会。／6月、明治神宮を参拝、甘露寺受長宮司と歓談。／6月～8月、青年部メンバーを中心に東京から広島へ「平和大行進」。／10月、文京公会堂で「祈りによる世界平和運動のつどい」。／11月、白光真宏会「青年部総会」に五井が出席。／年末、「世界平和を祈る会」の呼称が「世界平和祈りの会」と改められた。／同年、五井は「新宗連」の理事に承認されたという。
	1970 （昭和45）	54	3月、朝日生命ホールで講演会。／春頃、各地で静養。／4月～5月、昌美と共に初渡米。／5月、日本紅卍字会の理事に承諾された、という。／6月、文京公会堂にて講演会を行う。／7月、美登里夫人と共に海外へ（アメリカとヨーロッパ）、旅先ではクエーカーとの交流なども。／10月、京都と名古屋で講演会。名古屋講演の後、伊勢神宮へ行き参拝、奈良・法隆寺も訪ねた。／10月、世界宗教者平和会議（於・京都）に出席。／11月、東京にて「11・3　世界平和を祈る国民大行進デー」。／同年、白光真宏会は、「世界連邦建設同盟」に加入。
	1971 （昭和46）	55	5月、安岡正篤が白光真宏会・昱修庵を訪れ、五井と語らう。／5月、「第3回世界連邦平和促進宗教者大会」の顧問に。同大会に白光真宏会から200名余りが参加。／7月、甘露寺宮司の招待で明治神宮参拝、御苑の菖蒲を観賞、甘露寺宮司と歓談。／7月、機関誌に「人間と真実の生き方（教義）」と「世界平和の祈り」の英訳文を掲載。／7月～8月、五井たちは、ハワイへ「英語研修」に行く。／9月、「第1回聖ヶ丘みたままつり」執行。／10月、安岡正篤が白光真宏会・昱修庵を来訪、長時間にわたり、五井と歓談。／11月、聖ヶ丘道場で「第1回全国青年大会」が開催、五井も出席。

時期	西暦（和暦）年	満年齢	出来事 〔※この略年表では、出来事の主語にあたる「五井は、」を、おおむね省略した〕
「展開期」	1972 （昭和47）	56	5月、熱田神宮文化殿講堂で、「名古屋講演会」開催。／5月、伊勢神宮（外宮、内宮）を参拝。／6月、明治神宮・甘露寺宮司の招待で、明治神宮を正式参拝。参拝後、御苑の菖蒲を観賞。／7月、「富士大神業〔昌美らが富士登山、地球の業を浄めるという〕」を支援する。／8月、白光真宏会会員たちが「広島平和行進」。／8月、渡米しロサンゼルス、ニューヨーク、ハノーバー等に赴く。昌美はこの後、1年間、ミシガン州立大学で英語留学。／9月、聖ヶ丘道場の増築工事が完了。／11月、本部の事務業務が新田道場から聖ヶ丘道場へ移転。／11月、日比谷公会堂で、講演会。講演会閉幕後、有志が「平和行進」。
「闘病期」	1973 （昭和48）	57	3月、昱修庵に籠もる。／五井の「個人指導」は廃止に。／3月、初代理事長・横関実に代わって、瀬木庸介が第二代理事長となる。／4月より、白光真宏会の取り組みとして、「光のプレゼント運動（白光誌贈呈運動）」が始まる。／8月、第15回世界連邦世界大会（ベルギー）に、五井の名代として斎藤秀雄が参加。／10月、昌美がアメリカ留学から帰国、五井夫妻らが出迎え。／7月と11月に、日比谷公会堂で講演会。
	1974 （昭和49）	58	1月、五井たちは、伊勢神宮内宮を参拝、「お浄め」をおこなう。／4月、五井は、「日本を守る会」の「百人委員」になっているとされる。／5月、明治神宮会館で講演会。これが最後の講演会に。講演会の後、会員たちによって「平和行進」。／7月、五井夫妻、銀婚式。／9月、新東京道場の開所式へ。／10月、娘の昌美が西園寺裕夫と結婚。
	1975 （昭和50）	59	1月、白光真宏会の取り組みとして、「祈りのリーフレット」配付運動、復活。／5月、五井の俳句が機関誌に初めて掲載。／7月、「結婚を祝う日」を執行。／8月、五井に初孫〔西園寺夫妻の長女〕、誕生。五井が「真妃」と命名。／11月、五井の「誕生祝賀会」に、五井昌久は体調が悪く、欠席。祝賀会では、五井のメッセージを妻・美登里が代読。
	1976 （昭和51）	60	1月、白光真宏会の活動方針として、「世界平和祈願塔（柱、碑）」建設、「平和ポスター（シール）」貼附が提案される。そして、「ピースポール」建立運動が始まる。／4月、五井たちは、特別仕立てのバスを使って、伊勢神宮内宮へ行き、御垣内参拝。／8月、白光真宏会が「祈りのポスター貼付活動」を推進、会員でも会員でなくてもこの活動に参加出来るという。／8月、東京と大阪で、白光真宏会による「平和行進」。／11月、五井の「還暦祝賀統一会」を行う。／11月、東京、兵庫、岡山で「平和行進」。／12月、五井に2人めの孫〔西園寺夫妻の次女〕、誕生。五井が「里香」と命名。

時期	西暦(和暦)年	満年齢	出来事〔※この略年表では、出来事の主語にあたる「五井は、」を、おおむね省略した〕
「闘病期」	1977（昭和52）	61	4月、白光真宏会東京道場内伝道局「光のベルト日本縦断」実行委員会が、4月〜11月の祈りのポスター貼附運動を提起。／4月に東京・神奈川で「平和行進」、5月に大阪で「平和行進」。／7月、五井昌久の還暦を祝って詩集『純白』を発行。／11月、東京と名古屋で「平和行進」。
	1978（昭和53）	62	1月、「聖ヶ丘発祥20周年記念祝賀統一会」開催。この日、「次は富士大道場の建設である」との宣言がなされた。／5月、白光真宏会・瀬木理事長から富士道場建設のための募金事業について、機関誌上で告知。／8月、『神と人間』の英訳版を刊行。／8月、東京・京都・名古屋など全国各地で「平和行進」。／10月〜11月、長野・奈良・東京・神戸・名古屋・横浜で「平和行進」。
	1979（昭和54）	63	2月、英文雑誌『HEYWA　へいわ』（季刊）第1号を発行。／この年、むかしの短歌仲間だという作詞家・宮本旅人が昱修庵の五井を訪ねてきたが、五井の体調が悪く面談はかなわなかった。／4月〜5月、東京・群馬・広島で「平和行進」。／7月、西園寺夫妻が北海道稚内市に「平和祈願柱」を寄付。／7月、五井は、「日本宗教代表者会議〔JCRR〕」より、顧問に推挙された。／8月、ロサンゼルスにて、全米で初の「平和行進」。／8月、東京、京都ほか全国各地で「平和行進」。／9月、熊本で「平和行進」。／10月、「普及用パンフレット」の中に、ドイツ語版パンフレットが加わる。
	1980（昭和55）	64	1月、五井は機関誌に詩「富士山」を書く。富士山を〝世界平和を築きあげる中心の地〟と述べた。／2月、聖ヶ丘道場で「法人設立25周年記念祝賀会（宗教法人設立25周年祝賀統一会）」を行う。／2月、五井に3人めの孫〔西園寺夫妻の三女〕、誕生、五井が「由佳」と命名。／4月20日、五井昌久は「統一会」でのお浄めを、娘の昌美に初めてまかせた。／4月、東京で会員たちが「平和行進」。／5月、『神と人間』のドイツ語版が出来た。／5月、「白光合気道道場開き祝賀会」が行われた。／6月頃、おもいきって久々に昱修庵の庭に出た。／6月、和歌山で「平和行進」。／7月、『五井昌久全集』の第1巻「講演編」、発刊。／8月3日、東京で「平和行進」。／7月頃、医師からもらった薬を飲んだが、嘔吐。8月7日、「私はもう薬は飲まない。お医者さんにもかからない」と語った。／8月、機関誌に「各国語〝世界人類が平和でありますように〟」(6ヵ国語)、掲載。／8月10日、「統一会」に登壇、「お浄め」を行った。／8月17日、午前8時15分死去。

【参考文献】

この略年表は、一般社団法人五井昌久研究会サイトの「五井昌久師生涯年表」（http://goisensei.com/study/index.shtml　2018年9月6日最終閲覧）、五井昌久『天と地をつなぐ者』五井先生讃仰会、1955年（非売品）、機関誌『白光』バックナンバー、等を参照し、著者が作成した。

【著者略歴】

吉田 尚文（よしだ　なおふみ）
1968年、愛媛県生まれ。
同志社大学神学部卒業。
國學院大學大学院文学研究科神道学・宗教学専攻
博士課程後期修了。
博士（宗教学・國學院大學）。
上級宗教文化士。

「世界人類が平和でありますように」の創始者
五井昌久の思想と生涯

二〇一九年一二月二〇日　第一刷発行

著　者　吉田 尚文
発行者　矢澤 澄道
発行所　株式会社 興山舎
東京都港区芝大門一―三―六　〒一〇五―〇〇一二
電話〇三―五四〇二―六六〇一
振替〇〇一九〇―七―七七一三六
http://www.kohzansha.com/
印刷
製本　中央精版印刷 株式会社

ISBN978-4-908027-85-7　C3014
定価はカバーに表示してあります。